大分大学
経済学部
創立100周年
記念叢書

労働者

主体と記号のあいだ

海大汎

はしがき

すべての知的活動は自分の問題意識から始まる。世界はどうしてこんなふうになっているのか、これが自分の出発点である。そんなふうになっているわけでも、あんなふうになっているわけでもなく、こんなふうになっているのはなぜだろうか。素朴極まりない問いである。

世界を理解するとはどういうことなのか。人間は、自然から離れて以来、ずっと社会的存在であり続けている。自然から自発的に追い出された存在、ゆえに自然に戻ることがもはやできない存在として生を営む。天涯孤児、これこそ人間の別名かもしれない。人間以前に前もって人間の道を歩んでいた存在はいない。この世界のあれこれについて教えてくれる先生も先輩もここには存在しない。もっぱら自分の力で理解を得なければならない。そのための営みを私は科学と呼びたい。

人間は、一定の概念体系をつうじて、世界を外的条件・外的対象として逐一把握する方式の知的活動を長らくやってきた。その過程において、理性が自分の感覚を超える領域の力として発揮される。世界は、人間理性の働きによって再構成される。世界に対して単に感覚的に反応するのではなく、理性的に再構成しなければならない。再構成された世界、ある種の理論体系をつうじてはじめてわれわれはリアルな世界にアクセスできるようになる。世界を理解するということは、要するに、世界を自分と結びつけることにほかならない。

世界を理解するためには、世界を再構成しなければならない。言語も貨幣も国家も宇宙も、そして人間自身も、すべて一つの世界である。自分はどんな世界を理解したくて今ここにいるのか。個々の人間は、この世界に生まれ落ちるにあたって、何一つ自分で決めたことなんかない。生物学的・社会的・経済的・時代的・歴史的諸条件はもちろんのこと、そもそも生まれるかどうかさえもすべてわれわれ自身と無関係に決まる。それぞれ異なるデフォルト値をもってこの世界に非自発的に投げ込まれたにすぎない。生まれるかどうか、生まれるならどんな条件で生まれるかについては、選択肢は皆無であるが、少なくとも（一定の条件のなかで）どう生きるかについては、選択肢が与えられている。すべての物事には個々の人間の選択が反映されている。

人間の自由意志云々の話をしているわけではない。個々の物事の大きさとは無関係に、われわれはつねに直面している物事を自分の課題として受け止めなければならないし、実際、多くの場合は、そうせざるをえない。ただ科学の場合は、直面している物事に対して単に反応する次元を超えて、そもそもなぜやってくるのか、どこからやってくるのか、どのようにやってくるのかなど、物事に直面する以前の次元をわれわれに経験させてくれる。そうした間接的な経験をつうじて再構成された非実在的な抽象世界が一定の理論体系を形成する。一つの理論体系を構築することが一つの世界を再構成することにつながるのは、そのためである。

せっかく人間として生まれてきたならば、世界を理解せずにはいられない。ふとそう思った時期がある。すべての世界を理解することはそもそも不可能なわけだが、かといって一つだけというわけでなくても、さしあたり知的活動の砦としての分野・領域があったほうがよい。すべての科学的活動は、結局のところ、人間それ自身をより深く理解することに帰着する。だから、実は何を選んでも構わなかったが、当時の自分は、広くいって社会科学に関心を寄せていた。人文科学も自然科学も、人間の内なる諸条件・外なる諸条件について見事に語っているものの、どこかに不十分さがあるように思えた。

それはまさに、人間が生まれながらにして社会的存在であることを看過しているか、あるいは不十分なかたちでしか提示できていないことに対する自分の素朴な問題意識がそこにあったからだ——だからといって、すべての社会科学がそのテーゼを受け入れているというわけではないが。そのため、社会科学的な認識枠に対してリアリティを覚えていたのかもしれない。人間をより深く理解し、ひいては自分と自分が生きている時代を理解することは、社会を理解することをつうじてはじめて可能になるのではないかという考えに至って、この社会はどうしてこんなふうになっているのかという問いに本格的に直面するようになった。その問いに対してすぐに答えを出すことは難しかったが、さしあたり自分をとりまいている外的条件・外的対象としてのこの社会は資本主義社会であり、また自分の生の大半においてこの社会は、おそらく資本主義社会であり続けるだろうというような薄い感覚はもっていた。

資本主義を理解するためには、やはり社会科学的な理論体系なしにはありえないが、筆者自身は大学時代、人文科学、そのうち特に言語学（linguistics）と認知科学（cognitive science）に関する基礎知識を学んでいて、そもそも社会科学とは無縁な人間である。自分が資本主義を知覚することになった契機は、いわばリーマン・ショックと呼ばれるアメリカ発の金融恐慌においてである。いうまでもなく、それ以前においても資本主義は存在していたはずだが、それを、自分をとりまく外的条件・外的対象として知覚し、またさらには理解しようとしたことはそれまで一度もなかった。単に資本主義から発せられる個々の現象に反応していたにすぎない。

ある対象を知覚し、また理解しようとすることは、その対象と自分のあいだの距離を把握することであり、同時にその対象との関係において自分を位置づけることである。それだけかと思われるかもしれない。たしかに、自分が知的活動を本格的に開始する過程において他の動機もなかったわけではない――それ以外の動機についてはまた別の機会に譲りたい。だが、少なくとも科学の次元ではそれがすべてである。それはいいかえれば、資本主義を科学することである。

ただし、資本主義を科学するためには、ひとまず資本主義を理論的かつ歴史的に再構成する作業が必要不可欠である。それはまさに、19世紀のカール・マルクス（1818-1883）が人生の大半の時間を費やして取り組んでいた作業――これはいわば政治経済学批判にほかならないが、本書では略して経済学批判と呼んでいる――であり、また今もなおマルクス経済学がその作業を継承し発展させている。筆者自身がマルクスの理論に関心をもつことになったのは、哲学者としてのマルクスでも、マルクス主義の始祖としてのマルクスでもなく、彼の経済学批判における優れた科学性のためである。いってみれば社会科学者としてのマルクスである――もちろん、だからといってその哲学と思想に無関心なわけではないが。

一般に、近代化という名の西洋化が進んだ社会では、個人（individual）が社会の基礎単位となっていて、個々人の自由な取引が行われる空間としての市場経済、個々人の平等な権利が保障される土台としての市民社会、そして個々人の意思（民意）が公正に反映される制度としての民主主義がその根底をなしているといわれる。たしかにこうした認識枠は、近代社会を説明するにあたっての有効なツールであるに違いない。とはいえ、筆者にとっては、そこでいわれる自由・平等・公正なるものがどうも欺瞞的で、実際は何か肝心な点を欠落させているようにみえた。

しかしながら同時に、この社会が実は自由・平等・公正の外皮をかぶった社会、言い方を変えれば、ブルジョア的な意味での個人主義社会であることに気づくまで、それほど時間はかからなかったと思う。耳当たりのよい美辞麗句をもって一定の枠内に人間の認識を呪縛しようとする欺瞞、これはまさに、統治原理としてのイデオロギーでなくて何であろう。政治・経済・社会領域の根底においてブルジョア個人主義の原理が根付いているということ、そこで現実の生身の個々人は、それ自身が実際にブルジョア的（没社会的・没歴史的な意味において）であろうとなかろうと、その論理を徹底的に内面化しているということは間違いない。問題意識の矛先は、ブルジョア的かどうかではなく、何をどう隠蔽しているのかということである。

もちろんそうはいっても、隠蔽された真実を露呈させることのみが科学の真の目的ではない。しかし同時に、既存のイデオロギーに与するかたちで知的活動を展開するのは、科学の目的からすれば、やはり次元が低い。そこでは再構成された社会像ではなく、単に再強化された統治原理が再生産されるだけである。何よりも後者からはおそらくこの社会・体制についての理論的・歴史的な理解が得られないだろうという程度の暗黙知はもっていた。社会学や経済学の主流的な理論が自分にとって必ずしも説得的でなかったのは、そのためである。

その頃出会ったのが『世界史の構造』（柄谷行人著）であった。それまで筆者は、日本語との縁がなかったために、翻訳版（コリア語）を読んでいたのだが、それを皮切りに、彼の諸著作を次々と読むようになった。大学4年生頃は、かなり傾倒していたと思う。それはともかく、そもそもなぜその本を手に取ったのか、その直接的なきっかけは記憶に残っていないが、後から振り返ってみれば、個人としては科学を業とするにあたって重要な契機を与えてくれた書物であることはたしかである。にもかかわらず、その当時は、学問だの研究だのといった現実的な目的をもっていたわけではなかったし、それゆえ、純粋に耽読するあいだは、方向性もゴールもない知的拡張を追い求めることができた。

周知のように、柄谷のおもな理論的著作は、資本主義のみを分析の対象とするものではないが、特に人間社会・人間歴史を貫く四つの原理（交換様式論）を打ち出すとともに、それに基づいて人間が経験していたか、あるいは経験している社会構成体を定式化することで、その歴史的軌跡を俯瞰する独自のアプローチは、学問的インパクトをその頃の自分に与えた。彼の作業は、一方では既存の生産様式論に対する理論的で歴史的な批判であると同時に、他方では独自の交換様式論に基づいて社会構成体を構築しようとする試みであった。そして、彼自身も強調しているように、その作業は非常にマルクス的であり、またある意味ではマルクス以上に徹底した社会構成体批判でもある。マルクスの経済学批判が既存の経済学体系（古典派経済学）を脱構築することであったとすれば、柄谷の社会構成体批判は、既存の社会構成体論（生産様式論）を脱構築することであるといってよい。

彼の社会構成体論に同意するかどうかはさておくとしても、人間存在の共同体志向的かつ社会志向的な傾向を表象する四つの交換様式に基づいて各々の社会構成体を理論的かつ歴史的に浮き彫りにするその試みは、マルクスと同様に、非常に科学的であるといわざるをえないし、また資本主義を理解することに関心を寄せていた自分にとっては、いわば新たな社会科学的可能性としてみえた。もっとも決定的なのは、独自の理論体系を構築すると同時に、その対象たる世界（人間社会・人間歴史）を脱構築しようとする彼の一連の理論的作業とその諸著作は、一つの業としての科学も魅力的でありうることを自分に教えてくれたことである。それはおそらく、自分にとって科学理論の生産者という内なるアイデンティティを覚醒させる契機であったといえるだろう。

それまで筆者自身は、あれこれの理論書を読み漁ることで、資本主義を理解しようとしていたが、その際に自分はつねに科学理論の消費者の立場に立っていた。もちろん、それ自体に不満があったわけでは決してない。しかしながら同時に、そうした過程において自分のなかからつねに物足りなさを感じていた。最初、自分はそのシグナルを理論的知識の不十分さとして受け止めていた。だからその穴を埋めてくれる何かを求めずにはいられなかっただろう。それだけでも十分だったかもしれないが、ただ自分がそのシグナルの読み間違いをしていたことを、柄谷の諸著作をつうじて明確に知覚するようになったことは間違いない。

それはあたかも、フロイトの「抑圧されたものの回帰」――「交換様式D」において柄谷はこの概念を援用する――のように、自分には古き新しき未来――いわば可能性――として迫ってきたといってよいかもしれない。たしかに筆者自身は、意識的であろうとなかろうと、ある程度そうしたアイデンティティを知覚していたし、それゆえ、素朴な探求活動もまた半分趣味でやっていたのであるが、それにしてもやはり科学研究を志すまでに至っていたわけではない。そうしたなかで、柄谷の理論的作業とその諸著作は、科学理論との向き合い方の転換をもたらす契機となった――既述のように、もう一つの契機については別の機会に譲る。

とはいえ、最初は何をどう始めればよいのかわかっていたとは言いがたい。そもそもすべてが暗中模索であったし、依然としてその延長線上にいた。柄谷の諸著作をきっかけとして、彼の理論的作業に関心を寄せるようになったが、それだけではやはり限界があった。というのは、そこにおける彼の理論の主眼点は、いってみれば「現在の資本＝ネーション＝国家を越える展望」としての「交換様式D」にあるわけであって、資本主義そのものにあるとは限らないためであった。もちろん、筆者自身もそれに無関心なわけではなかったが、それよりもまずは、資本主義という経済体制——彼によれば「資本制システム」であり、それは「交換様式C」によって基礎づけられている——を理解することが急務であると考えていた。

他方、資本主義の分析にあたって彼がつねにマルクスとともに取り上げていたのは、日本のマルクス経済学者、宇野弘蔵（1897-1977）であった——その名を知るようになったのは、そのためである。その当時は日本語を使わずに入手できる情報が皆無であったため、柄谷によって取り上げられる宇野の議論以外にその理論的作業について詳細に知ることはできなかったが、資本主義を理論的・歴史的に再構成しようとしていたという程度の漠然とした認識を得ていた——いわば原理論と段階論がそれに該当するだろう。そして、それが人間社会・人間歴史としての社会構成体を再構成しようとする柄谷の理論的作業とかなり類似しているように筆者には思えた。

しかしながら同時に、その当時は、宇野が取り組んでいた理論的作業についてそれほど明確な理解を得ていたわけではなかったし、限られた知識に依存しながらその内容を把握しなければならなかった。それにしても、資本主義そのものを科学的分析の対象とする宇野の理論的アプローチとその作業は、柄谷のそれとは違う意味でマルクス的であったし、そのため非常に印象的であった。そこから何かヒントが得られるかもしれない、それらしい答えが導き出されるかもしれない。そういう直観が自分の頭に宿っていただろうか。それまで真剣に考えてもいなかった留学（大学院）について、本格的に考えるようになったのはその頃で、そろそろ大学卒業を迎える直前の時期であった。それはそれでよかったが、同時に現実的な問題もつきまとっていた。そのうち特に緊要な問題は、やはり日本語と留学資金であった。現地に行けば何とかなるだろうというような思い込みがつうじるのもある程度のベースがあってのことで、そもそも皆無であれば話は違う。いずれも基本の基本レベルを満たすための時間が自分にはどうしても必要であった。留学を考え始めてから決断するまではそれほど時間はかからなかったが、また決断から実行まではかなり時間がかかった。そこからおよそ一年強後にようやく来日することになった。それ以来、紆余曲折を経て、最初の短期的な目標であった学位取得とともに、留学生活の終わりを迎えることになったが、そのあたりの話は、ここで打ち切ることにしたい。

さて、以上は、筆者自身の素朴な科学観と留学に至るまでの私的経験とを簡潔に述べたものである。現在は、来日して9年が過ぎており、もうそろそろ10年になる。またこれまでいろいろ経験してきた話をすればキリがないのだが、もともと個人としては自分のことを話すのが苦手である。「来日のきっかけとなった大学時代の話を書くのはどうですか」と、以文社の前瀬宗祐氏からご提案いただいたが、最初は何をどう書けばよいかわからない状態であった。本人にとってはその一連の流れがごく自然なもののように思えたからである――当たり前と思われることを人に説明するのは意外と大変なことであったりする。しかしながら、特に筆者自身の素朴な科学観について述べようとしていた本来の計画もあって、それとコラボするかたちで進めることになった。本書の内容とは直接関係のない話ではあったが、個人としては科学の世界に入門するまでの経緯とその契機を回顧する機会ともなったと思う。

その当時、自分がもっていた問題意識は、今なお現在進行形のプロジェクトとしてある。どこまで行けるだろうか、これもまた難問ではあるが、方向性もゴールも定まっていない世界なのだから、とにかく行けるところまで行けば十分であろう。特に本書は、そういう旅程における一つの結節点でもある。筆者はここ2-3年間、資本主義における労働者の位置づけについて考えながら、労働者像なるものを理論的に再構成する作業に取り組んできた。その直接的な契機となったのは、マルクス以来、マルクス経済学の枠を超えて一定の社会的市民権を得ている、いわゆる労働力商品論である。本書における筆者の理論的試みは、この労働力商品論によって形づくられた既存の労働者像を相対化すると同時に、新しい労働者像を打ち出し、ひいては、新しい資本主義像を提示することである。そのイメージがどれほど説得的かは自分にはわからない。そのあたりはやはり読者の判断に委ねざるをえない。

*

本書は、大分大学経済学部創立100周年記念助成を得て出版されたものである。本書を出版するにあたって、ご支援いただいた大分大学経済学部の構成員の皆様に、この場をお借りして心より厚くお礼申し上げたい。

『労働者』目次

労働者　主体と記号のあいだ

序論

資本主義では一般に、ありとあらゆるモノが商品化されるといわれる。その場合は、財貨やサービスなどといった人間に外在するモノはもちろんのこと、性や人格などといった人間に内在するモノまでもがそのカテゴリーに入るといえるかもしれない。

モノを商品化するとはどういうことか。きわめて大雑把にいえば、それは売り手がモノに値札をつけて売りに出すということである。その際にモノは商品になる。商品でなかったモノが商品になるので、商品化という。こうした定義によれば、ありとあらゆるモノが商品化されるという資本主義の一般的な傾向にどこか不自然さがあることに気がつく。たしかに人間に外在するモノを商品化することは容易に理解できる。それに対して、人間に内在するモノを商品化するとした場合、商品化の定義との食い違いが生じてしまう。というのは、そこには値札をつけて売りに出すモノはそもそも存在しないからである。

人間に内在するとされる能力のうちでも、なかんずく労働力というモノがあるといわれる。労働力は、人間の労働能力、具体的にいえば、ある種のエネルギーまたはその状態として存在しながら、同時に一定の労働・生産過程において発揮・発現される人間の身体的・精神的・感情的諸能力の総体のことである。これによれば、労働力を商品化するとは、人間の身体的・精神的・感情的諸能力に値札をつけて売りに出すということになる。だが、もし本当にそうであれば、これまで自分の労働力を商品化することに成功した人間はおそらくいないといわなければならない。

今ここで人間に内在する能力のうち、特に労働力を取り上げているが、それは人間の内部に労働力なるものが実際にあるという意味ではない。なぜなら、人間の内部をいくら漁ってみても労働力に当たるモノが出てくるはずがないからである。これは、生きている生身の人間には生命力があるからといって、その人間の内部に生命力というモノが実際にあるわけではないのと同様である。というのも、労働力だの生命力だのといったモノはあくまでも概念としてしか存在しないからである。われわれのいう労働力や生命力などといった概念は単に、人間の理性によって区切られた自然の一側面にすぎない。

もちろん、労働力＝商品という命題は、それほど簡単に棄却できるものではない。詳しくは第1章以降に譲らざるをえないが、とにかくここでいいたいのは、労働力と商品化とのあいだに概念上の矛盾が潜んでいるということである。マルクス以来、マルクス経済学は一般に、労働力商品概念に基づいて資本・賃労働関係の成立を、ひいては資本主義的生産様式の原理を説明する方法を採用してきたし、筆者自身も少なくとも数年前までは、労働者を、資本家によって支払われる貨幣（賃金）と引き換えに自分の労働力を資本家に販売することで生活（生存）を維持していく存在として捉えるオーソドックスな規定にいかなる疑いも抱いてはいなかった。

自分が労働力商品概念に疑問を抱き始めたのは博士課程である。だが、その頃は他のテーマで学位論文を書いていたこともあり、労働力商品概念の理論的整合性を検討する作業に取り組むことはできなかったが、学位論文を単著として上梓して以降は、その問題に本格的に取り組むようになった。最初自分の問題意識は、人間の労働力は本当に商品たりうるだろうかという素朴なものであったといってよい。

一般にマルクス経済学においては、労働力の商品化によってはじめて資本・賃労働関係が成り立つという論理だけでなく、資本主義という経済体制の根本的な矛盾もやはり労働力商品にこそあるという論理のいずれも、労働力＝商品という命題を大前提としている。しかも、労働力商品は、それ自身の価値に見合う価値を生み出すばかりか、多かれ少なかれそれを超える超過分（剰余価値）をも生み出すことで、資本家にいわば搾取の余地を与える。労働力商品が資本家との関係において所与のものとして扱われるのは、そのためである。

資本は、商品と貨幣というある種の構成因子からなる価値増殖の運動体と定義されるのが一般的である――資本家はその担い手にすぎない。いわば一つの概念体系にほかならない。概念体系というのは、人間の理性によって枠づけられた抽象的なカテゴリーの総体のことである。マルクスは『資本論』の序文で、「経済的諸形態の分析では、顕微鏡も化学試薬も役にはたたない。抽象力がこの両方の代わりをしなければならない」と言明しているが、そこではいわば抽象から始め具体に上向するようなかたちの認識の拡張が求められている。

実際のところ、マルクスの『資本論』体系、特にそのうち商品・貨幣・資本の内的論理を解明する第1巻の冒頭部分は、非常に抽象度が高く、それゆえに難解でもあるが、私見によれば、その根因の一つは、抽象性の方向にある。すなわち、マルクスは、純粋にモノの内なる世界から議論を開始するアプローチをとっていて、たとえば、人間の社会的営みとしての分業から議論を開始するアダム・スミスのそれとはあきらかに異なる。

このようなアプローチは、資本・賃労働関係の形成について論じる、「労働力の売買」にもそのまま適用されている。この短い一節は、商品・貨幣・資本（貨幣の資本への転化）の理論領域と労働過程論とのあいだに配置されていて、『資本論』体系において議論を流通領域から生産領域に転換させるきっかけを提供している。そこで直接的なきっかけとして機能するのがまさに労働力という特殊な商品である。要するに、流通領域にとどまっていた資本は、労働力商品をつうじて資本主義的生産様式を形づくることで、生産領域を把握するということである。

ところで、「労働力の売買」の背景・前提にあたる「いわゆる本源的蓄積」、つまり自分の労働力を商品として販売せざるをえない階級の出現については、『資本論』第1巻の後半で扱われている。これはいってみれば、労働力＝商品という命題がいかに成立するのかについての説明ないし論証をいったん括弧に入れて、「労働力の売買」による資本・賃労働関係の形成を論じているということになる。それはそれでよいが、もし労働力がそもそも商品化されていないか、もしくはされる必要がないということになると、資本・賃労働関係は、「労働力の売買」によって形づくられるというその論理も結局のところ成り立たなくなる。

したがって、資本・賃労働関係（具体）について論じる前に、両者のあいだの商品交換関係の成立原理（抽象）についてあきらかにする必要がある。マルクスもまた、そうした方向で議論を進めているものの、後者に対する説明・論証において不明瞭な点を残しているように筆者には思える。その根因になるのは、まさに労働力商品化の論理とその根底をなす労働力商品概念であり、またそれによって形づくられる労働者像である。詳しい論証はここでは省略するが、いったん従来の労働力商品論に内在するいくつかの問題を取り上げてみたい。

マルクスによる労働力商品の発見・発掘以来、マルクス経済学では労働者は、労働力商品の所有者であり、また同時にその売り手であると捉えられてきた。だが、もし労働力＝商品という命題が真だとすれば、われわれは労働者＝労働力商品の容器であることを受け止めなければならない。そこで労働者と労働力の関係は、いいかえればコンテナとコンテンツの関係となる。われわれが貨幣でもって商品を買うのは、ひとえにそのコンテンツから得られるはずの使用価値を享受するためであって、コンテナ自体を求めているからではない。とすれば、資本家もまた、労働力という商品から得られるはずの使用価値を享受したがるのは当然で、労働者というコンテナは、それに付随する余計なものにすぎないということになる。

だから、資本家は、他の商品がそうであるように、労働力＝コンテンツだけとって、労働者＝コンテナを適宜保管・処分すればよいのではないかという疑問が浮かぶのは自然なことであろう。とはいえ、従来の労働力商品論によれば、それはありえない。なぜなら、労働力商品は、特殊歴史性の商品、つまり本来は商品ではないのだが、歴史のある段階（資本主義）に限って商品とみなされるものであり、したがってまた、労働者から切り離すことのできないものだからである。労働者と労働力はつねにワンセットなのだから、資本家としては労働力＝コンテンツを手にするためには、どうしても労働者＝コンテナが必要となるということである。ここでは詳細は省くが、コンテナとコンテンツがワンセットになっているモノは、労働力だけではないし、またそこではコンテンツが特に商品形態をとっているとも限らない。

さらにまた、労働者：労働力＝コンテナ：コンテンツといった関係設定においては、資本家と労働者のあいだの支配・従属関係を明確に把握しにくいという問題も生じうる。従来の労働力商品論によれば、労働者＝コンテナは、資本家、つまり労働力＝コンテンツの買い手・使用者の指揮命令に従って労働・生産過程を遂行せざるをえないために、そこである種の支配・従属関係が結果的に形づくられるということになる。だが、流通部面における商品の獲得と生産部面における支配・従属関係の形成とのあいだにはいかなる必然性もない。ひとまず資本主義的労働・生産システムというヒエラルキー体制があって、そこに個々の労働者が事後的に組み込まれるにすぎないからである。そこで労働力が商品として扱われる必要はおそらくないだろう。

それだけではない。労働者は、生産手段をもっていないがゆえに、それを独占している資本家のもとで働かざるをえないという理由で、両者のあいだに一定の支配・従属関係が成り立つともいわれる。たしかに生産手段の有無は、ある種の力関係を形成させる契機ではある。しかし、そうはいってもその力関係が支配・従属関係へと発展していくことになるかどうかはまた別問題である。力関係の形成と支配・従属関係の成立とのあいだには溝があり、前者を後者と等値するのは論理の飛躍である。しかも、商品交換関係においては、逆に売り手が買い手の上に立つことがあり、そのため両者のあいだに形式的平等性が保たれることがありうる。

このように、労働力＝商品という命題を突き詰めれば、資本・賃労働関係の成立原理、ひいては資本主義的生産様式の構造とそのメカニズムについて論じるにあたって、論理的整合性を欠くことになり、結果的に労働者についても、また労働力についても明確な理解を得ることができなくなる。それに対して、本書では、労働者＝記号という命題を提示している。もちろん、最初からこの命題を明確に立てていたわけではない。だが、既存の労働力商品論を検討するうちに、どうやらそもそも労働力の売り買いなどできるはずがないのではないかという疑問が頭から離れなかった。もしそうであるとすれば、これは、既存の理論体系を微調整するだけではやはり不十分で、一から立て直さなければならないことを意味する。

そこで筆者が注目したのは、直接生産者の賃金労働者への転化である。周知のように、マルクスは、賃金労働者の出現にあたって、「いわゆる本源的蓄積」の過程における直接生産者の賃金労働者への転化に注目している。だが、この対比によれば、賃金労働者は、労働・生産過程における自分の主体性を喪失し、また資本家の代わりにその意志を具現する、いわば代理生産者といわなければならない。すなわち、賃金労働者は、さしたる生計手段（いわゆる収入源）をもっておらず、そのため一定額の貨幣を得なければ、それ自身のライフを営んでいくことがきわめて困難であるため、それを払ってくれる資本家の条件、つまりその労働・生産体制に組み込まれ、一定の労働・生産過程を担うという条件の受容を余儀なくされるが、同時にそこにおいて賃金労働者は、代理生産者として位置づけられるということである。

このように捉えれば、資本・賃労働関係の成立は要するに、資本家の構想・運営と賃金労働者の労働・生産との結合を意味することになる。ただし両者がダイレクトに結びつくわけではないため、そこでは両者の関係を結びつける理論的装置が不可欠となる。なぜなら、後者の過程は、多かれ少なかれ前者の意志や方針を体現したものとして展開されるからである。こうした関係は、いわば全体としての一つの体系（システム）と個としての記号（コード）との関係に類似しているといってよいかもしれない。これらが有機体か機械装置かソフトウェアのどれかを表象するとしても、さしあたり問題はないだろう。いずれにせよ、個々のコードは、全体としてのシステムによってコントロールされるとともに、その構想と運営に従って機能することになる。そこでその働きもまた、システム自体の維持・拡張することに帰結するのであって、それ自身の機能的属性は、システムの指揮命令体系の枠内でしか意味をもたない。

これはまさに、資本家の直接的構想・運営と労働者の代理的機能・役割とに通底する機能的で垂直的なヒエラルキー体制に類似している。実際、資本主義的労働・生産過程において、後者はつねに、前者の直接的構想・運営に適したいわば代理行為（労働・生産）を適宜行っているかどうかに関して、一定の評価を受けることになる。一般にシステムにそぐわないか、機能的に劣っている特定の個別コードがシステムから排除されたり、他のコードに入れ替わったりするように、パフォーマンスが低く、そのため組織の生産性を落とすような低評価者は、資本システムによって排除されたり、他の労働者に入れ替わったりすることになる。このような機能的で垂直的なアプローチは、資本家と労働者がシステムとコードの関係にあることを示唆する。

そうした一連の過程は、一つの体系としての資本システムがそれ自身の存続とその可能性を確保し、ひいては拡張するための一環として展開される。結果的に価値増殖という至上命令を全うすることができれば、それはむしろ、資本家それ自身の構想・運営能力の高さを傍証するものにもなろう。この過程を円滑に行うためにも、そのシステムをある種のヒエラルキー体制として構築しなければならない。それはあくまでも事前的なものとして行われるのであって、事後的に形成されるのではない。一般に資本家によって組織化された労働・生産体制が多かれ少なかれヒエラルキー体制の論理を体現しているのは、そのためである——ただしそれは、個々の資本家が権威的であるとか、高圧的であるといった話では決してない。

労働者は一つの記号である、これが本書を貫く命題である。ただし、一見すると、これは人間であるはずの労働者をあたかも単なるモノ扱いしているかのようにみえる。だが、筆者自身も特に労働者が人間であることを否定するつもりはない。むしろ労働者＝人間ということを徹底したい。とはいえ、労働者＝人間といったごく当たり前の命題が、資本にとってもはたしてそうであろうか。難問ではあるが、おそらく断言はできないように思われる。本書は、そうした相異なる立場を副題の「あいだ」で表現した。主体と記号の「あいだ」を行き来する存在、これが本書の労働者像である。本書では、そうした労働者像を土台にして、既存の資本主義的生産様式、ひいてはその総和としての資本主義体制を脱構築することを試みた。

さて、以下では、各章の概括的な内容とその問題意識を簡潔に述べてみたい。

まず第1章では、労働者の労働力をめぐる二つの相異なる立場に注目した。一つは、資本家にとっての労働力であり、もう一つは労働者にとっての労働力である――これは、労働力が資本家にとっても労働者にとっても商品として規定される労働力商品論のアプローチとはあきらかに違う。両者のズレは、一見相容れないようにみえるが、だからといってそのあいだに接点がないわけではない。労働力をいかに捉えているのかによって、それぞれの階級的イデオロギーが形づくられるが、その接点によって資本主義的階級関係が維持される。相容れない階級的イデオロギーから敵対性が生まれるが、資本主義的階級関係の現実的再生産過程から相互依存性が高まる。敵対性と相互依存性が同時に共存する関係、それが資本・賃労働関係なのである。

一般に労働力商品論では、資本・賃労働関係は、生産部面における労働力の消費と非生産部面における労働力の生産・再生産によって維持されるといわれる。そこで資本家は、労働力の消費者の立場に、また労働者は、労働力の生産者の立場に置かれる。だが、本当にそうなのだろうか。もしそうでないとすれば、そのズレはどこから生じるのか。この章では、労働力の生産と消費が意味するものをあきらかにし、それを踏まえて新しい労働者像、ひいては新しい労資関係像を提示した。そこで提示される資本家と労働者の自己像は、資本主義社会でしか通用しない、いわば反照的仮想として、二つの相異なる労働力規定に起因するものであるが、同時にそれを超えて労働や労働力に対する過剰な意識（ないし社会的通念）を助長する機制として働くことになる。

資本家と労働者のあいだに何が売り買いされるのか。第2章と第3章の内容は、この問いに対する答えである。まず第2章では、労働力商品論の内なる矛盾を露呈させる作業を行った。マルクス経済学はこれまで、資本主義の構造と動態を理論的かつ歴史的に分析（批判）するにあたって歴史貫通的なアプローチを相対化してきた。だが、労働力概念および労働者概念については必ずしもそうとはいえない。マルクスは、人間の内なる自然に基づいて労働力概念を形づくり、またそれを発揮・発現する直接生産者を労働者の原型として捉えた。労働力商品論は、そうしたマルクスの歴史貫通的なアプローチを土台にして打ち出されたものといってよい。そこで労働者は、資本家に自分の労働力を売らざるをえない元直接生産者として位置づけられる。

人間の内なる自然としての労働力がひとまず商品として存在しており、また流通部面においてその商品をめぐって資本家と労働者のあいだの交換関係が成り立つという仮説は一見わかりやすいが、それが労働力・労働者の概念的特殊性を包括したものなのかといえば、必ずしもそうとは限らない。それゆえ、この章では、労働力は、機能的で垂直的なヒエラルキー体制を前提とする特殊な関係概念、つまり事前的な所有概念ではなく、可能的かつ事後的な関係概念であることを論じた。そのうえで、後半では、労働力消費をめぐる資本家と労働者とのあいだのダイナミクス、特に個別主体を労働者として包摂する資本の企てについて考察した。こうした一連のメカニズムを労働者包摂論と名づけたが、このアイディアは、本書全体を貫くものといえる。

続く第3章では、第2章の後半の議論の延長線上で、労働者になるとはどういうことなのかについて考察した。従来のマルクス経済学ないし労働力商品論では、労働者は労働力商品の売り手として、また資本家はその買い手として位置づけられる。それゆえ、第2章では、労働力商品化という史的現象と、労働力＝商品という理論的構想とのあいだにある飛躍を指摘した。要するに、労働力は、資本・賃労働関係を成り立たせるいわば形成因子ではないということである。それに対して、この章では、労働者は、個別主体の内なる労働者表象に対する資本の貨幣評価を前提として成り立つ存在であることを論証した。それをつうじて、労働者包摂の一連のメカニズムが商品交換の原理によって処理されるということをあきらかにした。

労働者になるとは、資本家によって枠づけられた一定の役を演じることを前提とする。資本家は、その役をうまく遂行できそうな労働者を求める。その過程で資本家は、意識的であろうとなかろうと、いわば望ましい労働者のイメージをつくり出す。それが労働者像である。この労働者像と、資本によって構想・設計された擬制的な労働単位——本書ではこれを労働記号と呼んでいる——と、この二つによって反照される潜在的可能態としての労働者が労働者表象である。これは、労働者を労働者たらしめる人格的社会的諸要因の総体にほかならないが、特にこの章では、前章では十分に解明されていないこの労働者表象概念について論じた。労働者になるということを理解するにあたって、労働記号と労働者表象なしにはありえないというのが本章の主張である。

第4章では、資本・賃労働関係を成り立たせる商品交換の形式について論じた。従来の労働力商品論は、資本家が労働者の労働力を商品として仕入れて消費するというロジックを立てているがゆえに、そこで交換形式そのものが問題になることはまずない。それに対して、本書では、資本家が個別主体を労働者として包摂する過程において、個別主体の内なる労働者表象が資本家の貨幣評価を受けるというロジックを立てているが、そこで何がどう売り買いされるのかすぐに把握できるわけではない。というのは、労働市場における資本家の評価行為と労働・生産過程における労働者の労働力の発揮・発現とのあいだの因果関係があきらかになっていないからである。売買＝評価とは異なる交換形式が求められるのは、そのためである。

そこで本章で注目したのは、契約概念である。マルクス経済学は、資本主義においては社会の富が商品形態をとって現われるという現象に注目することで、その理論体系を組み立てる。特に『資本論』では人間労働の産物がその対象となっている。それゆえ、契約概念が理論体系の枠内に組み込まれているとは言いがたい。もちろん、マルクス自身も、契約という言葉を使ってはいるが、それはあくまでも労働生産物の交換に限られる。しかしながら同時に、マルクスの理論体系には、売買＝評価とは異なる、契約＝評価の論理が潜んでいる。本章の試みは、その論理を析出し、それを踏まえて資本のもとへの労働の包摂を可能ならしめる交換形式を提示することである。そうすることで、労働記号が生成されるメカニズムもまたおのずとあきらかになるだろう。

第5章と第6章では、労働記号という擬制的概念に基づいて資本主義的労働・生産体制の内的傾向を分析した。まず第5章では、労働の記号化と賃金の構造をあきらかにし、資本のもとへの労働の実質的包摂の高度化と細分化について論じた。資本家と労働者は、労働市場において契約＝評価の交換形式（労働契約）をつうじて、一定の労働・生産過程を担わせる・担う関係を形成する。そこで労働記号と賃金が労資関係のいわば媒介形式として機能することになる。個別主体は、労働記号との結びつきをつうじてはじめて労働者になるが、そのプロセスは、一定額の貨幣を前提として展開される。資本家によって構想・設計された労働記号の枠内で労働者の労働力を発揮させるためには、賃金が労働契約における等価物として支払われなければならない。

従来の労働力商品論によれば、労働力商品の価値は、労働力の再生産に必要な生活必需品を生産するためにかかる労働時間（社会的労働時間）を体現している。だが、賃金水準に応じて労働力の再生産の程度が決まるとは限らない。賃金が一定水準を超えると、労働力の復元・回復との関連が薄くなるからである。賃金には二つの機能がある。そして、それぞれの機能に応じて資本家と労働者の心象構造が形づくられる。労働力商品論では、賃金は、労働力商品の売買代金以上の意味をもっていないがゆえに、賃金の機能とそれをめぐる欲求が読み取りにくい。この章の最後では、個別主体と労働記号とのあいだの適合度を評価しつつ、技術革新と同時に労働記号の再コード化を進める資本の論理が、いかに個々の労働者を道具化・手段化するのかをあきらかにした。

第6章では、労働、価値、そして時間、この三つの概念を扱い、資本主義的労働・生産体制の内的傾向、そのうち特に非経済的・政治的原理を体系化しようとした。マルクスのいわば冒頭商品論は、これらの関係によって成り立っている。それによれば、商品価値は、質的には人間労働と結びついており、また量的には労働時間と結びついているということである。この章では特に、後者のメカニズムに注目した。なぜなら、そこには単に、社会的平均労働時間として還元されない個別的労働時間そのものの機能的意義があるからだ。マルクスの還元論的方法は、すでに「商品の二つの要因」論において提示されていて、そこでは社会的労働時間による個別的労働時間の還元がなされているが、そうした方法が妥当かどうかについては検討の余地がある。

個別的労働時間は、社会的労働時間と違って、資本家の経営活動に直接結びついている。個別的労働時間を軸にして個々の労働者への実質的包摂の高度化を図る資本の企てを、この章では労働時間の記号化と呼んでいる。そこで個々の労働者は、労働記号だけでなく、労働時間に対するイニシアチブをも喪失した存在――いわば記号化された労働時間に縛られる存在――として位置づけられる。この章の後半では、その結果として生じる労働者の内なる自然の分裂について論じた。このことは、資本主義的労働・生産体制が単に経済的原理（外核）だけでなく、人間を道具化・手段化する政治的原理（内核）によって突き動かされることを示唆する。こうした二重構造こそ、資本主義が純粋な経済システムでないことを傍証するものといえよう。

最後の第7章では、本書の議論をミクロレベル（資本主義的生産様式の内的原理）からマクロレベル（その外的原理）への拡張を試みた。ここまでの本書の考察からすれば、資本主義的生産様式は、労働力の商品化によってではなく、資本による労働・生産の組織化によって成り立つ。資本によって組織された労働・生産体制、これが本書のいう資本主義的生産様式である。ところで、このように捉え直せば、資本主義的生産様式の初期モデルとみなされてきたイギリス資本主義――いわば賃金労働に依存する産業資本主義――は結局のところ、初期モデルでないばかりか、資本主義的生産様式の一類型にすぎないということになる。したがって、われわれはそのプロトタイプを、産業資本主義だけでなく、奴隷労働に依存する重商主義体制からも読み取ることができる。奴隷労働も、賃金労働と同様に、資本主義的労働であることに変わりはない。

資本主義化の核心は、労働力の商品化にではなく、資本による労働・生産の組織化にある。それを純粋に商品交換の原理をもって処理するか、それ以外の原理をもって処理するかはまた別問題である。周知のように、産業資本主義の成立過程においては、多かれ少なかれ物理的かつ構造的暴力が動員された。ただし、忘れてはならないのは、そのメカニズムが重商主義体制の成立・運営の原理としても働いたということである。マルクスは、産業資本主義の成立、つまり「いわゆる本源的蓄積」にあたって動員される実践的契機としての暴力に注目したが、その後の運営における暴力のメカニズムについてはあまり明確ではない。したがって、本章では労働、ヒエラルキー、そして技術、これらに通底する暴力の機能的意義について考察し、資本主義が、ミクロレベルだけでなく、マクロレベルにおいても自己不完結性の体制であることをあきらかにした。

以上、本書の内容を簡潔にまとめてみた。最後に、なぜ労働なのかということについて触れることで、序論を締めくくることにする。

近代世界の幕を開いたきっかけは何であったのか。分野によってさまざまな答えが返ってきそうである。だが、それはまさに、労働と貨幣の結びつきであったと私はいいたい。そこにこそ、すでに資本主義の種が宿っていたといってよいかもしれない。その結果、人間社会は、一定の労働・生産過程を、一定額の貨幣をもって片付けることの利便性を発見するとともに、それに呪縛されてしまった。そこで資本家は、労働・生産を組織化し体系化することで、資本を合理的で効率的に増殖しうる方法を考案する。資本の価値増殖のための道具・手段としてその体制に組み込まれた存在を、われわれは奴隷または賃金労働者と呼ぶ。もちろん両者のあいだに違いがないわけではないが、いずれも資本主義体制の産物であることに変わりはない。

労働と貨幣の結びつきからすべてが始まった。人間存在も人間社会も人間歴史も、それによって変わってきたし、また今も変わりつつある。そうした変革の中心には資本がいる。その意味で、近代は、資本革命の時代であり、また資本家は、資本革命の忠実な伝道師である。その革命がいつどう終わるかは誰も知らないが、いつか終わるということだけはわかっている。わかっているということは、予言的かつ終末論的にではなく、理論的かつ歴史的に分析すれば、そういう結論が導き出されるということである。マルクスがそれを把握したとき、社会主義は科学的でありえた。始まりと終わりをもつことを、われわれは特殊歴史性という。本書がこの社会・体制の特殊歴史性を理解するにあたっての一助となれば幸いである。

第1章　新しい労働者像を求めて

はじめに

本章は、マルクス経済学における従来の労働力概念を批判的に吟味し直し、新しい労働者像を提示しようとするものである。

マルクス経済学では一般に、資本・賃労働関係は、生産手段の所有者・非所有者からなる敵対階級間の結合によって成り立つといわれる。だが、現実の資本主義社会において、いわば搾取・被搾取の敵対的関係によって形づくられる階級性ないし階級意識なるものがつねに当事者たちに自覚されているかといえば、必ずしもそうではない。特に労働者階級の場合、賃金引上げや労働時間短縮、労働環境改善、雇用形態変更などの諸問題をめぐって展開される階級闘争を除けば、その当事者が普段そうした敵対的な階級性・階級意識を自覚することは滅多にないし、むしろ各自の現実的な労働・生産過程と特段かけ離れた認識をもっているようにもみえない。[*1]

前近代社会では出自や身分、職分、伝統、慣習などによって労働・生産過程の内容が概ね決まっていたため、社会的諸関係に通底する敵対的な階級構造は、現実の労働・生産過程と不可分の関係にあったといえる。だが、資本主義社会ではその構造がなかなか容易には捕捉しがたい。それはなぜか。マルクスの唯物史観の用語を借りていえば、前近代社会では上部構造の諸条件・諸要因によって下部構造、特にいわば経済的関係の敵対的形態が決まるが、資本主義社会におけるそれは、それ自身のメカニズムによって決まる。いわば下部構造の自律と自立である。その意味では、上部構造と下部構造の明確な範疇化ないし境界設定は、むしろ資本主義社会においてはじめて可能になったといってよいかもしれない。[*2]

ところで他方、下部構造の自律・自立という事態は、それまで上部構造に深く結びついていた経済的関係の敵対的形態を相対化することで、経済的関係がいわば個別主体（個体化された人間）の能力や努力、選択などによって成り立っているかのような外観をもたせる。もちろんだからといって、ここではそうした人間の内発的な諸契機・諸要因をすべて否定するつもりはないが、肝心なことは、個別主体の能力・努力・選択云々といった外観によって階級関係の特殊歴史性、いいかえれば資本主義社会固有の観念性・イデオロギー性が覆い隠されてしまうということである。

特にこうした側面は、前近代社会でのそれとは似て非なるものといわなければならない。それゆえ、当然ながらそれは、半終身的かつ半永久的なものではないし、しかも形式的には身体的拘束や移動・移住の制限など問題にもならない。たしかに下部構造における前近代的な階級関係は相対化されたが、だからといって階級関係そのものが消え去ったわけではない。前近代社会における下部構造の観念的・イデオロギー的側面は、おもに上位階級や上位身分による物理的な強制を正当化するものとして働いたとすれば、資本主義社会におけるそれは、貨幣・資本による合理的な強制を正当化するものとして働いている。

このように、資本主義的生産様式は、合理的強制性の体制として形づくられているが、そこで資本（ないし資本家）は、支配的な立場に置かれており、また労働者は、従属的な立場に置かれている。[*3] この体制は、一方の支配と他方の従属からなるヒエラルキーを根幹とするという点では非経済的で政治的であるが、貨幣・資本の原理を体現する近代的合理主義は、そこに内在する非経済的・政治的側面を隠蔽する。それだけではない。後に検討するように、それはまた労働者（ひいては資

＊1　かつてLukács[1923]は主著『歴史と階級意識』で、労働者階級のいわば物象化された意識を批判し、その克服による真の階級意識への覚醒を強調したが、彼によれば、「このように生産過程のなかの一定の類型的状態に帰せられ、それに合理的に適合する反応が、階級意識なのである。したがって、階級意識は、階級を構成する個々のひとが考えたり感じたりなどするものの合計でもなければ、その平均でもない。しかも、結局、階級全体の歴史的に意味ある行為は階級意識から規定されるのであって、個々人の思惟によって規定されたりするものではない。それはただ階級意識だけから認識できるものなのである」（280頁、傍点は原著者）。要するに、「階級意識」は、「階級を構成する個々のひと」の「意識」を超えるものであり、つねに「歴史」と結びつくかたちで現われるということである。たしかに労働者階級は、物象化された意識に囚われているわけであるが、そこに労働者階級の主体性・能動性がないかといえば、必ずしもそうではない。現実的な自己原理なしに物象化された意識が自己意識として働くことはできないからである。それゆえ、本章では、労働者階級の物象化された意識の外的条件ではなく、むしろその内的原理に着目し、従来とは違う労働者像を提示しようとする。とりわけここでいう階級は、人間が置かれている社会経済的コンテキストを規定する一つのカテゴリーのことである。そこでは他の階級にはない社会的かつ経済的利害が一定の階級的同質感を生み出し、またそれをつうじて階級内で共有される意識が階級意識として形成されるのであり、そうして、他の階級とはまた違う固有の階級性を帯びることになるのである。

本）の意識構造をも変形させる。そこでは階級関係に通底する資本主義的観念・イデオロギーがリアリティをもつようになる。そのうち特に個別主体の能力・努力・選択が重要視されているのは、そのためである。

もちろん、資本主義社会における労資関係の敵対的な階級構造は、生産手段の所有・非所有に起因する側面が大きい。だが、それだけではない。ここでは生産手段の所有いかんによる関係設定自体を否定するつもりはないが、それでは、前近代社会と相異なる資本主義社会における下部構造の観念的・イデオロギー的側面およびそれに基づく労資関係の特殊性は、生産手段の所有・非所有関係のなかに埋もれてしまうのではないだろうか。その結果、資本主義社会の特殊歴史性は、不十分なかたちでしかあきらかにされず、そこで資本主義的生産様式という分析対象を説明するための概念体系としての原理論は、理論としての説得力を失ってしまうことになりかねない。[*4]

さて、本章では、以上のような問題関心に基づいて、従来のマルクス経済学における労働力概念および労働者概念を批判的に吟味し直し、資本家と労働者に通底する観念的・イデオロギー的な意識構造を、労資関係の再生産を可能ならしめる要因として捉えることで、新しい労働者像、ひいては新しい労資関係像を提示しようとする。そのためにはまず、労働力の生産・再生産について立ち入って考察するが、そこから労働力の内なる二面性を浮き彫りにし、従来とは違う労働者像を描き出す。このような本章の試みは、資本主義的生産様式の運営メカニズムと、その総和としての資本主義体制の構造と動態を再構築するための第一歩といってよい。

＊2　「前資本主義社会と資本主義社会における階級意識」の違いについてはLukács[1923]：290–300頁を参照されたい。そこで彼は次のように述べている。「ところが、ここに前資本主義社会と資本主義そのものとのあいだには越えられないちがいがある。そのちがいというのは、資本主義では経済的な要素がもはや意識の『うしろに』かくれているのではなくて、意識そのもののなかに（ただ無意識でか、それとも押しまげられなどしてかではあるが）存在している、ということである。階級意識は、資本主義となって身分構造がなくなり純経済的に組織された社会がつくられてはじめて、意識されうるという段階にはいった」（298頁、傍点は原著者）。ただし本章では、このような「階級意識」を歴史や革命と結びつけて捉える方式を採用していない。詳しくは本文に譲るが、一方では経営・運営の側面において資本家と労働者は互いに類似した自己像をもっており、また他方では「資本主義」は、一方の支配と他方の従属からなるヒエラルキーを根幹としているからである――同趣旨の見解は、柄谷行人の『世界共和国へ』にもみられる。そこで柄谷は、次のように述べている。「個別企業では、経営者と労働者の利害は一致します。だから、生産点においては、労働者は経営者と同じ意識をもち、特殊な利害意識から抜け出ることは難しいのです。〔中略〕では、労働者が狭い意識に囚われるのはなぜでしょうか。それは、労働者が『物象化された意識』（ルカーチ）に囚われているからではないし、また、労働者階級が後進資本主義国からの搾取の分け前をもらっているために、資本家と同じ立場に立つようになったということでもない。生産過程においては、労働者は資本に従属的であるほかないのです」（柄谷［2006］：154–155頁）――。こうした意味で、本書では直接扱わないが、労働者階級＝革命の主体とする従来の見方については再考の余地があるように思われる。

＊3　Kocka[2017]は、資本家と労働者の関係について次のような的確な指摘を行っている。「資本と労働、雇う者と雇われる者との関係は、一方では市場原理にもとづく交換関係であり、他方では、『剰余価値』の吸い上げを許し、社会にさまざまな帰結を伴う非対称的な支配関係である」（31–32頁）。

本章の構成は以下のとおりである。第1節では、労働力の生産・再生産に焦点を当てて考察し、労働力概念の非即物性を浮き彫りにする。第2節では、労働力概念をさらに拡張させ、資本からみた労働力と労働者からみた労働力を比較検討することで、従来とは違う労働力像を析出する。第3節では、第1節と第2節の内容を踏まえて、労働者の自己像と資本の自己像について論じることで、新しい労資関係像を提示する。本章の最後では、以上の議論を踏まえて、前近代社会のそれとはまた違う資本主義社会における下部構造の観念的・イデオロギー的側面および本書の課題について述べることで、本章を締めくくることとする。

第1節　労働力の生産という無理

労働力の生産・再生産とは何か。労働力を生産・再生産するとは、要するに、労働力＝生産・再生産の対象という認識を前提とする。それはどういうことか。一般にマルクス経済学では次のように説かれている。人間は、日常世界を構築し、また日常生活を営むために、自分の労働力をもってであれ他者の労働力をもってであれ、一連の労働・生産過程を展開しなければならない。そこで労働力は、いわば人間の生命力の一側面として現出する。ただし、それは人間にとって有限なものであり、しかも物理的時間の拘束から自由になれない。それゆえにそこでは、人間がライフ（生命・生存・生活・生涯）を営み続けるためにはその営みの過程そのものから労働力を持続的に生産・再生産しなければならないという条件が所与の前提となる。

そのうえに資本主義的生産様式においては、労働力＝商品化の対象という新たな規定が上乗せされる。今度は労働力の生産・再生産過程は、他の商品と同様にモノの生産・再生産過程の一環として擬制されるのである。そうして、労働力というモノは、一連の労働・生産過程をつうじて生み出されるある種の生産物としての像《イメージ》を具体化していくことになる。それによれば、資本の生産物は、貨幣所有者に向けて商品化されるが、労働者の労働力は、もっぱら資本向け商品として生産・再生産されるということである。たしかに労働力の生産・再生産は、商品の生産・再生産と類似した側面がないわけではないが、単にそうした即物的なアプローチでは説明しきれない側面も決して少なくない。両者を一括りにして扱う方法が適切かどうかは、やはり検討の余地があると思われる。

したがって本節では、宇野弘蔵の議論を引き合いに出しながら、労働者にとって労働力の生産・再生産とはどういうことかについて考えてみたい。そうすることで、労働力に適した概念規定についての手がかりを得ようとする。そのためにまずは、労働力商品についての宇野［2014］の文章を

＊4　これについて小倉［2010］は、「マルクスは、労働のイデオロギー的な表象にはほとんど関心を寄せなかった」（24頁）という問題意識に基づいて、資本主義的労働・生産過程における労働者の自己喪失のメカニズムを浮き彫りにしている。本章もまたそうした問題意識に深く賛同している。ただし筆者は、自己を喪失しつつある存在としての労働者像については多少懐疑的である。

引用することから議論を始める。

例えば労働力を商品として買入れた資本家は、「一労働日をできれば二労働日にもしようとする」のに対して、労働者側は労働力なる商品の特殊の性質から買手による消費の制限を要求せざるを得ない。商品交換の法則からいえば買入れた商品の使用価値からできるだけの利用を得ることは当然であるが、労働力なる商品の消費自身が、労働者の肉体を離れて行われるものでなく、一日の労働時間の販売は、翌日の労働力の生産を補償するものでなければならない、それ以上に利用されることは、販売したもの以上のものを要求されるわけであって、商品交換の法則に反するというのである。（79頁）

ここで一旦「労働力なる商品」の存在を認めるとしても、「一日の労働時間の販売」という表現は適切ではない。そこで「販売」されるのは、「時間」ではなく、「一日の労働」の遂行を可能ならしめる「労働力」だからである。ともあれ、ここで注目したいのは、「労働力なる商品」ではなく、むしろ「労働者」である。まず宇野は、「労働力なる商品の消費」が「労働者の肉体」をつうじて行われるというが、もし本当にそうであれば、「労働者」は、「労働力なる商品」の販売者であるだけでなく、消費者ともいえるようになる。「労働力を商品として買入れた資本家」という表現自体が成り立たなくなるのである。なぜなら、「商品の消費」は、あくまでも買い手の行為であって、売り手の行為ではないからである。

もちろん、「労働力なる商品の消費」は、「資本家」の権利だが、「労働力」自体が「労働者の肉体」と離れて存在することができない以上、その過程において売り手を媒介にせざるをえない。要するにやむをえない回り道なのだということである。だが、その場合、「労働力なる商品」と買い手たる「資本家」とのあいだに売り手たる「労働者」が介在することになり、これを突き詰めれば、「労働力」は「商品」ではなくなる。もちろんそれにしても、それは問題にはならないという。なぜなら、「労働力は、しかし元来商品たるものではない」が、「資本の原始的蓄積の過程によって始めて商品として売買せられるもの」だからである。[*5] いいかえれば、「労働力」は、特殊歴史的な商品であるということである。

しかし、買い手の消費過程において売り手が介在するモノは、「労働力」だけではないし、またそこにおいて買い手によって享受される使用価値がすべて商品としてみなされているわけでもない。[*6] この問題は、そのまま「労働力の生産」にまでつながることになる。一般に労働・生産過程は、「労働手段とは、労働者によって彼と労働対象とのあいだに入れられてこの対象への彼の働きかけの導体として彼のために役だつ物またはいろいろな物の複合体である」[*7] というマルクスの説明から

*5　宇野［1973］：80頁、宇野［2006］：153‒154頁。
*6　これに関する詳細については、本書の第3章で扱うことにする。

もわかるように、「労働者」・「労働手段」・「労働対象」、この三要素間の相互作用によって展開される。生産物は、そのアウトプットにすぎない。

だが、「労働力なる商品」の「生産」にはいかなる相互作用が働くのか。「労働力は他の商品と異って消費されると再びまた同じ労働者によってその消耗を回復されて再販売されなければならない商品である」[*8]と宇野はいう。ところで、たとえば、ある車両の持ち主がガソリンスタンドで自分の車両に給油する場合、その車両は、「消費」・「消耗」された一定の駆動力を「回復」することになるが、その過程はあたかも「労働力の生産」に類似しているといえなくもない――ただしその場合、車両（とその持ち主）は労働者に、またガソリンは生活手段に、最後に駆動力は労働力にあたるといってよい。

ところがそこでは、労働対象も、労働手段も、またそれらに働きかける労働者も不要となる。というのは、その駆動力の復元・回復過程は、車両固有の動力メカニズムによって行われるからである。もちろん、ガソリンスタンドで働く労働者にとっては、ガソリンなどは労働対象であり、またガソリンスタンドの給油機などは労働手段ではある。しかしそうはいっても、復元・回復された車両の一定の駆動力そのものは、当該労働者と無関係なものといわなければならない。車両の一定の駆動力を復元し回復させることは、あくまでも車両の持ち主の関心事であり、当該労働者のことではない。それゆえに当然のことながら、その駆動力の発揮・発現は、車両の持ち主によってのみ行われる。

こうしてみると、車両の持ち主にとってガソリンそのものは、労働対象ではなく、単なる消費対象にすぎないことがわかる。そこで車両の持ち主は、労働主体ではなく、消費主体として位置づけられる。要するに、消費主体と消費対象さえあれば、車両の一定の駆動力を復元・回復することが可能だということになる。もちろん、産業廃棄物処理業やリサイクル業の労働・生産過程にみられるように、労働と消費が重なる領域もないわけではないが、単なる消費活動がそのような人間の合目的的活動としてなされるとは必ずしも言いがたい。[*9]

いずれにせよ、ガソリンスタンドで車両に給油する一連の過程を、われわれは駆動力なる商品の生産とはいわない。同様に、「労働者」が「労働力の生産」を行う過程を商品の生産過程と同定することは妥当ではないように思われる。

これについて宇野［2016］は、次のように述べている。

もちろん、労働力の再生産過程は、本来消費過程であって、生産過程ではない。したがって労働力商品にしても、それは労働者の生活の内に再生産されるのであって、物として、したがってまた商品として生産されるわけではない。しかし労働力の商品化は、労働力の再生産をも労

＊7　Marx[1890]:S.194。
＊8　宇野［1973］：113頁。
＊9　小幡［2009］：104頁。

働力商品の生産過程として強制するのである。（111頁、宇野［2008］：172頁）

すなわち、「労働力」は、労働現場や生産現場で生み出される「物」・「商品」ではないが、「労働者の生活の内に再生産される」、または「再生産」されなければならないモノということである。この立場によれば、結局のところ、「労働力の再生産過程」＝「労働者の生活」は、「労働力商品」の擬制的な「生産過程」にほかならない。「労働力」の「生産過程」を「商品」の「生産過程」として擬制する方法はたしかに、「労働力」を「商品」として捉える方法から必然的に派生するものとして了解することもできるが、単にそれだけではないように思われる。この点について立ち入って考えてみることにしたい。

宇野［2016］の文章をさらに引用しよう。

労働力は消費資料を労働者がその生活の内に消費して再生産されるが、この過程は資本の生産過程のように労働力の商品としての生産過程をなすわけではない。したがって労働力の価値が一日の生活資料を生産する労働時間によって決定されるといっても、消費される生活資料の価値が労働力商品の内に移転されるというような関係にあるわけではない。労働力の再生産は、資本主義社会にあってもやはり人間生活の内に行われるのであって、この労働力を再生産される労働者が、無産労働者として労働力を商品として販売せざるをえないということが、労働力

を再び商品化するにすぎない。（147―148頁）

ここで宇野は、「労働力の再生産」においては「資本の生産過程」と違って「労働者」と「労働力」のあいだに「人間生活」が介在することを強調している。「人間生活」という媒介項が「労働力の再生産」を可能にし、また「労働力を再生産される労働者」が自分の「労働力を再び商品化する」ということである。したがって、そこで「消費される生活資料の価値」は、「労働力の価値」と直接には関係なく、むしろ「人間生活」に結びつくということになる。[*10]

だが、もしそうだとすれば、はたして「労働力の価値が一日の生活資料を生産する労働時間によって決定される」といえるだろうか。というのは、「一日の生活資料を生産する労働時間によって決定される」のは、「労働力」ではなく、「人間生活」、具体的にいえば、「労働者」が営む日常生活と日常世界の物質的諸条件だからである。「労働者」は、日常生活・日常世界とそれを構成する「生活資料」を基盤としてはじめて「労働力の再生産」を行うのである。

右記引用文において宇野が、「消費される生活資料の価値が労働力商品の内に移転される」とい

＊10　たとえば「かりに、労働力の生産に毎日必要な商品の量をAとし、毎週必要な商品の量をBとし、毎四半期に必要な商品の量をC、等々とすれば、これらの商品の一日の平均は、$\frac{365A+52B+4C+etc.}{365}$ であろう」（Marx[1890]:S.186）とするマルクスのアプローチは、宇野のそれと対照をなすものといってよい。

うような機械的アプローチを相対化し、「労働力の再生産」をめぐる二段構えの構造を浮き彫りにしたことは評価に値する。なぜなら、「生活資料」は、「人間生活」を構成する諸要因の一つであって、それだけが「人間生活」をなすわけではないからである。単に「生活資料」が与えられたからといって、「人間生活」がただちに成り立つわけでもない。[*11]

一般に「人間生活」は、ロビンソン・クルーソーの生活様式と違って、共同体および社会といった人間と人間のあいだの人格的かつ非人格的関係ネットワークを前提として成り立つのであり、そこではじめて「生活資料」といった物質的要因が意味をもつことになる。「労働者」は、文字どおり特殊歴史性をもつ社会的存在であり、同時に共同体の一員でもあったりする。「労働者」が受け取る賃金は、それ自身やその家族の「生活」を維持存続させるが、そうした過程をつうじてまさに他の「労働者」やその家族、ひいては社会の維持存続も可能にする。[*12]

このように「人間生活」は、「労働者」が「労働者」であり続けることを可能にする土台であることがわかる。しかし、宇野の議論においては、「労働者」と「労働力の再生産」とのあいだに「人間生活」が介在するということによって、「労働力」が「生活資料」と直接結びつくものではなくなるということが看過されている。というのも、「労働力の再生産」は事実上、「生活資料」ではなく、「人間生活」と結びついているからである。そこで「生活資料」は、「労働力の再生産」ではなく、「人間生活」の物質的再生産を可能にする。それを基盤としてはじめて「労働力の再生産」がなされるのである。

だが、問題はそれだけではない。そうだとすれば、今度は「生活資料」に直接的にコミットしない「労働力」をどう捉えるべきかという問題が浮かびあがってくるからである。すなわちそれは、インプットとしての「生活資料」とアウトプットとしての「労働力」とのあいだの直接的な因果関係が明確ではないとすれば、「労働力」は、文字どおり「再生産」の対象になりうるだろうかということである。

一般にマルクス経済学では、労働力の生産・再生産といえば、労働者の労働力が翌日再販売できる水準に戻ることが含意される。たしかに労働者の日常生活・日常世界は、それ自身の労働力を復

＊11 もちろん、宇野［1969］：6頁が述べているように、「宗教や芸術、哲学やその他の学問的研究等と異って、物質的生活資料を得るということは、何人にとっても欠くことのできない人間生活の重要な一部をなすわけで、自分で直接にやらなければ他の人にでもやって貰わなければならない」。すなわち、「経済生活」は、「人間生活の重要な一部」をなしており、そこでは「物質的生活資料を得る」ために、「最小の労費をもって最大の効果をあげる」などの行動様式が求められるということである。だが、これにもっともふさわしい人物はまさにロビンソン・クルーソーであろう。実際のところ「ロビンソン・クルーソウ」は、「綿密な計画をたてて将来を合理的に予測しながら行動するタイプの人間、まさに経営者」として仮構された人物にほかならない。それゆえに、「家、同族、郷党閥などは彼の生活のなかでは、なんら本質的な意味をもっていない」（大塚［1966］：114−115頁、傍点は原著者）。マルクスが「経済学はロビンソン物語を愛好する」（Marx［1890］:S.90）といったのは、まさにそのためである。

＊12 Marx［1890］:S.417。

元し回復させる。ところで、たとえばあるモノを一定の人間的活動をつうじて相対的に未完ないし無用の状態から相対的に完成ないし有用の状態に転化させるとすれば、その過程は生産にあたるといえるし、また同じ過程を繰り返す場合には、われわれはそれをあるモノの再生産と呼ぶことができる。その一連の過程が人間的活動である以上、それ自体は合目的的かつ目的意識的な活動といってよい。[*13]

とはいえ、労働力というモノがそういう人間的活動の対象になりうるか。もしそれが可能であれば、労働者は、労働力を生産・再生産するために合目的的・目的意識的に日常生活を営み、また日常世界を築くということになるが、これがはたして可能なことであろうか。むしろその逆であろう。すなわち、労働者は、日常生活・日常世界を営むために労働力の復元・回復を図るのであり、したがってまた、それは合目的的・目的意識的に生産されるものではなく、人間生活をなす物質的・関係的諸要因から自然に得られる一定の状態といえる。これはいいかえれば、車両はそれ自身の駆動力を生み出すために一定距離を走行するのではなく、一定距離を走行するためにその駆動力を復元・回復するというのと同じことである。

このように、労働力の生産・再生産が成り立たないということは、労働力が人間的活動の対象になりえないことを意味する。同趣旨の見解は、労働力商品の発見者であるマルクス自身の記述にもみられる。

労働力は、ただその発揮によってのみ実現され、ただ労働においてのみ実証される。しかし、その実証である労働によっては、人間の筋肉や神経や脳などの一定量が支出されるのであって、それは再び補充されなければならない。（Marx[1890]:S.185）

「労働」は、「一定量が支出され」た「労働力」の「補充」を前提とする。それゆえ、労働者が労働力を復元・回復する過程は、何かを生み出すことではなく、むしろ使われて減ってしまった部分を補うこと、または満たすことにほかならない。一般に電子機器の電圧が下がり必要な電流を流せないときは、それに電力を供給するが、われわれはそのことを電子機器が電力を生産するとはいわない。つまりいいかえれば、電力は補われるものであって、生まれるものではない。電子機器が電力を生産しないのと同様に、労働者もまた労働力を生産しないのである。

これについて宇野［2006］は、次のように述べている。

電力は種々なるものをつくるのに使用される動力ではあろうが、「何でもつくれる」という使用価値をもった商品とはいえない。（226頁）

＊13　菅原［2012］：98–103頁。

なるほど、だが、「『何でもつくれる』という使用価値」とは、人間のもつ本然の諸能力に限られるものにすぎないのであって、それを超えて「何でもつくれる」というわけではない。ゆえにその内実は、人間のもつ本然の諸能力の範囲内で「何でもつくれる」ということになる。同様に、「電力」が「種々なるものをつくる」ことができるのも、それ自身の範囲内で可能なことであって、それ自身を超えて「種々なるものをつくる」ことなどありえない。したがって要するに、両者のあいだには、量的相違があるだけで、質的相違はないということになる。

労働者が「何でもつくれる」労働力を発揮・発現するためには、人間生活の物質的・関係的諸要因との相互作用をつうじて、使われて減ってしまった労働力を生命力の一側面として一定水準復元・回復しなければならない。再生産というときの「再」は、厳密にいえば、繰り返しという意味よりも、元の状態へという意味を内包している。ここでいう元の状態は、使われて減ってしまう以前の労働力の具合・水準・要件を指す。もとより存在していない状態から存在する状態を生み出すことではなく、もとより存在していた状態にもう一度戻すことであり、これを生産・再生産と呼ぶことは適切ではないといわざるをえない。*14

以上、本節では労働力の生産・再生産について立ち入って考察した。それをつうじて労働力の生産・再生産といわれる事象の内実は、労働者がそれ自身のライフを営む一連の過程自体がその労働力を再び元の状態に復元し回復させるということがわかった。労働者は、日常生活・日常世界を営む過程で自分の労働力を復元・回復し、翌日また資本主義的労働・生産過程において復元・回復済みの労働力を消費させられる。この繰り返しは、労働力の復元・回復過程として労働者の生活時間――いわば非労働時間――の大半を占める。労働力概念は、商品形態に適したものとは思えないが、たとえ労働力を商品として捉える方法を採用するとしても、労働力が生産・再生産の対象になりうるわけではない。次節では本節の内容を踏まえて、労働力の扱われ方について考察することとする。

第2節　労働力の二面性

本節では、資本からみた労働力と労働者からみた労働力について立ち入って考察することで、労働力の二面性をあきらかにしようとする。そのためにまずは、資本にとって労働力とは何かについて考えてみたい。

労働者が自分の労働力を復元・回復することは、資本にとって労働・生産過程において労働者をもう一度活用することができることを意味する。そこで労働者は、労働対象と労働手段とからなる

＊14　このことは〈restore〉と〈product〉の方向性を考えれば一層はっきりする。一般に前者は、回復する、修復する、復元するという意味をもっているが、後者は、前にという意味の接頭辞〈pro〉と、導く、引くという意味の語根〈duct〉から構成されている。いうまでもないが、元の状態に復するという意味については、前者のほうがより適切であろう。

生産手段とともに、資本主義的労働・生産過程に組み込まれる。*15 それゆえ生産手段と同様に、労働者もまた一定の役割を与えられることになる。生産手段がそれ自身の性能ないし機能――たとえば駆動力や回転力、耐久力など――を商品として生産しているわけではないのと同様に、労働者もまた、それ自身の労働力を商品として生産しているわけではない。両者は単に、資本の価値増殖のために用いられるモノにすぎない。他者の目的を実現させるために用いられるモノがすべて商品である必要はないし、実際また商品の形態をとっているわけでもない。

そうだとすれば、われわれはここで労働者の労働力と生産手段の性能・機能は、資本にとってある種の資源として用いられると考えられる。すなわち、それらが文字どおり資源の形態をとっているというより、資本によって資源として認識され扱われるということである。いわば資源性を帯びるモノなのである。それらを用いる権限は、ひとえに資本がもつことになる。ただしそれらは、決して無尽蔵ではない。労働者の身体的・精神的・感情的限界と生産手段の物理的耐用年数は、それらが有限な資源性のモノであることを示唆する。

ところで他方、労働者の労働力は、生産手段の性能・機能と違って資本の意のままに働かせることができない。資本が生産手段の性能・機能にアクセスするにあたって、生産手段の意思・同意など介在しない。生産手段は、それ自身の性能・機能の単なる導体でしかなく、したがって両者のあいだにはいかなるものも介在していない、いわば空っぽの状態といってよい。

それに対して、資本は、労働者の意思・同意なしに労働力を資源として用いることができない。

資本と労働力とのあいだに労働者という存在、生産手段とはまた違う存在が介在している。それだけではない。また労働者と労働力のあいだには、労働者自身の意志が働いている。資本が自分の目的のために労働者の労働力を用いるといっても、労働力に直接手出しができないのは、そのためである。このことは、資本はもとより労働力への直接的な接近が不可能な状態――いわば接近不可能性――に置かれていることを示唆する。

資本は、そうした困難を乗り超える一環として多方面に働きかけ――いわゆる経営活動――を行う。そこで資本の働きかけは、労働・生産過程を合理化・形式化し、また労働者を道具化・手段化する。資本が経営活動に没頭するのは、労働者の労働力が自分にとって有限な資源であるだけでなく、労働者自身の意志をつうじなくては労働力にアクセスできないからである。したがってそこでは、労働者の有限な労働力を有効に用いる方法が求められるということになる。

＊15　これについてGorz[1988]は、次のように指摘している。「労働は、資本主義的合理化によって、私的活動や自然の必要への服従ではなくなる。だが、それが偏狭で奴隷的な性格を剥ぎ取られ、生成活動《ポイエーシス》、普遍的な力の表明となるまさにその瞬間に、労働はそれを行なう者を非人間化する。自然の必要性に対する輝かしい支配であると同時に、それ以上に強制的な、この支配の道具に対する服従であるという点で、産業労働は、マルクスだけでなく経済学の幾多の古典においても、見落としてならない両義性《アンビバレンス》を示している」（40‐41頁）。これは要するに、資本主義的労働・生産体制が資本の合理的強制力によって成り立つことを示唆するものといってよい。そこで労働者は、「非人間化」を余儀なくされることになる。

さて、引き続き労働者の立場から議論を進めてみよう。労働者の労働力は、資本にとって資源性を帯びるモノとして認識され扱われる。ところで、それは労働者自身にとっても同じなのだろうか。もしそうであれば、あるいはそうでなければ、それは何を意味するのだろうか。以下では、田中英明の議論を参照しながら、労働者にとって労働力とは何かについて考えてみたい。

田中［2017］は、労働力商品論が主流なマルクス経済学原理論の研究のなかにおいて、単に労働力＝商品という従来の理論的構想では捉えられない、労働力のもう一つの側面を析出している。すなわち、それによれば、

生産過程から排除され自由な彼ら〔＝「労働者」：引用者〕に、何らかの私的所有物があれば、それらを直接に消費することや、あるいは完全に手放して他の生活手段と交換してしまうことは避けられるであろう。所有物は唯一の資産であり、維持され増殖することで、永続的に生活手段を入手し続けるための資源と意識されることになろう。（104頁）

まずここでは労働者の労働力は「私的所有物」として捉えられているが、結論だけをいえば、労働者の労働力を私的所有が可能な対象として扱うことは適切ではないといわねばならない。たとえば、「労働力の所持者が労働力を商品として売るためには、彼は、労働力を自由に処分することができなければならず、したがって彼の労働能力、彼の一身の自由な所有者でなければならない」*16

とマルクスはいうが、もし本当に「彼」が文字どおり自分の「労働力を自由に処分する」ことになる場合には、当の本人も一緒に廃棄・処分されてしまうことになろう。

所有は、人間がモノと結びつく一つの形式であり、またモノを所有する人間は、排他的で独占的な支配権を保障される。ただしそこでモノは、あくまでも外界の対象であり、そうした意味でいえば、当の人間でさえ自分の労働力を所有することはそもそも不可能である。労働力は、実体のない機制にほかならず、したがって所有されるのではなく、単に発揮・発現されるだけである。[*17]

田中の議論に戻ろう。右記の引用文では、労働力が「資産」であり、また「資源」でもあると述べられているが、両者は厳密に区分されているものであって、同一概念として扱うことは妥当ではないように思われる。というのは、前者はアセットで、後者はリソースであるということだけでなく、他者の目的を実現させるために用いられる手段という意味では、やはり後者のほうが適切だからである。

もちろん、「資産」も、他者の目的を実現させるために用いられることがしばしばある。だが、後述のように、そこでは生成の直接的な契機は見当たらない。一般に発電には火力や水力、風力、

＊16　Marx[1890]:S.182。

＊17　労働者の労働力を「私的所有物」として擬制するアプローチについては、次章以降で詳しく述べることにして、ここでは立ち入って論じないことにする。

地熱、潮力、波力、太陽光、原子力、バイオマスなどが使われるように、「資源」という概念には、手段だけでなく、生成の契機も含んでいる。それに対して、「資産」という概念には、間接的な方法を前提として行われる手段化の契機もないわけではないが、やはりそこからは新たなモノを生成させる直接的な契機が含まれているとは限らない。「資産」について詳しくは後述することにして、ここではまずその違いを指摘するだけにとどめることとする。

では「資源」についてはどうだろうか。右記の引用文では、労働力が労働者にとって「生活手段を入手し続けるための資源と意識される」と述べられている。いわば「資源」の商品化である。われわれはすでに労働力をめぐる資本の扱い方を確かめた。労働力は、資本にとって利用し開発すべき「資源」である。ところで、労働者にとっても労働力は、資源性のモノとして扱われているといえるだろうか。たとえば、商品は、売り手にとって私的所有物であるが、(潜在的)買い手にとっては非所有の対象にほかならない。いうまでもないが、同じモノであっても、置かれている立場・場所によって性格規定が変わってくる。

同様に、労働力についても、相異なる性格規定がなされる可能性がある。前節では、労働力の復元・回復について車両や電子機器の例を挙げて述べたが、前者の駆動力と後者の性能・機能は、自分を自分たらしめる属性であり、両者はいずれも、それ自身の駆動力や性能・機能を定型化したものといえる。そこで行為主体は、それらの諸能力を定型化したモノを用いて、そこから一定の有用効果を享受する。こうしてみると、車両の駆動力や電子機器の性能・機能は、行為主体によって享受される一定の有用効果を生み出すメディアと考えられる。

これによれば、労働力もまた、労働者を労働者たらしめる属性といえなくもなさそうである。しかし、労働者は単に、労働力を定型化したものとは言いがたい。労働力はもとより定型化が効かないからである。労働力の非定型性は、労働力への接近不可能性とともに、資本を経営活動に没頭させる根因である。すでに述べたように、労働者と労働力のあいだに介在するのは労働者自身の意志だけである。資本が労働力を完全にコントロール可能なモノとして用いることができないのは、そのためである。その意味で資本の経営活動の要は、労働者の労働力の資源化にあるといってよい。

それと同様に、労働者が自分の労働力を資源化するといえるためには、労働者は、ひとまず自分の労働力を自分から切り離して対象化する必要がある。というのも、あるモノを資源化するということは、そのモノを利用し開発することを前提とするからである。労働力を自分から切り離して商品化することはできないが、観念上の対象化であればさほど問題にならないといえなくもない。

実際に自己開発や自己啓発、自己啓蒙、自己変革という名の自己道具化ないし自己手段化は、労働力が労働者自身にとっても利用・開発されうる対象であるかのような錯覚を引き起こす。そこで労働力は、資本にとっては企業経営の対象であるが、労働者にとっては自己経営の対象となる。もちろんそれは、資本と同様に労働者にとっても有限なものにほかならない。ただ違いがあるとすれば、資本による労働力の利用・開発にあたっては、労働者が労働力の担い手として介在するが、労働者による労働力の利用・開発にあたっては、自分自身の意思が介在するということである。

ただしその過程で、労働者は、自分の身体的・精神的・感情的な諸要因や諸条件を無視して、あるいは超越して労働力を自分の意志どおりに利用・開発することができない。というのは、人間の身体・精神・感情は、それら自身の原理によってのみ動かされるからである。したがって結局、資本は、労働者の労働力を利用・開発するにあたって、金銭的報酬ないし制度的措置をつうじて労働者の意志を自分に有利に動かそうとするのに対して、労働者の場合は、対象化する主体もされる客体も自分になる。労働者に特に自己管理とその能力が求められるのは、そのためである。

このように、労働力をめぐってなされる両者のアプローチは、その扱い方だけでなく、さらに有用性の側面においても相違点が見出される。労働者による労働力の資源化の無理はむしろそこにあるように思われる。

田中［2017］の文章をさらに引用しよう。

もっとも、貨幣と異なり労働力は生産過程において——さらには生存そのものによって——疲弊し消耗していくものであって、賃金によって購入される生活手段と種々の活動とによって「再生産」されなければならない。やはり労働者は「資本家」ではないのであって、賃金は「賃料」として増殖分を意味するわけではなく、再生産の費用とみなされるものである。ただ、労働力が商品形態を与えられるということのうちには、自らの所有物が、単に他の商品への交換力としての価値というよりは、自分を維持していくことが求められる資源という意味での価値を内包するものとして意識されるという「増殖」の契機が――貨幣に喚起された黄金欲に媒介されることなく――芽生えているように思われるのである。（103－104頁）

田中にいわせれば、「労働力」は、「共同体の間隙・空所」――マルクスのいう「共同体の果てるところ」――におけるモノである。[*18] 実際のところ田中は、「商業民族」の「所有物」ないし「借地農業者」の「生産物」を「労働者」の「労働力」と同一視している。そこで「労働力」が『増殖』の契機」をはらんでいる「資源」として扱われるのは、そのためである。

ところで、「労働者」にとって「労働力」は、「『増殖』の契機」をはらんでいる「資源」たりうるだろうか。つまりそこでは、「労働力」は「資源という意味での価値を内包するもの」といわれているが、それは実は、「商業民族」や「借地農業者」といった「資本家」の立場をそのまま「労働者」に投射したものではないだろうか。[*19]

＊18　田中［2017］：101頁。

＊19　すなわち、田中［2017］によれば、「生産手段として、あるいは生産手段との交換に利用して、その補填と生活手段とを入手しうる力を有するだけの生産物を商品として生産しなければならない『借地農業者』にとっても、また、交換・取引で利用することで、同様に『毎日の消費』を実現しつつ、その力を維持しなければならない空所の『商業民族』にとっても、その所有物が商品として交換される際の基準は、資源としての維持・増殖なのである」（104頁）。ここで「借地農業者」と「商業民族」は、それ自身の「商品」をある種の「資源」として所有する資本家として想定されている。

すでに検討したように、「資本家」は、価値増殖過程において「労働力」を資源化することをつうじてはじめて『「増殖」の契機』を与えられる。まさにそこで「資本家」は、「労働力」を、「単に他の商品への交換力として」ではなく、「資源という意味での価値を内包するものとして」用いているのである。それに対して、「労働者」は特に、「労働力」をつうじて『「増殖」の契機』を与えられているわけではない。ただそこでは、「労働力」の「疲弊」・「消耗」とその復元・回復を繰り返しているだけだからである。もちろん、自分の「労働力」を利用・開発する「労働者」の自己経営は、賃金上昇をもたらすことがしばしばある。

だが、田中自身も述べているように、「賃金は『賃料』として増殖分を意味するわけではなく、再生産の費用とみなされるものである」ため、「労働者」の自己経営は、「資本家」の企業経営とは根本的に相容れない。つまり、「資本家」が領有する「増殖分」は、「労働力」という名の「資源」を用いて得られる余分の価値であれば、「労働者」の「賃金」は、「労働力」の「疲弊」・「消耗」に対する補償の性格を帯びたもの――いってみれば生活費・生計費・生存費――といえる。そこでは「労働者」は、「自分を維持していくことが求められる」のであり、そうすることで、「賃金」を前提とするライフが可能となる。その意味で「労働者」にとって自分の「労働力」をメンテナンスしておくことは、「労働者」であり続けられる条件なのである。

たとえば、いわゆるリバースモーゲージのような融資制度は、所有する住宅を担保にして資金を調達することを可能にするが、労働者にとっての労働力はその借り手の担保資産と類似しているといえなくもない。ここで強調したいのは、資本家が貸し手で、また労働者は借り手であるということではなく、自分の資産を長期間にわたって細かく削っていく方式で、その一部あるいは大部分を、生活費・生計費・生存費を調達・確保するための契機として役立てるということである。もちろん、だからといって労働力が資産形態をとって現われるということをいっているわけではない。労働力は労働者にとっての「唯一の資産」と田中はいうが、それはある種の比喩であろう。

一般に資産は、有形であれ無形であれ、一定の形式を前提とする。ここでいう形式とは、一定の境界をもっているということである。だが、労働力が一定の境界をもっているといえるだろうか。知的資産であろうと情報資産であろうと暗号資産であろうと、昨日と変わってしまっては困る――変わりうるのは外部からの評価だけである。労働力に固定された境界を設定することはそもそも不可能である。労働力＝労働者の「唯一の資産」という規定の内実は、いってみれば、労働者は資本のもとで働かざるをえない立場に置かれているということであろう。

このように、形態的意味における労働力＝資産という規定は成り立たない。しかしながら他方で、労働力は、リバースモーゲージにおける借り手の担保資産と同様に、労働者にそれ自身のライフのための資金調達の契機を与えるような資産性のモノとして捉えることができる。いいかえれば、労働者は、労働力を、生成の直接的な契機――いわば資源――としてではなく、生活費・生計費・生存費を調達・確保するための契機――いわば資産――として対象化するということである。そこでは、間接的な方法に基づいた手段化が行われるが、手段化というのは、労働・生産過程において自分の労働力を資源化されうるモノとして資本に提供することを意味する。

したがって要するに、労働者にとって労働力は、自己維持・自己改善の契機ないし可能態として対象化されるものということになる。これは、資本にとっての労働力の内なる『『増殖』の契機」とは相容れない。資本の企業経営と労働者の自己経営との根本的な違いは、労働力をめぐる相異なるアプローチから生じてくるのであり、だからこそそれは、両者のあいだの階級的異質性を克明に表す一つの断片といってよい。

以上、本節では、資本／労働者にとって労働力とは何かについて考察した。資本／労働者にとっての労働力は、資源性／資産性を帯びるモノ、さらには資源／資産として認識され扱われるモノとして捉えることができる。いいかえれば、労働力は、形態規定においては資源／資産ではないが、性格規定においては資源／資産として位置づけられるということである。こうして、労働力自体は、即物的な資源／資産の形態をとって現われることはないにしても、資本／労働者自身によって資源化／資産化の対象として観念化、ひいてはイデオロギー化されるのである。

従来の労働力商品論では、労働力は、資本にとっても、また労働者にとっても商品として扱われていて、両者の階級的異質性は、単なる商品の売買関係——高く売ろうとする売り手と安く買おうとする買い手とのあいだの交換過程において成り立つ経済的利害関係——のなかに埋め込まれることになる。これではやはり、労働力は、他者とのやりとりが可能な即物的な対象として扱われるにとどまるだろう。そうして結局、そこでは労働力の資源化／資産化をめぐってなされる企業経営／

自己経営のダイナミクスが後景に退けられることになるといわざるをえない。

第3節　労働者像の再構築

第1節では労働者の労働力は、生産・再生産されうる対象ではないことを論じ、さらにまた第2節では資源性と資産性が労働力の二面性をなしていることを確かめた。本節ではこれまでの議論をふまえて、労働者とは何かについて考察し、そこから新しい労働者像、ひいては新しい労資関係像を提示してみたい。

一般に労働力商品論では、労働者は、労働力商品の所有者、売り手、または生産者・再生産者として位置づけられている。これはどういう意味であろうか。たとえば、宇野［2010］は、労働力商品について次のように述べている。

労働力なる商品は資本主義社会において——原理的には純粋な資本主義社会として、労働者と資本家と土地所有者とから成るものと想定されるのであるが、かかる社会において——唯一の単純なる商品をなし、資本によって直接的には生産されない商品である。（92頁）

これによれば、「労働者」は、「資本主義社会」における「唯一の単純なる商品」の生産者である。

つまりいってみれば、そこでは「労働者」は、独立自営農家や商家、職人、自営業者など、いわゆる小生産者のそれと同様に自分の「労働力なる商品」を生産・再生産するということである。宇野自身も述べているように、「労働力なる商品」は、いわば価値法則が適用されないものであり、その限りで「労働者」を小生産者とみなしてよいかもしれない。[*20] だが、「労働者」は本当に小生産者たりうるだろうか。もしそれが可能であれば、「労働者」にとって自分は、自家所有の生産手段となる。それでもって「労働力」が「単純なる商品」として生み出されるのである。そこでもう一つの生産手段をなすのは、賃金から得た生活手段であるということになる。

このように、「労働力」を「単純なる商品」として捉えると、「労働者」が購買する生活手段とそれらを消費する「労働者」自身の生物学的諸条件とは、「労働力なる商品」を生産するにあたって必要な生産手段――前者は労働対象となり、後者は労働手段となる――になってしまうのである。「労働力」は「資本によって直接的には生産されない商品である」ということから、「労働力」＝「単純なる商品」という規定を導き出す宇野の論理展開も理解できないわけではないが、だからといって「労働者」を小生産者としてみなすアプローチが理にかなうとは思えない。というのも、第1節・第2節ですでに検討したように、「労働力」は、生産・再生産されうるモノではないということだけでなく、「労働者」は、「労働力なる商品」の単なるコンテナではないからである。

さて、以下ではマルクスの言葉を引用して、ひとまず『資本論』に描き出されている労働者像を確かめてみよう。

（A）生産様式の変革は、マニュファクチュアでは労働力を出発点とし、大工業では労働手段を出発点とする。（Marx[1890]:S.391）

（B）本来のマニュファクチュアは、以前は独立していた労働者を資本の指揮と規律とに従わせるだけではなく、そのうえに、労働者たち自身のあいだにも一つの等級制的編制をつくりだす。単純な協業はだいたいにおいて個々人の労働様式を変化させないが、マニュファクチュアはそれを根底から変革して、個人的労働力の根源をとらえる。それは労働者をゆがめて一つの奇形物にしてしまう。というのは、もろもろの生産的な本能と素質との一世

＊20　宇野［1974a］によれば、「ところが資本も、労働力なる商品だけは自ら生産することはできない。その供給と需要とは、他の一般商品のように資本自身が直接規制することはできないのである。資本も労働力生産部門には自由に流出入するわけにはゆかない。事実、労働力なる商品の需要供給は、したがってまたその価値と価格との関係は、特殊の規定を受けるのである」（129頁）。ここでいう「特殊の規定」とは、価値法則と価格運動の関係における「他の一般商品」との違いのことであり、そこで特に「労働力なる商品」の「価格」は、歴史的に決まる（マルクス）のではなく、景気循環で決まるといわれる。すなわち、「一般商品ならば、その価値法則は需要供給による価格運動で貫徹されるといってよいが、労働力商品の価値の基準としての価格の運動というのは何によるか、これは循環過程じゃないか、こういうんです。労働者の生活水準もやはり循環過程で決まる」（宇野［1967］：91–92頁）ということである。

界をなしている人間を抑圧することによって、労働者の細部的技能を温室的に助成するからである。(Marx[1890]:S.381)

(C)労働手段が労働者を打ち殺すのである。この直接的な対立は、たしかに、新しく採用された機械が伝来の手工業経営やマニュファクチュア経営と競争するたびに最も明瞭に現われる。しかし、大工業そのもののなかでも、絶えず行なわれる機械の改良や自動的体系の発達は同じような作用をするのである。(Marx[1890]:S.455)

まず(A)ではマルクスは、賃金労働者と自動機械装置との出現はいずれも、「生産様式の変革」を前提とすることを述べており、また(B)では「マニュファクチュア」において「資本」が、「労働者」の内なる「もろもろの生産的な本能と素質」を解体し、「資本の指揮と規律とに従わせる」存在として扱うことで、労働・生産過程における「労働者」自身の自律性を損なわせることを指摘している。さらに(C)では、「労働者」は、単に「伝来の手工業経営」や「マニュファクチュア経営」だけでなく、「大工業」とも対立し競争するのであり、その過程で「資本」への「労働者」の従属、いわば包摂はますます深化することが示唆される。

ここで描かれている労働者像は、事実上もう一つの「労働手段」、いいかえれば機械的人間である。「労働手段が労働者を打ち殺す」とマルクスはいうが、そこで打ち殺される人間は、生産的人間であって、機械的人間ではない。「労働者」は、機械的存在だからこそ、「資本」と異なって「新しく採用された機械」との「直接的な対立」・「競争」に直面するのである。資本が労働者を機械化する、またはある種の機械として扱うのは、すでに前節で検討したように、価値増殖過程において労働者の労働力を資源として用いるためである。その意味では、機械化された労働者は、資源化された労働力と表裏一体の関係にあるといってよい。

実際のところ、マルクスは、右記引用文（B）の直後、労働者の機械化について次のような比喩を付け加えている。

それは、ちょうどラプラタ沿岸諸州で獣から毛皮や脂肪をとるためにそれをまるまる一頭屠殺してしまうようなものである。（Marx[1890]:S.381）

要するに、資本は、機械に従属したままの状態で働かされる労働者の内なる機械的側面を活用するために、それ以外の生産的側面などを抑圧し排除するということである。そこで資本は、労働者を破片化した存在として、また破片化する過程をつうじてはじめて労働者でありうる存在として扱うのである。それに伴う機械的人間の利用と生産的人間の抑圧は、共時的に現われる事象であるが、その結果として労働者は、対外的には生産手段との対立に直面するのであり、同時にまた対内的には自己分裂という矛盾に直面せざるをえなくなる。

しかし他方で、労働者にとって自分はどういう存在であろうか。たしかに資本にとって労働者は、機械的人間＝人間化された生産手段にほかならない。だが、労働者自身の認識は、資本のそれとは相容れない。というのは、労働者は、程度の差はあるものの、抑圧されつつあり、そのため分裂しつつある自己をつねに知覚しなければならないからである。これは一見すれば、労働力をある種の資産として対象化する労働者の自己認識と矛盾するようにみえる。

それはなぜかといえば、そこでは労働者は、労働力といういわば擬制的資産の持ち主、つまり資産家として自己を認識しているからである。ここではこれを小資産家と呼ぶことにする。すなわち、労働者にとって自分は、小生産者（宇野）でも生産手段（マルクス）でもないが、とりわけここで論じたいのは、小資産家としての労働者の自己認識が、労働者を人間化された生産手段として扱う・用いる資本の認識といかに結びついているのかということである。

ところで、労働者は、もっぱら労働力を唯一の資産として抱え込んでいるような小資産家の相貌だけを表すわけではない。というのも、すでに検討したように、労働力を資産として対象化する労働者自身の認識は、労働力に対する労働者のいわゆる自己経営を可能にするからである。そうした意味でいえば、労働者は、労働力という自分の擬制資産を維持・補修・改善するなどの自己経営を展開していくなかで、いわば経営者としての一面をともに表すことになる。ここではこれを小経営者と呼ぶことにする。

ここでいう小経営者の営みは、自家所有の生産手段をもちながら商品の生産・流通を総括する小生産者のそれとはまた違う。というのは、労働力自体が貨幣収入を可能にする契機として扱われるという点では、両者のあいだに違いはないが――もちろん厳密にいえば、それは、従来の労働者＝小生産者では直接的な契機として、また本書の労働者＝小経営者では間接的な契機として現われるのであるが――、小経営者としての労働者は、小生産者のように自分の生産手段をもっているわけでも、そのために生産活動を行っているわけでもなく、単に自分の擬制資産をめぐる全般的なメンテナンスを行うだけだからである。*21

ただし、労働者の自己経営の究極的な目的は、労働・生産過程に対する資本の貨幣評価にあるのであって、労働力という名の擬制資産のメンテナンスそのものにあるわけではない。そもそも労働力が労働者にとってある種の資産として認識され扱われるのは、自分の労働力が多かれ少なかれ資本によってある種の資源として用いられることを察知しているからである。しかしながら同時に、これは労働者自身にとって決して愉快なことではない。なぜなら、労働力は、自分の認識では資産

＊21 たとえば、Simon[1997]は「経営理論とは、意図されているが同時に限定されている合理性に固有の理論であり、いいかえれば、最大化できるような理性をもたないために、満足化をはかる人間の行動についての理論である」（184頁、傍点は原著者）としつつ、次のように述べている。「経済人は最大化をする――彼の利用できる全ての選択肢のなかから最善の選択肢を選ぶ――のに対して、彼のいとこでもいうべき経営人は、満足化する――満足できる、もしくは『まあまあ』の行為のコースを探す」（185頁）。彼の議論が労働者の自己像にただちに当てはまるわけではないが、労働者の小経営者としての一面を理解するにあたって示唆的であるように思われる。

性を帯びるモノかもしれないが、他者の認識ではそれ自身の目的のために用いられる単なる道具的かつ手段的なモノにすぎないからである。

このように、両者の認識のあいだには案外深い溝がある。この溝は、労働力をめぐる相異なる認識に起因するものであるが、これについて資本も労働者も見て見ぬふりをするわけにはいかない。どうしてもその溝を埋める必要がある。資本主義的生産様式の初期段階では、いわば洗練された経営学的なテクニックが求められなかったためもあって、かなり暴力的で強圧的な方式が用いられた。周知のように、マルクスもその凄まじいありさまを決して見逃してはいない。

だが、資本主義的生産様式が社会的生産の支配的なモデルとして定着するにつれて、そのような方式ではやはり限界がある。というのは、労働者の労働力に対する資本の資源化が進展するほど、それに伴って小資産家・小経営者としての労働者の自己認識も同時に固まっていくからである。結局両方のあいだの溝はますます深くなるだけである。そこである種のイデオロギーがその溝を埋める機制として入り込んでくることになるのである。

実際のところ、資本は、労働者を、他の生産手段と同様に価値増殖のための道具・手段として用いているだけだが、資本主義的生産様式の高度化が進むにつれてそれを剥き出しのかたちで表に出すことはほとんどない。そこではむしろ、夢とか目標とか人材とか成功とか成長とかによって彫琢された仰々しい美辞麗句からその背後に潜むイデオロギーが日常的に流布される。それはただちに労働者の自己認識に結びつくことになる。労働者は自分の労働力を、経営活動が求められる資産性のモノとして対象化しており、そのような認識は、個々の労働者に向けて発せられる資本主義社会のイデオロギーから一定の社会的実在性を得るようになる。

もちろん、労働者の自己認識にもまったく根拠がないとはいえない。すでに検討したように、労働者による労働力の資産化は、資本による労働力の資源化と表裏一体の関係にあるからである。したがって、労働力に対する過剰な意味づけ（イデオロギー化）は、小資産家・小経営者としての労働者の自己認識をさらに固めうる。それだけではない。それは同時に、労働者がもつ労働力の資産性を刺激することになり、結果的に労働自体に対する過剰な幻想を助長することになりかねない。

こうした理由で、資本主義的生産様式における労働・生産過程は、たとえ資本にとっては単なる資源抽出過程にすぎないとしても、労働者自身にとっては資産の有用性を社会化する過程として認識されることになると考えられる。ここで資産の社会化というのは、労働者が自分の労働力を単に私的で個人的な目的のためにではなく、公的で社会的な目的のために運用することを意味する。そこで個人的か社会的かを分ける基準はひとえに、それ自身の労働・生産過程が貨幣評価を受けているかどうかにあるといえる。資本主義社会において一定の貨幣評価を受けない諸活動や諸行為がただちに無価値なものとしてみなされるのは、そのためである。

このような労働・生産過程をめぐる労働者の認識は、他者の目的のために自分／労働力が道具・手段／資源として用いられている一連の事態を自ら隠蔽するのであるが、その過程は小資産家・小経営者としての自己認識を固めるかたちでなされる。だが、そうした認識は、元をたどれば労働力の資源化とそのための労働者の道具化・手段化に取り組む資本の働きかけにあるのであって、労働者自身から由来したものではない。いってみれば、ある種の反照的仮想である。それは単なる仮想ではあるが、労働者を労働者たらしめるものであり、また労働者としてあり続けることを可能にするものにほかならない。

労働者は、資本によって用いられる人間化された生産手段であり、またそれはマルクスも指摘しているところである。だが、その側面だけでは労資関係は持続されない。どこか歪んだ認識の持ち主を除けば、自分が他者の目的のために道具化・手段化されているという事実を毎瞬間ごとに自覚させられて平気でいられる人間はおそらくいないだろう。

マルクスが述べているように、「生産様式の変革」、いいかえれば資本による労働・生産の組織化はたしかに、「労働者をゆがめて一つの奇形物にしてしまう」のであるが、だからといって労働者も、ただ従順に「奇形物」になってくれるわけではない。労働者は、「奇形物」としての自己の姿と直面しないためにも、反照的仮想、つまり小資産家・小経営者としての自己像に拘泥せずにはいられない。このような傾向が徐々に社会的意識・観念として一般化されるにつれて、労働や労働力につきまとうイデオロギーは、疑う余地のない現実として認識されるようになる。そこから能力主義《メリトクラシー》といった単なる社会的通念も一つの時代精神を形成するに至る。[*22]

ここでいおうとするのは、労働・労働力をめぐって流布される資本主義的イデオロギーや社会的通念に対する労働者の意識構造にもそれなりの根拠があるということである。しかもその根拠をなす自己像は、労働者自身にとっては立派な砦――実は逃げ場――にほかならない。すべての資産家が経営者であるわけでも、すべての経営者が資産家であるわけでもないが、労働者は、両者の側面を同時に備えており、そこから両義的自己像を高度化していく。資産経営人、この言葉で表現可能な自己像を労働者はもっているといえよう。

最後に、資本はどうであろうか。資本は、価値増殖のメカニズムからすれば、他者利用の受益者にすぎないが、利潤の源泉となる剰余価値の生産が他者の存在とその諸能力に起因するという事実は、資本にとってもあまり愉快なことではないと考えられる。これは、労働者の労働力の消尽・枯

＊22　他方、能力主義に関する議論の多くは単に、能力主義の外側からその虚構性を指摘するにとどまっているように思われる。たとえば次のような文である。「経済について広く受け入れられている暗黙の了解の一つに、個々人は自らの努力や能力の分だけ報酬をもらえるというのがある。つまりこの世は能力主義というわけだ。しかし少し考えてみれば、個人の収入を決定づけているのは、その人の能力以外の多くの要素であることがわかる。相続した金融資産やコネの有無や先入観などだ」（Reich[2015]：119頁）。／「給料がその人の価値で決まるとの暗黙の了解は広く知れわたっている。だが、そんな了解はトートロジーであり、市場を定義づける法や政治の仕組みを見落としている。何より権力の存在を無視している。無視することによって、疑うことを知らない普通の人々を『労働市場が決めている以上、報酬を変えることはできないし、すべきでない』という思考へ誘い込んでいるのである」（同右、124頁）。いうまでもないが、こうした議論からは能力主義の存立根拠についての批判的視座を見出すことはできないといわざるをえない。

渇が進むことによってしか、剰余価値の大きさが増さないという構造的不均衡からくるものではない。そうではなく、むしろ剰余価値の生産自体に対する直接的な契機が自分にはないという空虚な現実からくるものといってよい。

そこで資本は、不愉快で不都合な真実に直面しないためにも自らを企業経営者ないし組織運営者として位置づけたうえで、その指導的・先導的諸活動があたかも利潤の源泉でもあるかのように思いなす。それゆえ資本は、フロンティア・スピリットやリーダーシップ、イノベーション、クリエーションなど、企業経営に必要とされる諸能力・諸要件に拘泥する。もちろんそれらは、経営活動に不可欠なものではあるが、そのためというよりも、資本の望む自己像にとって都合のよいものであるためといったほうが妥当であろう。資本が経営活動に過剰な意味づけ（イデオロギー化）をしたがるし、また実際にそうしているのは、そのためである。

こうして、労働者の自己像と資本の自己像は、矛盾なく結びつくことになる。資産経営人であろうと企業経営者・組織運営者であろうと、いずれも他者との関係において仮構された観念的な像であり、さらにいえば一方における人間化された生産手段としての自己と、他方における他者利用の受益者としての自己を隠蔽するために捏造された仮想にほかならない。しかし、それらの自己像が仮構・捏造されたものだからといって、それらをただちに否定することは早計であろう。というのも、各々の自己像は、資本主義的生産様式の量的・質的高度化と正の相関関係にあるからである。

資本主義的生産様式の初期段階では、労資関係は、物理的暴力性に満ちた前近代的な方式によって維持されてきたし、実際に資本主義的生産様式が相対的に未発達な状態に置かれている地域や国家では、それは依然として現在進行形にほかならない。しかし、そこからはいかなる進展の契機も発展の動力も生まれない。資本主義的生産様式の恒常的かつ持続的な進展・発展は、資本家と労働者とのあいだの異質的な共助関係――別の言い方をするならば同床異夢の関係――によってなされる。これが本節の結論であり、また本書を貫く労資関係像である。

おわりに

これまでのマルクス経済学では一般に、資本主義社会における支配的な経済的関係は、生産手段を失ってしまった直接生産者が生産手段を独占している資本家に自分の労働力を販売することをつうじて成り立つと説かれてきた。ところが、商品をできるだけ高く売ろうとする売り手と、できるだけ安く買おうとする買い手とのあいだの売買関係――いわば経済的利害関係――だけで、資本主義社会の下部構造を支える階級関係とそれに内在する観念的・イデオロギー的側面を説明できるだろうか。

以上の考察からあきらかなように、資本主義的労働・生産過程において、労働者の自己像は、資本への一方的な従属に対する心理的かつ精神的なリアクションであり、また資本の自己像も、価値増殖における一方的な他者依存に対する心理的かつ精神的なリアクションにほかならない。その意味で両者の関係は相互依存的だが、そこでの相互依存的な関係は、水平的なものというより、垂直的なものとして形づくられる。そこには単なる経済的利害関係だけでは説明しきれないヒエラルキー体制がビルトインされている。いわば支配と従属、依存と利用のダイナミクスによって自己を形成していく関係が資本主義的生産様式の根幹をなしているのである。

このように労資関係は、経済性＝非イデオロギー性の論理だけでなく、観念性＝イデオロギー性の論理によっても支えられている。経済的利害関係を装うイデオロギー的関係であるといってよいかもしれない。観念性＝イデオロギー性は、双方の形式的平等性ないし等価性を担保する経済的・非イデオロギー的論理に還元されないものなのである。だが、従来のマルクス経済学では、労資関係に内在する観念的・イデオロギー的側面は、一部の理論領域を除けば、経済的側面によって後景に退けられているか、あるいは最初から二義的で副次的なものとみなされている。

その理由は、労資関係をめぐるマルクス経済学のおもな関心事が生産手段の所有・非所有関係を前提とした剰余価値の生産とその領有にあるためである。特にそれを貫く労働力＝商品という理論的構想は、いわゆる搾取論・剰余価値論の出発点をなすものといってよい。資本主義的生産様式における労資関係の観念性＝イデオロギー性が十分に体系化・理論化されてこなかったのは、そのためである。いずれにせよ、それについてはさらなる研究が必要であるが、本章ではさしあたりその試みの理論的出発点として、労働力概念を吟味し直すとともに、その二面性を浮き彫りにすることで、新しい労働者像・労資関係像を提示しようとした。

だが同時に、こうした本章の試みは、従来の労働者像・労資関係像を相対化することにとどまらない。労資関係に通底する支配と従属、依存と利用のダイナミクスを体系化・理論化することは、結局のところ、資本主義的生産様式の運営メカニズムと、その総和としての資本主義体制の構造と動態を再構築することに帰結するだろう。なお、この点については、本書の課題として引き続き考察を進めることとしたいが、そのとき本章で提示した労働者像、労資関係像、そして労資関係に内在する固有の観念的・イデオロギー的側面が、その土台を提供してくれることが期待できよう。

第2章　労働力商品という虚像

はじめに

本章は、資本家と労働者に通底する支配と従属、依存と利用のダイナミクスを体系化・理論化するために、ひとまず資本・賃労働関係は何によって成り立つのかという問いを立ててその答えを模索しようとするものである。

マルクス経済学では一般に、労資関係は、労働力商品の売買によって成り立つと説かれる。周知のようにマルクスは、労資関係の成立における古典派経済学の認識——資本家と労働者とのあいだで売買されるのは労働の結果ないし成果であり、またその対価として賃金が支払われるという認識——を批判し、個別主体の労働能力を商品として捉える見方を打ち出した。マルクスの労働力商品の発見以来、個別主体の労働能力を商品として捉える見方は、多少のばらつきはあるにせよ、マルクス経済学の枠組みを超えて社会科学一般の常識として定着している。[*1]

労働は、人間社会の物質的土台を構築・維持・発展させる機制に違いないが、長らく差別と蔑視の対象として烙印を押されてきた。ところが、近代において労働は、「時は金なり」というベンジャミン・フランクリンの有名な格言に示されるように、貨幣と結びついて観念されるようになる。そうして今度は、身分的・慣習的・文化的な原理にではなく、貨幣・資本の原理によって再規定される。これまで無縁であった労働と貨幣は、資本主義的生産様式が社会的市民権を獲得するにつれて深く結びつけられる。資本主義社会において貨幣を前提としない労働がただちに無価値なものとみなされるのは、そのためである。[*2]

このように、労働はもとより、人間社会を支える独立的かつ個別的なカテゴリーとして観念されていたわけではない。むしろそれは、資本主義的生産様式の成立・発展によって浮き彫りになったにすぎない。[*3] とすれば、労働者概念、また労働力概念は、資本主義的生産様式のもとにおいて遂行される賃労働から反省的に形づくられたものとして捉えるべきではないか。つまり、これらの概念は、歴史貫通的なものではなく、特殊歴史的なものであり、その自己根拠もまたやはり、人間にではなく、資本にこそあるということである。[*4]

ところが他方で、マルクス経済学は、マルクス以来、人間の内なる諸能力の総体としての労働力がひとまず商品として存在しており、また流通部面においてその商品をめぐって労資間の交換関係が成り立つという仮説——いわば労働力商品論ないしは労働力商品化——を立てて、資本主義的生産様式の確立を説明してきた。とりわけそこでは、人間の内的要因という歴史貫通的な側面が労働者／労働力概念の根底をなしている。しかし、既述のように、個別主体の労働能力を、個別主体の身体から切り離して概念化すること自体がきわめて特殊歴史的なものといわなければならない。

マルクス経済学は、資本主義の構造と動態を理論的かつ歴史的に分析（批判）するにあたって歴史貫通的なアプローチを相対化してきた。[*5] その意味において、労働者／労働力概念を、人間の内的要因に基づいて組み立てるのは、むしろマルクス経済学にとって見慣れないものといってよい。もちろん、ここでは、労働者が人間であり、また労働力が人間の内なる諸能力の総体であることを否定するつもりはない。しかしだからといって、労資関係の成立根拠を人間の内的要因から求める方法について疑問がないわけではない。

＊1　稲葉［2005］：193–195頁。
＊2　小倉［1985］：293–301頁。
＊3　Deleuze and Guattari[1980]：188–189頁。
＊4　労働過程を人間と自然のあいだの物質代謝として、また人間の合目的的活動として捉えるマルクスの労働観は、周知のように、冒頭商品論——そこで人間労働は、物が商品である前に、ひとまず「人間労働の生産物」として現われるという意味での「使用価値の形成者」であると同時に、「同質の労働凝固」としての「商品価値を形成する」機制でもある——に組み込まれ、『資本論』の理論体系を支えている。マルクスの労働過程論に示される歴史貫通的労働観に対する批判的検討については、小倉［1990］：12–35頁を参照されたい。また他方で、Postone[1993]は、マルクスは「労働過程の無規定な超歴史的叙述から出発し、それに引き続いて第1巻の大半を費やして、その諸関係のすべてが資本主義の下では逆転することを示している」（374頁）とし、そのうえで、マルクスの労働概念をいわば超歴史的なカテゴリーとして捉える立場を伝統的な解釈として相対化しようと試みている。本章では、マルクスの理論は、あくまで経済学批判であって、単なる批判的経済学ではないとする彼の見解に異存はないが、さしあたりそうしたメタ理論的解釈は検討の対象としない。
＊5　そのうち、たとえば商品交換について、マルクスは「商品交換は、共同体の果てるところで、共同体が他の共同体またはその成員と接触する点で、始まる」（Marx[1890]:S.102）と述べているが、そこでいわれる「共同体の果てるところ」は、いってみれば、商品交換の成立根拠が人間の内なる交換性向（スミス）にではなく、市場という社会的空間・場所にあることを示唆するものといえる。

端的にいえば、そこでは、第一に、個別主体と労働者とのあいだの転倒性、第二に、人間の内なる諸能力の総体としての労働力と賃労働の一環として発揮・発現される労働力とのあいだの質的相違が明確に区分されていないように筆者には思える。それはやはり、資本主義的生産様式の営まれ方からではなく、人間の内的要因から労資関係を構築しようとするアプローチ、いいかえれば、人間の労働力を商品として擬制する方法に起因する問題ではないだろうか。

本章では、以上のような問題関心に基づいて、労働者/労働力概念が特殊歴史的なものであることを解明する。そのために、労資関係は労働力商品の売買によって成り立つとする労働力商品論の理論的構想を検討の対象とし、その限界を浮き彫りにすることで、労資関係の成立に対する新たな見方を提示しようとする。以下では次のような順序で考察を進めていくことにしたい。第1節と第2節では、労働力商品論のロジックを批判的に検討するが、まず第1節では、労働力の売買過程に、また第2節では、労働力の消費過程に焦点を当てて検討する。第3節では、第1節と第2節の考察を踏まえて、労資関係の成立過程とその原理について論じることで、労働力が事前的な所有概念ではなく、事後的な関係概念であることをあきらかにする。以上の議論を踏まえて、本章の最後では、人間社会における労働・生産の組織化について述べることにする。

第1節　労働力商品化の論理

本節では、労働力の売買過程に焦点を当てて、労働力商品化の論理を批判的に吟味しようとする。そのためにまずは、労働力についてのマルクスの説明を引用することから議論を進めることにする。マルクスは『資本論』第1巻第2篇第4章第3節「労働力の売買」で、労働力について次のように述べている。

われわれが労働力または労働能力と言うのは、人間の肉体すなわち生きている人格のうちに存在していて、彼がなんらかの種類の使用価値を生産するときにそのつど運動させるところの、肉体的および精神的諸能力の総体のことである。（Marx[1890]:S.181）

このような「労働力」の概念規定は、労働力商品論の出発点であり、同時に基本前提でもある。そこでマルクスは、「労働力」が「なんらかの種類の使用価値」の「生産」と結びついている「人間」の内なる「諸能力の総体」であることを強調する。これはとりわけ、当の「人間」が自分のための「使用価値」を生産する場合だけでなく、さらにまた他人のための「使用価値」を生産する場合にもそのまま当てはまる。実際のところ、マルクスは右記引用文の次の篇の第5章第1節「労働過程」の冒頭で、「資本家が労働者につくらせるものは、ある特殊な使用価値、ある一定の品物である。使用価値または財貨の生産は、それが資本家のために資本家の監督のもとで行なわれることによっては、その一般的な性質を変えるものではない」[*6]と述べているように、「労働力」が「人間」と「使用価値または財貨」の結びつきを媒介する概念であるという見方を提示している。たとえ両者のあいだに「資本家」が介在することになるとしても、「労働力」の「一般的な性質」は変わらないということである。[*7]

ただし、「資本家のために資本家の監督のもとで行なわれる」労働——いわば賃労働——は、労働一般と異なり、流通部面における「資本家」と「労働者」とのあいだの交換関係の成立を前提としている。その成立過程について、マルクスは次のように説いている。

労働力の所持者が労働力を商品として売るためには、彼は、労働力を自由に処分することができなければならず、したがって彼の労働能力、彼の一身の自由な所有者でなければならない。労働力の所持者と貨幣所持者とは、市場で出会って互いに対等な商品所持者として関係を結ぶのであり、彼らの違いは、ただ、一方は買い手で他方は売り手だということだけであって、両方とも法律上では平等な人である。この関係の持続は、労働力の所有者がつねにただ一定の時間を限ってのみ労働力を売るということを必要とする。なぜならば、もし彼がそれをひとまとめにして一度に売ってしまうならば、彼は自分自身を売ることになり、彼は自由人から奴隷に、商品所持者から商品になってしまうからである。彼が人として彼の労働力にたいしてもつ関係は、つねに彼の所有物にたいする、したがって彼自身の商品にたいする関係でなければならない。そして、そうでありうるのは、ただ、彼がいつでもただ一時的に、一定の期間を限って、彼の労働力を買い手に用立て、その消費にまかせるだけで、したがって、ただ、労働力を手放してもそれにたいする自分の所有権は放棄しないというかぎりでのことである。(Marx[1890]:S.182)

「労働力の所持者」は、それ自身としては「商品」としての「労働力」の所有者（売り手）であるが、資本家（買い手）にとっては「労働力」というコンテンツを盛り込んでいる一つのコンテナにすぎない。しかし同時に、「労働力」の「消費」は、「労働力の所持者」なしにはありえないものである。そのため、「労働力を商品として売る」というのは、「労働力の所持者」と「商品」としての「労働力」とのあいだの不可分性を前提するものであることを意味する。「労働力の所持者」に内在している「商品」としての「労働力」を消費したければ、コンテナ自体を買うか、あるいはコンテンツを利用できる権利を獲得すれば、つまり「労働力」をレンタルすればよい。マルクスにいわせ

＊6　Marx[1890]:S.192。
＊7　宇野［2016］：62–63頁。

れば、前者は「奴隷」の売買であり、また後者は「労働力」の売買である。[*8]

要するに、マルクスのいう労働力商品の売買とは、資本家（買い手）が労働者（売り手）の「労働力」を一定期間借り入れて特定の作業に役立てることをその目的とするものといえる。この場合、「労働力」に対する「所有権」は、労働者の手元に残るということになる。しかしそうであるとすれば、「労働力」を商品として捉える理論的構想はまさに成り立たないことになろう。そこで、商品化されるのは、「労働力」そのものではなく、「労働力」を一定期間借り入れることのできる権利だからである。これは、一定期間の「労働力」の使用権のかたちをとる無形の商品にほかならない。これをここでは権利型の擬制商品と呼ぶことにする。

その一方でマルクスは、「生きている労働力そのものにたいする処分権」または「一定量の不払他人労働にたいする資本の処分権」といった表現も用いている。[*9]だが、「処分権」は、「労働」・「労働力」概念と対をなす言葉としては不適切であるといわざるをえない。仮に資本家が「生きている労働力そのものにたいする処分権」を根拠に、人間の内なる諸能力の総体としての「労働力」を文字どおりに処分してしまえば、労働者はおそらく自分の命さえも維持できなくなる。それゆえ、「労働力」については、「処分権」ではなく、使用権のほうが適切であろう。そこで資本家が処分できるのは、「労働力」そのものではなく、せいぜい「労働力」の働きによって作り出される労働生産物だけということになる。

ともあれ、「労働力の所持者」は、たとえ「労働力」という「彼の所有物」を資本家に譲渡するとしても、その「所有権」を依然としてもっていることをマルクスは強調するが、これはどういうことなのか。マルクスは「労働力の売買」において、「労働力を商品として売る」と述べながらも、実際には「労働力」に対する使用権を商品として売ることを想定している。「労働力」と「労働力」に対する使用権とを一括りにして扱うマルクスの方法はあきらかに矛盾しているようにみえる。というのは、いずれの場合においても、「労働力」そのものが他人（資本家）のために用いられる事象に変わりはないし、またどの商品も擬制的概念ではあるが、だからといって、両者は、その相違を曖昧にして扱えるほどのものでは決してないからである。

さらにまた、マルクスは、「労働力の消費は、他のどの商品の消費とも同じに、市場すなわち流通部面の外で行なわれる[*10]」と述べているが、「労働力の所持者」が真に「労働力」を消費対象として提供することができるためには、「他のどの商品」と同じように、「労働力」を自分の意志どお

＊8　マルクス流の賃貸借説の盲点を指摘し、商品売買説の立場で労働力の売買を説明する議論については、永谷［2001a］：19頁を参照されたい。他方で、労働力の賃貸借を商品売買の観点から解釈する議論については、小倉［1981］：8頁を参照されたい。

＊9　Marx[1890]:S.556。さらに付け加えれば、『経済学批判要綱』では、「他人の労働にたいする処分権（Disposition）」（Gr.,S.193）や「彼の労働能力にたいする一時的処分権」（Gr.,S.201）などといった表現もみられる。

＊10　Marx[1890]:S.189。

りに自由に廃棄・処分することができなければならない。だが、その「所持者」は、自分の内なる諸能力の総体としての「労働力」を自ら廃棄・処分することができるだろうか。もしそうしてしまえば、当の本人も一緒に廃棄・処分されることになろう。[*11] たとえ「労働力の所持者」が「労働力」に対する使用権を資本家に売り渡すとしても、事情はさほど変わらない。詳しくは後に検討するが、「労働力」を貸借する場合には、貨幣貸借などとは違って、借り手たる資本家が貸し手たる「労働力の所持者」の意志を媒介せずに「労働力」を消費することはできないからである。

このことからわれわれは、生産部面において「労働力」が他人(資本家)のために用いられるからといって、それが「労働力」を商品として捉えるべき理由にはならないことがわかる。「労働力の所持者」が、「労働力」をもっているということと、「労働力」を商品として所有しているということとはベクトルを異にするものである。にもかかわらず、マルクスの説明においては、両者の区別はさほど明確ではない。少なくとも流通部面で労資関係が成立する以前においては、「労働力の所持者」が「労働力」を商品として所有しているとは言いがたい。商品とは、他人のための使用価値として貨幣との交換を前提に売りに出されるモノである。その際に他人は、私的所有権者として、また使用価値は、私的所有の対象ないし定在として措定される。したがって要するに、商品は、他の私的所有権者のための私的所有の対象・定在にほかならない。

しかし、どの私的所有権者であっても、「労働力」そのものを私的所有の対象・定在として所有することはありえない。それゆえ、「労働力」が他人のために用いられるモノだからといって、それ自体が商品として措定されるべき根拠になるとは限らない。市場経済一般によくみられる売り手と買い手とのあいだの交換関係において、売り手の手元にあるモノのなかで商品形態をとらなくとも、他人（買い手）のために用いられるモノはいくらでもある。

たとえば、鉄道会社の車両や電力会社のエネルギー、サービス会社のサービスなどは、たとえ売り手（これら会社）と買い手（その消費者）が交換関係を結んでも、私的所有の対象・定在として買い手に譲渡されることはまずない。そうせずとも、買い手は、売り手が提供する有用効果を享受することができるからである。このような交換関係において、売り手のモノはそもそも、他人のための使用価値として売りに出されていないにもかかわらず、他人のために用いられることになる。

＊11　たとえば、宇野［1973］は、「一旦売られてしまうと、労働力は労働者の身体の内にありながらもはや自ら所有するものではなく、他人の所有する資本となっている」（82頁）と述べているが、これがはたして可能であろうか。これについて芳賀［1988a］は、次のように述べている。「そもそも『所有』とは外界のモノ（ないしエネルギー）に対する自然人（ないし法人）の全面的な支配を意味している。したがって、外界にあるとも、客体的なモノともいえない労働力を、たとえ当の労働者であっても『所有』することはできない。まして、労働力は他者の所有対象たりうるものではない。マルクス自身が指摘しているように、労働力は人間の身体に備わっている多くの『素質』の一つなのであって、これに『所有』なる範疇をもちこむことは不適切である」（246頁）。労働市場において売買の対象となる商品とその交換形式について詳しくは本書の第3章、第4章で論じることにするが、筆者自身は、さしあたり「労働力」は「他者の所有対象」にはなりえないとする芳賀の見解に異存はない。

同様に、労働者の労働力が資本家のために用いられる過程は原理的に、右例のモノが用いられる過程と類似しているといえなくもない。すなわち、そこで売り手は、自分のモノを一定期間利用・使用できる権利、いわば権利型の擬制商品を販売するとともに、自分の手元にある車両やエネルギー、サービスなどをもって営業を行うことで、買い手に一定の有用効果を与える。買い手はそのようなかたちで、買い入れた権利型の擬制商品を消費することで、売り手から一定の有用効果を享受する。権利型の擬制商品の売買において、売り手のモノが商品形態をとって買い手に譲渡されなくとも、他人（買い手）のために用いられるように、労資関係においてもまた、労働力が商品として資本家に譲渡されないとしても、他人（資本家）のために用いられるのである。

このように捉えれば、生産部面において労働力が資本家のために用いられるという事象に基づいて、労働力を商品として擬制し、また労働者を労働力の所有者ないし売り手として位置づける方法には再考の余地があるといわなければならない。たしかに、労働力は、労資関係の形成において決定的な契機を提供する。なぜなら、資本家は、自覚的であれ無自覚的であれ、もっぱら労働者の労働力を剰余価値の源泉として役立てるために、労働者との交換関係を形成しようとするからである。その限りにおいて、労働力は、労資関係の形成の重要な機制であるといえる。しかし、労働者自身が労働力を普段商品として所有しており、また流通部面においてそれを資本家に売り渡すということは比喩以上の意味をもたない。いずれにせよ、ここではさしあたり、労資関係の成立にあたって労働力を商品として擬制する方法に問題があることを指摘するだけにとどめておきたい。

以上の検討からわかるように、労働者はいってみれば、労働力の担い手ではあっても、労働力の売り手ではない。もちろん、労働者は、近代的な意味での個別主体ではあるが、資本家による私的社会的承認がなされない限り、労働力の担い手にはなりえない。その意味で、流通部面における労資関係の成立過程は、個別主体が資本家から労働力の担い手として承認される一連の過程として捉えることができる。そこで個別主体は、資本家の私的で社会的な承認をつうじてはじめて労働力の担い手として資本主義的労働・生産体制に組み込まれるということになる。

第2節　労働力概念の特殊性

本節では前節に続き、生産部面において実際に労働力がいかに消費されるかについて立ち入って考察し、流通部面における労資関係の成立の手がかりを模索してみたい。

すでに引用した箇所であるが、マルクスが述べているように「労働力の消費は、他のどの商品の消費とも同じに、市場すなわち流通部面の外で行なわれる」。これは一面では正しい。しかし端的にいって、「労働力の消費」が「他のどの商品の消費とも同じ」であるとは必ずしも限らない。

さて、ここではまず宇野［1996］の言葉を引き合いに出して、労働力消費の特殊性について理解を深めていこうとする。

資本家は元来労働者の六時間の労働を買ったのではない。たとえば一日の労働力を商品として買入れたのである。それは三時間の労働として消費してもよければ、一二時間の労働として消費してもよい。われわれが文房具店で買った鉛筆を一部分使って捨ててもよければ、全部使えるだけ使ってもよいのと同じことである。ただ、労働力なる商品の使用価値は、使わないでおけば、鉛筆と異なって時間的経過のうちに消失してしまう。一日の労働力は一日のうちに十分に使用する以外に使用方法はない。(206頁)

宇野によれば、「労働力なる商品」の「使用」には、いわば締め切りがある。「一日」という決まった時間が経過すれば、その「使用価値」を享受することができなくなる。それゆえ、「資本家」としては、「一日の労働力」を「一日のうちに十分に使用する」ほかない。ところで、擬制的に設定された時間によってその「使用価値」の享受に制約がある「商品」は、「労働力なる商品」だけではない。時間制約性に基づいて「労働力」と「鉛筆」との費やし方の違いを説明するだけでは、「労働力」の消費の特殊性を捕捉しがたいと思われる。前者の「使用」においてはむしろ、後者と異なり、売り手と商品体との分離が不可能であることに注目したほうが適切であるように思える。

商品の消費は一般に、売り手と無縁な過程ないし流通の彼方にある事柄である。商品がいかに消費されるかについて、売り手は無関心でいてよい。ところが、労働力の消費の場合は、他の取引と違って、売り手自身が売買後も商品体と結びつけられるという問題が生じる。すなわち、労働力は、労働者との分離が不可能であるがゆえに、買い手は生身の人間としての売り手を直接消費過程へ引っ張っていくしかない。これについて、梅本［2006］：171頁は、「買い取った商品、すでに自分が自由に使用しうるその商品に、依然としてその商品の販売者たる主体がくっついているというのは、あきらかに不純な関係である」とし、「この不純な関係こそ、商品生産における所有法則を、資本主義的領有の諸法則に転化する本質的な関係である」と述べており、これを踏まえて「交換の実現が販売者の労働の中ではじめて成立するという特殊な現象」を浮き彫りにしている。

ところで、真の「交換の実現」が商品の消費過程の「中ではじめて成立する」のは、労働力だけなのであろうか。たとえば「鉛筆」といった一体型の一般商品の場合、その費やし方は買い手自身によって決まる。そこでは、商品体自体が売り手と切り離されているため、その使用価値の享受の仕方に関しては買い手の介入が許される。これに対して、権利型の擬制商品の場合には、売り手の意志による有用効果の提供が共時的にその有用効果に対する買い手の享受につながるがゆえに、その過程において買い手の介入の余地は生じない。[*12] これと同様に、労働力もまた、資本家によって直接消費されるのではなく、労働者が自分の労働力を指示命令どおりに発揮するよう統制しつつ、そこから作り出される労働生産物を資本家が領有するかたちで用いられるだけである。そこで、労働者への指示命令がどのようにインプットされ、またどのようにアウトプットされるかは、資本家の

*12　鈴木［1999］：63頁。

守備範囲を超えるものといわなければならない。[*13]

しかしながら同時に、権利型の擬制商品のなかには、売り手によってその有用効果が事前に定型化されているものもあるし、そうでないものもあるのであって、労働者の労働力をただちに、権利型の擬制商品の消費過程で提供される有用効果と同一視することが理にかなうとも思えない。なぜなら、商品形態をとらないという次元からすれば、労働者の労働力は、権利型の擬制商品の売り手によって提供される有用効果と類似しているといえなくもないが、その費やし方においては、両者は必ずしも一致しているとは限らないからである。

これについて小倉［2010］は、次のように述べている。

私は、労働の潜勢力としての〈労働力〉を、定数的な存在としてではなく、資本との関係の中で労働者がそのつど発揮する可変的な潜勢力とみなす。〈労働力〉はあくまでも可能態であり現実態ではない。しかも、必ず将来において現実態になることが確定しているわけではない。いいかえれば、労働者が彼／彼女の能力を百パーセント発揮することはむしろ稀であって、百パーセントの労働力を仮定することは明らかに間違った方法である。だからこそ資本は百パーセントの発揮を実現するために労働者を動機づけ、労働者の欲望を喚起し、労働者にいまここでの労働への強制や自発的同調を促す手法の開発に一定の投資を行うことになる。（24頁）

小倉によれば、「労働者」が一日労働でどの程度の「労働力」を発揮することになるのかは、さしあたり「資本」と無関係に決まる。というのは、「〈労働力〉はあくまでも可能態であり現実態ではない」からである。このことは、「労働力」の消費過程自体は、「資本」のためのものであっても、「資本」が意のままにコントロールできるものではないことを示唆している。さらに、「労働力」は、当の本人でさえ事前に定型化しておくことができない。それゆえに、「資本」は、生産過程においてより多くの「労働力」が「発揮」されるようさまざまな工夫を凝らさなければならない。[*14]「労働者」からより多くの「労働力」を抽出することこそ「資本」にとって肝心な仕事なのである。

たしかに、ここでいう「労働力」は、権利型の擬制商品の有用効果とあきらかに違う。それ自体は、定型化が効かないものだからである。これは、小倉が労資関係の成立にあたって貸借説を採る理由でもある。ところで、「資本」が真に「労働力」を借り入れたならば、「労働力」の「百パーセントの発揮を実現するために労働者を動機づけ、労働者の欲望を喚起」させるなどの工夫を凝らす必要があるだろうか。貸借契約において借物は一般に、貸し手と切り離されていて、それに対する費やし方は、条件付きの権利であるが、ひとえに借り手の意志に任される。それゆえに、貸し手の身内なる諸能力の総体としての「労働力」を借り入れるというのは事実上、一定期間「労働者」の身

＊13　芳賀［1988a］：256–258頁、芳賀［1988b］：54–57頁。
＊14　小倉［1990］：191–194頁。

体を借り入れるということにならざるをえない。

労働力商品論では、「労働者」の身体は、あたかも「労働力」との分離が可能であるかのような、いわば労働力商品のコンテナとして扱われるのであるが、それは、「労働力」自体が可能的で事後的な概念であることを看過し、多かれ少なかれ「可能態」としての「労働力」を論理的に先取りすることである。小倉の説明でもわかるように、「労働力」の消費過程は、「労働者」の意志なしにありえない。「資本」の関心事は、労働・生産過程を遂行する際に「発揮」される「労働者」の「労働力」であって、「労働者」自身の内的要因としての諸能力ではない。

もっとも、ここで指摘しておきたいのは、労働力商品論は、それが売買説をとっていようと、貸借説をとっていようと、生産部面における労資関係の非対称性・垂直性を説明できないということである。というのは、「労働力」を買い入れた／借り入れたという想定からは、「資本」との関係において「労働者」が被支配的かつ従属的地位に置かれざるをえない必然性を引き出すことができないからである。

これについては、マルクス経済学のオーソドックスな説明をもち出すこともできよう。すなわち、資本家と労働者とのあいだにある種の支配・従属関係が形づくられるのは、労働者自身が労働力以外に売るものをもっていない、いわば二重の意味での自由な存在として、生産手段を独占している資本家のもとで働き、同時にそこから得た一定額の貨幣（賃金）をもって生活資料を獲得できなければ、その生活・生存を維持できないからであるということである。*15 ここでは、資本の「いわゆる本源的蓄積」を否定するつもりはない。だが、たとえば一定の労務を提供／利用し、その報酬を貨幣として受け取る／支払うような、市場経済一般の交換関係では、売り手（労務提供者）は、生産手段の有無と無関係に買い手（その被提供者）のために働くことができるし、またその過程で、必ずしも買い手との支配・従属関係を形成することになるとは限らない。これは、両者が比較的長期間にわたって交換関係を結ぶ場合においてもさほど変わらない。原理的に考えるならば、生産手段の有無自体は、労資関係の非対称性・垂直性を説明できない。

これについて芳賀［1995］は、「ある額の報酬と引き換えに他者に労働を提供するという意味での雇用形式は、他の商品経済的取引形式と同様にかなり古くから存在していた」（42頁）と指摘しつつ、次のように述べている。

こうした歴史比較を尊重すれば、市場経済一般に共有されうる雇用形式と、資本主義システムに固有な雇用形式は概念上明確に区別されねばならない。前者は、ある報酬と引き換えに労働サービスを私的に提供・利用する形式であり、指揮命令を含まない請負をも含むような広義の概念として規定される。雇用労働を副業とする労働者にも、家内使用人の雇用のように他者の労働を価値増殖活動に利用しない雇主にも妥当する。後者は、特殊歴史的であって、雇用契約

＊15　永谷［2001b］：24頁。

の継続性を特徴とし、雇主の労働者に対する指揮命令権を保証する形式である。労働者は生活の実現を雇用に全面的に依存し、雇主もまたその労働を価値増殖活動に用いることが含意されている。（同右）

芳賀によれば、「資本主義システムに固有な雇用形式」は、「ある額の報酬と引き換えに他者に労働を提供するという意味での雇用形式」のなかでも「特殊歴史的」なものである。これに対して、「市場経済一般に共有されうる雇用形式」の場合、「雇主の労働者に対する指揮命令権」が必ずしも「雇用形式」の所与の条件をなすとはいえない。そこでは売り手は、「労働サービス」を遂行できる諸能力の提供者として、また買い手は、「労働サービス」の売り手によって提供される有用効果を享受する被提供者として相対するだけで、両者のあいだに明確なヒエラルキーが形成されるとは限らないからである。*16

ところで、こうした「区別」にもなおどこか釈然としない点が残る。たしかに、労資関係の非対称性・垂直性は、「特殊歴史的」所産にほかならない。だが、これは、労資関係に対する歴史的かつ現実的な説明ではあっても、それを原理的な次元で論じたものとは言いがたい。そこで「資本」は、「雇主」ではあっても、買い手ではなく、また「労働者」は、雇人ではあっても、売り手ではない。それゆえ、「雇主の労働者に対する指揮命令権」はもはや、労働力の概念的特殊性と無縁なものになってしまい、結果的には流通部面における労資関係の成立が生産部面におけるその関係の非対称性・垂直性といかに結びついているかについては依然として未解決のまま残ってしまう。

ただ一つ示唆的なのは、労働力の売買や貸借によって、労働力の消費がなされるのではなく、資本が労働者を何らかのかたちで支配・従属関係下に置くことではじめて労働力が消費されるということである。これによれば、生産部面と無関係な労働力概念は事実上ありえない。生産部面において発揮・発現されるあの労働力は、資本との交換関係が成り立つ以前には存在しないものだからである。たとえそれが、労働者自身が日常生活・日常世界を営む過程で消費する労働力とその内容において実質的に同一であるとしても、両者を等しく扱うのは適切ではないといわざるをえない。

他方、鈴木［1999］は、労働力とその売買について次のような見解を提示している。

> 「労働力の売買」という過程における「労働力」なる概念は、人間の身体のうちに実在する生物学的、自然的な人間の一素質というように理解されるべきものではなく、資本主義的な生産と流通との構造全体から客観的に要求される、ある種の機能的概念であるということにほかならない。／このようにとらえると、それは、生産過程から切り離された流通部面で、単独にそ

＊16　金子［1998］：45–46頁によれば、「賃労働の形態をとった労働」は、「『資本としての貨幣』である資本と交換される労働と『貨幣としての貨幣』である収入と交換される労働とに区別される」。なかんずくそこで関係の非対称性・垂直性が現われるのは、前者においてであって、後者、つまり「形態規定としてのサービス労働」自体は、そうした必然性をもっていないものとして扱われる。

の存在を主張できる概念ではないことになる。（124頁、傍点は原著者）

「労働力の売買」における取引対象たる「労働力」は、生産部面のなかの労資の関係の変化を、擬制的に表現する。〔中略〕この意味で、「労働力の売買」は擬制＝フィクションであり、生産過程における資本家と労働者との関係が、流通部面での両者の取引関係に反映される際に成立する、モノの売買への「たとえ」表現なのである。（203頁）

「『労働力』なる概念」が「生産部面」と無関係に「単独にその存在を主張できる概念ではない」という鈴木の指摘は鋭い。これによれば、「労働力の売買」と呼ばれる取引は、いわば労働の売買の「『たとえ』表現」にすぎない。とはいえ、「労働者」、つまり売り手は当然、取引に際しては労働または労働・生産過程に伴う有用効果なるものをもっていない。それ自体は可能的かつ事後的にしか譲り渡せないものだからである。それゆえ、この仮説は事実上、一定の条件下において労働・生産過程およびその結果・成果に対する全権の委任を約定するという意味で、商品交換というよりは、ある種の「雇用取引[*17]」に類似したものといわざるをえない。

このように、労働そのものを「取引の対象」として捉える議論では、「労働力」を「ある種の機能的概念」として位置づけるとともに、「労働力」の先在性を否定する試みが行われるのであるが、結果的にそこでは「労働力」の先在性だけでなく、商品交換の原理自体がともに否定される可能性がある。しかしながら、以上の考察からわかるように、「労働力」の先在性を相対化しつつも、商品交換の原理を生かすためには、流通部面から生産部面ではなく、生産部面から流通部面、つまり資本主義的生産様式の営まれ方から労資関係の成立原理を模索しなければならない。

第3節　労働者包摂の原理

前節までの考察では、労働力は、第一に、労資間の垂直的ヒエラルキーを前提とする特殊な関係概念であり、第二に、労働者から切り離されて単独で存在することができない可能的かつ事後的な概念であることを確かめた。続いて本節では、生産部面における労働力の消費過程を踏まえて、流通部面における労資関係の成立原理を提示してみたい。そのためにまずは、資本のもとへの労働の形式的従属についてのマルクスの論説を引用することから議論を進めることにする。

＊17　芳賀［1995］：40頁、芳賀［1988a］：248–255頁。他方で、「雇用関係」とその形式としての「契約」については稲葉［2019］：41–43頁を参照されたい。ただし、稲葉のいう「契約」は、「売買とは別個のカテゴリー」として捉えられているという点で、本書の第4章で扱う契約概念と必ずしも同じではない。なお、内山［2015］：98頁は、「資本家」と「労働者」の関係分析にあたって「契約」概念を用いているが、そこで「資本家」は「労働力商品」の買い手に、また「労働者」は「自分の労働能力」の事実上の貸し手になっていて、その交換形式はそれほど明確ではないように思える。

マルクスは、『資本論』第1巻第5篇第14章「絶対的および相対的剰余価値」で次のように述べている。

絶対的剰余価値の生産はただ労働日の長さだけを問題にする。相対的剰余価値の生産は労働の技術的諸過程と社会的諸編成とを徹底的に変革する。／だから、相対的剰余価値の生産は、一つの独自な資本主義的生産様式を前提するのであって、この生産様式は、その諸方法、諸手段、諸条件そのものとともに、最初はまず資本のもとへの労働の形式的従属を基礎として自然発生的に発生して育成されるのである。この形式的従属に代わって、資本のもとへの労働の実質的従属が現われるのである。（Marx[1890]:S.532-533）

「相対的剰余価値の生産」では、労働時間を量的に延ばすことで生み出される「絶対的剰余価値」とは異なり、「資本のもとへの労働の形式的従属」を土台として「労働の技術的諸過程と社会的諸編成とを徹底的に変革する」ことが求められる。生産部面における労働力の消費過程は、「資本のもとへの労働の形式的従属」・「実質的従属」を前提とするものであり、またそこで労働者は、資本家との支配・従属関係のもとで「剰余価値」の「生産」を押し付けられることになる。[*18] マルクスはここで、生産部面における労働力の消費が同時に資本への労働の従属を高度化させる機制として働くことを示唆している。[*19]

ただしこれは、流通部面において労働力をひとまず売買または貸借の対象とし、それを踏まえて生産部面における労資間の支配・従属関係を想定するアプローチからただちに導き出されるものではない。なぜならそこでは、労働力概念が商品交換または貸借契約の対象として、労資間の支配・従属関係よりも先に提示されているからである。それに対して、労働力の概念的特殊性は、資本への労働の従属の高度化傾向にうまく対応する。すなわち、資本は、労働者をして可能的で事後的な労働力をより多く、より確実に支出させるために、その労働・生産体制を支配・従属体制として構築しなければならない。こうした意味で、労働力の消費は、資本への労働の従属の高度化と表裏の関係にあるといえる。

資本は労働力の消費にあたって、労働者に対する効率的な管理監督を行うことで、資本への労働の従属をさらに高度化する。資本が自己内部において管理監督体制という非人格的な装置を稼働してまで労働者を一定の管理監督下に置かざるをえないのは、労働者の労働力が可能的かつ事後的にしか支出されないものだからである。これは逆に、資本が労働力自体に対する所有権ないし使用権をもっていないことを傍証する。資本は、直接所有／使用できない労働力を効率的に抽出するため

＊18　鈴木［2001］：17頁。
＊19　他方で宇野［2016］：59頁は、「資本」の「再生産過程」によって「資本家的社会関係」自体が「再生産」されることを強調している。

に、労働者および労働者の労働・生産過程全般を管理し監督するのである。[20]

労働者に対する資本の管理監督技法は、資本主義体制の発展とともに高度化し続けてきたといえども、そこで行われる労働の根本的な性質自体が変わったわけではない。そこでの労働はつねに、被規定的かつ被規制的なかたちをとって現われるからである。[21] これが資本主義以前の生産様式下での労働と異なるのは、直接的であれ間接的であれ、一定の交換過程による非人格的関係の成立を前提とすることである。労資関係が交換過程の所産である以上、資本の管理監督は、「直接的な権力的強制」ないし「経済外的な強制構造」から徐々に「合理的な強制体制」の性格を帯びることになる。[22] ここでいう「合理的」とは、計算可能性のことである。したがって要するに、「合理的な強制体制」としての資本主義的生産様式は、労働・生産過程を限りなく合理化・形式化する体制なのである。

資本のもとでの合理化・形式化された労働（賃労働）は、被規定的かつ被規制的なかたちの労働のいわば資本主義的バージョンにほかならない。その過程が合理化・形式化の度合いを強めていくにつれて、資本への労働の従属もますます高度化する。ただし、労働・生産過程を合理化・形式化しつつその従属を高度化するためには、資本はひとまず「合理的な強制体制」のなかへ労働者を包摂しなければならない。資本は、労働者を合理化・形式化された労働の担い手として包摂することではじめて労働力を抽出することができるのであって、その逆ではない。

マルクスの文章をさらに引用しよう。

生産的であるのは、ただ、資本家のために剰余価値を生産する労働者、すなわち資本の自己増

＊20　芳賀［1995］：44頁は、労働・生産の組織化の一環として「資本家」の「労務管理機構」を取り上げ、この「機構」が「市場メカニズムによってではなく、これとは異別の非市場的原理、すなわち資本家の権威にもとづく命令・評価・賞罰の政治的原理によって組織されている」ことを強調している――資本主義的労働・生産体制に内在する「非市場的原理」＝「政治的原理」について詳しくは本書の第6章で扱うことにする。なお、それに対する労働者の「順応」と「抵抗」については、芳賀［1988b］：71–76頁を参照されたい。

＊21　それはいわば統制労働（controlled labor）といってよいかもしれない。これについて**Braverman**[1974]は、「騎手が手綱、馬勒、拍車、にんじん、鞭を用い、馬を生まれたときからの調教によって自己の意志に従わせようとするように、資本家は、管理をとおして、統制しようと努める。管理にかんするすべての理論家が暗示的にしろ明示的にしろ認めてきたように、統制《コントロール》こそはまさにすべての管理体制の中心概念である」（74頁、傍点は原著者）と述べている。これに対して、**Burawoy**[1978]は、**Braverman**の説明は「封建的統制（feudal control）」のメカニズムを資本主義的労働過程に投影したものだと指摘している（263–266頁）。たしかに「資本主義的労働過程の発展は、労働過程における強制だけの統制から、ますます同意の獲得にもとづく統制の諸要素を拡大してきており、同意の形成に傾斜した職場をかたちづくってきた」（鈴木［2001］：18頁、**Wright**[2011]：21–22頁）きらいがある――なお、統制方式の高度化については、**Edwards**[1979]：111–162頁および**Burris**[1999]：43–47頁を参照されたい。ただし、ここでいう統制は、資本に包摂された労働の性格（質的規定）を意味するものであって、その具体的な様態（量的規定）を表すものではない。

＊22　梅本［2006］：168頁、竹川［1977］：160–164頁。

殖に役だつ労働者だけである。物質的生産の部面の外から一例をあげることが許されるならば、学校教師が生産的労働者であるのは、彼がただ子供の頭に労働を加えるだけではなく企業家を富ませるための労働に自分自身をこき使う場合である。この企業家が自分の資本をソーセージ工場に投じないで教育工場に投じたということは、少しもこの関係を変えるものではない。それゆえ、生産的労働者の概念は、けっして単に活動と有用効果との関係、労働者と労働生産物との関係を包括するだけではなく、労働者に資本の直接的増殖手段の極印を押す一つの独自に社会的な、歴史的に成立した生産関係をも包括するのである。それゆえ、生産的労働者だということは、少しも幸運ではなく、むしろひどい不運なのである。（Marx[1890]:S.532）

ここでマルクスがいう「生産的労働者の概念」は、単に経済的側面——生産活動や有用効果など——にとどまらず、非経済的側面——工場に投じたり極印を押したりする資本の行為——をも包括するものである。そこで、「労働者に資本の直接的増殖手段の極印を押す」のは、「資本の自己増殖に役だつ」一活動などではなく、「資本の自己増殖」の厳然たる一過程にほかならない。これは決して単なる比喩ではない。すなわち、「労働者」は、「資本の直接的増殖手段の極印」が押された存在、いいかえれば、「資本」に包摂され記号化された存在なのである。個別主体は、「資本」に包摂されない限り「労働者」にはなりえないし、その労働力もまた、価値増殖の源泉としての自己規定を与えられない。「資本」が個別主体を「労働者」として包摂することからすべてが始まるのである。

もちろん包摂といっても、それが必ずしも生身の人間としての個別主体そのものが資本の所有物になるといっているわけではない。ゆえに、賃労働制において労働者の身体が売り買いされることはまずない。[*23] そこでは、人格的な個別主体としての労働者ではなく、擬制的かつ非人格的な記号としての労働者が評価の対象となるからである。身体を売り買いせずとも労働者を包摂するためには、資本は、個別主体の内なる潜在的可能態としての労働者に対して一定の貨幣評価を行う必要がある。その諸要因がそのまま商品として売買されないことはすでに確かめたとおりである。資本が個別主体を労働者として包摂し記号化しようとするのは、現時点において合理化・形式化された労働の担い手が不足しているからである。つまり、合理化・形式化された労働の個々の単位が先にあり、必要に応じて外部の個別主体が労働者として、そのなかに組み込まれる。かくして、資本は、個別主体を「直接的増殖手段」として包摂し、記号化する。

個別単位としての合理化・形式化された労働は、資本によって事前に構想され性格づけられた擬制的記号であり、そこで資本は、それに与えられている課業および職務（tasks and duties）をうまく

＊23　なお、労働者の身体を貸借取引の対象とする見方については、稲葉［2005］：221–226頁を参照されたい。本章では、そうしたアプローチには賛同できないが、「近代的な雇用は、それ（＝「古代や中世のいわゆる身分制社会の奴隷制や農奴制」：引用者）とはまた違った形で人をして自由と不自由（他人の支配への従属）との間を行き来させる仕掛け」（稲葉［2016］：52頁）であるとする見解には概ね同意している。

遂行できる個別主体を求める。つまり、その枠内に収まりそうな存在が必要なわけである。もちろん、それは一見してわかるはずがない。そのため流通部面において、資本は、一旦生身の人間としての売り手ではなく、売り手の内なる潜在的可能態としての労働者を凝視しつつ、同時に現時点で個別主体との結びつきができていない合理化・形式化された労働との適合度を考量し評価する。個別主体の内なる潜在的可能態としての労働者とは要するに、合理化・形式化された労働によって反照される像としての労働者——ここではこれを労働者表象と呼ぶことにする——である。そこで、売り手もまた、自分が合理化・形式化された労働にうまくフィットできる労働者表象の持ち主であることを、資本側にアピールしなければならない。

労働者表象は、労働力商品論における労働力商品のような生得的なものではない。いずれも知的操作によって形づくられた擬制的概念ではあるが、労働者表象は逆に、資本の価値増殖運動によって反照的に形づくられたものといえる。資本は、国家や社会、制度、メディアなどの外部ファクターを媒介として、直接的あるいは間接的に個別主体の内なる自然（身体・精神・感情）を操作し、必要なときに即応できる人間群を構造的に生み出すことに積極的に加担する。その過程において、個別主体もまた、意識的あるいは無意識的に資本の欲望を先取りし、そこから一定の労働者表象を形づくっていくことになる。

同時にその一方で、資本は、流通部面における資本投下、つまり個別主体の内なる労働者表象に対する私的社会的な評価——その評価額が賃金に当たる——をとおして、個別主体を合理化・形式化された労働と結びつける。たとえば、資本は、伐採／採掘労働者◯◯人、会計／営業担当者△△人、または一定の枠内での大まかな指示を受けて働く従業員□□人といった具合に、ひとまず合理化・形式化された労働の必要単位を構想し、それに適した労働者表象の持ち主を、合理化・形式化された労働の担い手として包摂する。

このように、流通部面における労働者包摂は、資本をして生産部面において「労働者に資本の直接的増殖手段の極印を押す」ことを可能ならしめる。そこで労働者は、合理化・形式化された労働の担い手として記号化されるが、同時に生身の人間としての身体的・精神的・感情的諸能力を、合理化・形式化された労働にフィットさせなければならない。*24 つまり、資本によって枠づけられた一定の役を演じなければならない。その過程で発揮・発現される労働者の身体的・精神的・感情的諸能力の総体がいわば労働力なのである。個別主体は、資本によって構想・設計された擬制的な労働単位、いってみれば労働記号への自己束縛をつうじてはじめて労働者になるが、その限りで、労働者は、きわめて転倒した存在といわなければならない。なぜなら、労働者にとって、人格的主体としての自分自身は過剰な自己にすぎず、実際そこからはみ出るものは資本によってただちに無価値なものとみなされるからである。

以上の考察から、労働者なるものは、個別主体と労働者とのあいだの転倒性および人間の内なる

---

*24 沖［2012］：150–155頁。

諸能力の総体としての労働力と賃労働の一環として発揮・発現される労働者の労働力とのあいだの質的相違に無関心な労働力商品論の定義とは異なり、資本主義的生産様式の枠内でしか成り立たない存在なのであり、したがってまた、労働力も、事前的な所有概念ではなく、事後的な関係概念であることがあきらかになったといえよう。次章では、本章の内容を踏まえて、労働者表象という擬制的概念を中心に議論をさらに進めてみたい。そうすることで、個別主体の内なる労働者表象に対する資本の貨幣評価のメカニズムがあきらかになると同時に、労働者になることの意味もより明瞭になるだろう。

おわりに

本章では、労資関係の成立根拠を問い直す作業をつうじて、資本主義的生産様式においては、労働者包摂とその記号化が商品交換の原理によって処理されるという一連のメカニズム——本書ではこれを労働者包摂論と名づけることにする——を提示した。そうすることで、労資関係における経済的側面——剰余価値の搾取とそれに伴う利害対立——とは質的に異なる非経済的側面——労働・生産体制への労働者の包摂と記号化——を浮き彫りにした。最後に以上の考察を踏まえたうえで、人間社会における労働・生産の組織化について簡単に述べてみたい。

資本が個別主体を賃金労働者として包摂し記号化するためには、労働力を買い入れる／借り入れるのではなく、ひとまず個別主体を道具化・手段化しうる体制のなかへ個別主体そのものを組み込まなければならない。そこで、包摂される側もやはり、資本への包摂をつうじて賃金（貨幣）を獲得し、また自分の生活・生存を維持することが可能になるのであって、その点では、奴隷や農奴の立場とさほど変わりはない。[*25] ただひとつ違いがあるとすれば、労資関係には貨幣が直接介在するということだけである。もちろんそうはいっても、この違いは決定的である。それなしには、資本主義社会において資本が個別主体を合理化・形式化された労働の担い手として包摂できる方法などそもそもありえないからである。

有史以来、労働する人間をいかに包摂し組織し管理するかは、奴隷制（主人－奴隷）や封建制（領主－農奴）、専制国家（君主・官僚－臣民）などを問わず、いわゆる支配階級の存続・繁栄に直結する問題であった。そこで、労働する人間は、圧倒的な力の優位への屈服を余儀なくされる。しかし、資本主義社会ではそうはいかない。その労働・生産過程は、政治的論理にではなく、経済的論理によって再編されるからである。そうなると、今度は労働する人間に対する包摂・組織・管理などのいわば経営活動は、人格的強制性によってではなく、非人格的合理性によってなされることになる。労働する人間が人格的隷属から解放されえたのは、そのためである。

これは一見、労働自体が政治（外的強制）の問題から経済（合理的選択）の問題に一変したかのよ

＊25　廣松［1994］：51–57頁、91–108頁。

うな錯覚を引き起こす。だが、それは、マルクスが的確に指摘しているように、「個々の雇い主が絶えず替わることによって、また契約という擬制によって、維持される」、「賃金労働者の独立という外観」にすぎない。[*26] 資本主義社会においては、労働する人間に対する包摂方式は決してそれ以前の社会体制のそれとは相容れないが、包摂された存在が多かれ少なかれ包摂する存在の存続・繁栄に奉仕し、またその限りにおいてそれ自身（やその家族）のライフを保障されるという側面――いわば生の他律性――では、それ以前の社会体制とさほど変わりはないといわざるをえない。[*27]

＊26　Marx[1890]:S.599。

＊27　これについて小倉［1990］は、次のように指摘している。「問題の基本に据えられるべきなのは、剰余労働（時間）だけではなく、こうした『労働』（＝「意味の剝奪された行為」：引用者）によってしばられる時間の全体である。言い換えれば、搾取という概念は労働者の『生の時間』にたいする資本の略取と見なす視座こそが必要なのである。こうした視座に立つとき、問題の核心は、資本が自由にしうる時間全体を搾取された時間として捉え返すことにある」（196頁）。要するに、「搾取」は、賃労働の全過程をつうじて費やされる「労働者」の時間と生命力の「問題」であって、そこで「剰余価値」――経済的側面――に当たる部分だけを問題視するのは、「労働者の『生の時間（ひいては生そのもの：引用者）』にたいする資本の略取」を看過する結果をもたらしうるということである。

第3章　労働者表象という擬制

はじめに

筆者は前章で、マルクス経済学におけるいわゆる労働力商品論の論理を批判的に検討し、その相対化の一環として労働者包摂論という異端的な見方を打ち出した。人間の内なる諸能力の総体としての労働力を資本主義経済の階級関係を成り立たせる鍵として捉える従来のアプローチにあえてメスを入れた理由は何か。労働力＝商品という理論的構想は、マルクス経済学の公理的地位を占めるものであるが、人間の内なる諸能力の総体としての労働力を文字どおり商品として規定してしまえば、能力と収入は正比例するという通念だけでなく、個々人の社会的地位は能力や学歴、業績などによって決まるといういわば能力主義のイデオロギー、ひいては教育や訓練に投資するほど、人的資本の内実としての個々人の諸能力とその価値が向上するといういわば人的資本論の基本構想に対して、マルクス経済学はどれほど有効な対応ができるだろうか。[*1]

いうまでもないが、流通部面において売り手は、自商品を可能な限り高く売ろうとするし、また高く買ってくれるところで売ろうとする。あるいは、将来のために商品の価値を高めようとする。そのために行われる投資が人的資本論の基本構想であり、その結果として与えられるのが能力主義でいう社会的地位にほかならない。賃金水準は階級闘争——労働者の団結権をベースにした実力行使——の産物であるという内容をさしあたり議論の外に置くとすれば、事実上、労働力商品論は、それ自身の意図と無関係に、労働と能力に関する社会的通念やイデオロギーと同類に扱われてもおかしくない。一般に、いわば所得水準を能力と関連づけて理解するときにわれわれはそれに現実感を覚える。実際のところ、そういう側面がまったくないともいえない。

しかし、問題はそれほど単純ではない。仮にある企業では、Aさんのほうが他の候補者より職務能力面で優れていると判断して雇ったとしよう。だが、Aさんはことあるごとに、仲間とのあいだでトラブルを引き起こし、組織全体の生産性を引き下げる。学歴も実績も桁違いであるが、長年の外国生活でチームメンバーとのコミュニケーションがうまくできない等々。労働力は、プロセスとしてしかリアリティをもたない。現実的で具体的な労働・生産過程と結びつくことによってはじめて現出する労働力を労働・生産過程から切り離して、もとより個別主体に内在しているモノであるかのような擬制が仮構される。そしてやがて、そのモノに価格を付けて売りに出すというストーリーが始まる。いわば労働力商品化である。

一般に「労働力商品化」は、「独立の生産者が商品として提供しうる生産物を生産するに必要な生産手段、たとえば道具や原料を所有していないということになると、それはもはや独立の生産者ではなくなると同時に商品として提供しうるものも自己の労働力以外にはないことになる」という一連の過程として説かれる。[*2] だが、「提供しうるもの」が「自己の労働力以外にはない」という事態から、ただちに「労働力」＝「商品」という命題が導き出されるわけではない。前者の事態と後者の命題とのあいだには論理の飛躍がある。前章はまさにその点を突いている。そして、本章の問題意識はその延長線上にある。労働力概念、労働者概念に限っていえば、労働力＝商品という理論的構想は、転倒した認識の発源地といってよいであろう。

本章では、以上のような問題関心に基づいて、前章で打ち出した労働者包摂論の中身を埋める作業を進めようとしている。そのためにはまず、労働者表象という擬制的概念について説明しなければならない。それについては、前章の後半で若干触れたが、そこでは労働力商品論の相対化に重きが置かれていて、十分な検討がなされていない。本章では、その概念をゼロから組み立てていこうとする。本章の構成は以下のとおりである。

まず第1節では、労働力＝商品という理論的構想に内在するマルクスの商品観を批判的に吟味するとともに、そこに欠落している一般商品のもう一つの類型を析出する。第2節では、資本・賃労働関係を成り立たせる機制としての労働者表象とその評価メカニズムについて立ち入って考察する。第3節では、労働者包摂論の観点から労働者になるとはどういうことなのかについて論じる。本章の最後では、以上の議論を踏まえ、資本主義社会における労働の諸類型について述べることで、本章を締めくくることとする。

＊1　たとえば、「養成費」ないし「修業費」が「労働力の生産のために支出される価値のなかにはいる」とするマルクスの見解はその典型を示すものといってよい（Marx[1890]:S.186）。

＊2　宇野［1996］：39頁。

第1節　労働力商品論に内在するマルクスの商品観

マルクスは『資本論』第1巻第3篇第5章第2節「価値増殖過程」で、人間の内なる諸能力の総体としての労働力ないし労働能力をさしあたり商品（A）として擬制しながら、同時にそれが生産手段（Pm）とともに資本によって仕入れられることを述べている。*3 だが、周知のように、前篇第4章第3節「労働力の売買」におけるマルクスの叙述によれば、実際に資本が仕入れるのは、労働力そのものではなく、労働力に対する一定期間の使用権となっている。*4 要するにそこでは、人間の内なる諸能力の総体としての労働力と、その労働力を一定期間使用できる私的権利とが労働力商品として概念化されているのである。

ところが、両者を一つの商品形態として取り扱うのは、無理な構想というほかない。たとえばこういうことである。

貨幣が購買手段として機能するか支払手段として機能するかは、商品交換そのものの性質を少しも変えるものではない。労働力の価格は、家賃と同じように、あとからはじめて実現されるとはいえ、契約で確定されている。労働力は、あとからはじめて代価を支払われるとはいえ、すでに売られているのである。（Marx[1890]:S.188）

マルクスはここで、「労働力」を商品交換の対象として擬制する見方を提示している。しかしながら同時に、彼は「労働力の価格」を「家賃」にたとえている。だがその場合、「労働力」そのものは、借り物ではあっても、商品体ではなくなる。それだけではない。「労働力」を借り物とみなしてもやはり問題が残る。すなわち、たとえば、ある借家人（借り手）は、家主（貸し手）に一定の「家賃」を支払うことを契約の条件として、当該部屋（借り物）を一定期間占有・使用しており、また家主（貸し手）は、借家人（借り手）に当該部屋（借り物）を占有・使用させる。だが労働・生産過程においては、それとは逆に、労働者（貸し手）が労働力（借り物）を占有・使用しており、また資本家（借り手）が労働者（貸し手）に労働力（借り物）を占有・使用させているということになる。

なぜこのような食い違いが起こるのか。それは端的にいって、彼自身の商品観に起因するものと思われる。[*5] ここでは、その根因を探ってみることにする。そのためにまずは、商品についてのマルクスの文章を引用することから議論を始めてみたい。

マルクスは『資本論』第1巻の冒頭で、商品を「富の基本形態[*6]」と定義したうえで、次のように述べている。

＊3　Marx[1890]:S.201。
＊4　Marx[1890]:S.182。
＊5　清水真志［2018a］：68頁。

商品は、まず第一に、外的対象であり、その諸属性によって人間のなんらかの種類の欲望を満足させる物である。（Marx[1890]:S.49）

マルクスはここで、「商品」を「人間」の「欲望」と結びつけているが、厳密にいえば、それは人間一般ではなく、潜在的購買者のものといわねばならない。たとえば、ある兵器製造会社（売り手）が自社兵器（商品）を製造・販売する際に、そこで想定されている「欲望」は、おそらくそれによって命を落とすかもしれない「人間」のものではあるまい。要するに、「商品」は、人間一般を包括するものではない。むしろそれは、潜在的購買者以外の「人間」を徹底的に排除する。[*7]

ところで、われわれはマルクスが「商品」＝「人間」の「欲望を満足させる物」という命題を引き出すにあたって、彼自身は意図的であろうとなかろうと、売り手（相対的価値形態）の立場に立っていることに気がつく。なぜなら、自分のための「物」をあえて「商品」とは呼ばないからである。[*8]引用文の「商品」は、その直前の叙述からもわかるように、売り手によって売りに出されている「商品」のことである。売り手からすれば、「商品」は、潜在的購買者の「欲望」を刺激するものでなければならない。しかしながら、そのことが買い手（等価形態）にも当てはまるとは必ずしもいえない。

たしかに買い手は、「商品」を自分の「欲望を満足させる物」として凝視する。だが、もしそれだけならば、ある対象を「商品」として買う必要は必ずしもなく、一定額の賃料を支払って一定期間レンタルすればよい――この場合、商品になるのは、その対象を一定期間占有・使用できる私的権利（用益権）である。つまり、「商品」＝「人間」の「欲望を満足させる物」というのは、徹底的に商品所持者の立場から捉えたものであって、潜在的購買者を包括したものとは言いがたい。買い手は単に、「商品」を自分の「欲望を満足させる物」として認識しているだけではないからである。端的にいって、両者の結びつきにおいて決定的な機制として働くのは、「欲望」ではなく、所有、つまり特定の対象（モノ）に対するある種の排他的で独占的な支配である。買い手はひとまず、手に入った「商品」を自分の排他的・独占的支配下にある対象として自分と結びつける。それなしに「欲望」の「満足」はありえない。このことからわれわれは、相対的価値形態の立場か等価形態

＊6　Marx[1890]:S.49。

＊7　宇野［2016］によれば、「商品は、種々異なったものとして、それぞれ特定の使用目的に役立つ使用価値としてありながら、すべて一様に金何円という価格を有しているということからも明らかなように、その物的性質と関係なく、質的に一様で単に量的に異なるにすぎないという一面を有している」（29頁）。すなわち、「商品」は、貨幣との関係によってその存在が規定されるのであり、その逆もまた同様である。したがって、「商品」というときに、そこではすでに貨幣が前提されており、貨幣所有者が潜在的購買者として想定されるのである。

＊8　「すべての商品は、その所持者にとっては非使用価値であり、その非所持者にとっては使用価値である」（Marx[1890]:S.100）。

の立場かによって「商品」との向き合い方が多少ずれてくることがわかる。それに対して、マルクスの説明は、一方の立場を一般化したものとなっているが、もっともそれは、一定の有用性を人間に提供するモノをおしなべて「商品」とみなすような彼自身の商品認識にその根因があるように思われる。[*9]

すなわち、マルクスによれば、

ある一つの物の有用性は、その物を使用価値にする。しかし、この有用性は空中に浮いているのではない。この有用性は、商品体の諸属性に制約されているので、商品体なしには存在しない。それゆえ、鉄や小麦やダイヤモンドなどという商品体そのものが、使用価値または財なのである。(Marx[1890]:S.50)

たしかに「ある一つの物〔ないし商品:引用者〕の有用性」は、それ自身の身体――「商品体」――なしにはありえない。ところが、これをすべての商品に当てはめて一般化することができるだろうか。たとえば、一般に電車に乗るためには切符――「物」――が必要であるが、それは、一定の区間及び期間における電車の利用を可能ならしめる私的権利を表象する「物」として、一枚当たり何百円や何千円などといった具合に値札が付いており、したがって、貨幣商品との交換過程をつうじて獲得される一般商品ということになる。要するに、切符は、貨幣商品(等価形態)との関係において相対的価値形態に置かれる一般商品であり、そこで、一般商品としての切符の使用価値は、電車の利用によって期待できる一定の有用効果なのである。

この場合、切符という「物の有用性」自体は、買い手にとって意味をなさない。なぜなら、切符の使用によって得られる使用価値は、商品体としての切符と切り離されて存在するからである。たとえその素材を紙製から電子データに変えるとしても、事情は少しも変わらない。マルクスは冒頭

＊9　もちろん、こういうふうにもいえるだろう。すなわち、「ここで『この有用性は空中に浮いているのではない』として追加された商品体という契機は、あるいは考察対象となる商品の範囲を有体物に狭く限定するだけの意味しかないようにも読める。しかし、『資本論』全体を通してみると、たとえば運輸や保管といった一定の有用効果が商品の形態をとって取引される関係がひろく認められているばかりか、そもそも資本主義経済の存立そのものが、有体物とは言い難い人間の労働能力を商品の形態で処理してゆくことに支えられている点が強調されているのであり、一般に商品が有体物に制限されているわけではない」（小幡［1988］：18–19頁）。筆者もまた、マルクス自身が「商品の範囲を有体物に狭く限定する」とは考えていない。ただし、ここで問題としているのは、「商品体」の有無ではなく、「有用性」・「有用効果」そのものを「商品の形態」として捉えるアプローチである。後に述べるように、商品の「有用性は空中に浮いている」かどうか関係なく、それ自体としては「商品の形態」をとることができず、つねにそれを享受できる一定の擬制的権利として商品化される。このことは、「たとえば良心や名誉など」を「その所持者が貨幣とひきかえに売る」ときでさえ、「良心や名誉」自体が「商品の形態」をとるのではなく、それに関する一定の擬制的権利が「商品の形態」をとって現われることを示唆する（Marx[1890]:S.117）。

商品論で、商品の背後に先在する領域として人間労働――生産領域――を想定しているがゆえに、「自然素材と労働との結合物」[*10]として作り出される（または獲得される）対象を商品形態として取り上げているが、よく考えてみれば、それだけでなく、商品体とその使用価値が直接つながっていない商品も、一般商品の一つの範疇をなすことがわかる。特に権利型の擬制商品が一体型の一般商品とともに一般商品の一類型としてカテゴライズされうるのは、そのためである。

権利型の擬制商品においては、買い手は、購買した商品（買い手自身の私的所有物）の使用価値を享受する仕方自体に対する支配権をもっていない。そこで、買い手の排他的支配の対象となるのは、商品の使用価値ではなく、商品体そのものである。それゆえ、権利型の擬制商品の取得とその使用価値の享受とのあいだに売り手の介入（意志）が許されることになる。すなわち、たとえば前例の切符の場合、その使用価値に対する買い手の享受は売り手の介入（意志）なしにありえない。買い手が電車を利用することから得られる一定の有用効果は、ひとえに売り手の意志（介入）に任される。切符は、一定の使用価値を、直接的なかたちではなく、単に潜在的なかたちで孕んでいるのである。そこでは、商品体とその使用価値が結びついていて、かつ買い手の介入（意志）によってのみ享受されうるような、即物的な欲求・必要の充足は期待しづらい。

もちろんその場合であっても、売り手によって提供される一定の有用効果、つまり無形のサービスそのものが商品であり、切符は単にそれを形象化したものにすぎないといえなくもなさそうである。しかし、すでに述べたように、買い手にとって商品とは、それ自身が商品交換をつうじていつでも自分の排他的・独占的支配下に置くことができる対象である。だが、買い手（切符の私的所有権者）は果たして、売り手の旅客輸送サービスを排他的・独占的に支配することができるだろうか。もしそれが可能であれば、買い手は、売り手の旅客輸送サービスそのものを意のままに操ることができなければならない。いうまでもなく、それはありえない。旅客輸送という一定のサービスは、売り手の完全な支配・統制下に置かれているからである。

さて、労働力に戻ろう。労働力は、前例の旅客輸送サービスと類似していると考えられる。旅客輸送サービスそのものが商品として売りに出されないのと同様に、労働力そのものが商品として売りに出されることはまずない。さらにまたわれわれは、労働・生産過程と結びついた発現態としての労働力と、労働・生産過程と結びついていない潜在態としての労働力とを区別して扱う必要がある。資本との関係において意味をなすのは、前者であって、後者ではないからである。マルクスは、両者を一括りにして労働力商品として概念化しているが、資本がつねに指揮・監督・評価し、また修正・補完・向上させようとするのは、発現態としての労働力である。潜在態としての労働力が仮構されたのは、それが人間の内なる諸能力の総体だからではなく、発現態としての労働力の土台をなすものとみなされるからである。潜在態としての労働力が発現態としての労働力を可能にしたのではなく、逆に発現態としての労働力によって潜在態としての労働力が後から発見されたのである。

＊10　Marx[1890]:S.57。

いくら優れた潜在態としての労働力をもっているとしても、流通部面における資本・賃労働関係の成立を前提に、生産部面において資本の要求・指示に合わせたかたちで発揮・発現されないと、その労働力は、当の本人にとっても資本にとってもまったく意味をなさなくなる。要するに、ここでいう労働力は、労働者自身が資本の要求・指示に合わせてその都度生み出した身体的・精神的・感情的エネルギーの発現態であって、人間の内なる諸能力の総体としての労働力、つまり潜在態としての労働力では決してない。これは、鉄道会社（売り手）における潜在態としての輸送能力が当該切符の私的所有権者（買い手）にとって意味をなさないのと同様である。その買い手にとって意味をなすのは、発現態としての旅客輸送サービスのみである。

ところで、マルクスの労働力商品論はもとより、発現態としての労働力を別個の機制として捉える論理構造をもっていない。そこでは、潜在態としての労働力がはじめから商品として想定されているがゆえに、労働力の消費過程は単に、借り物に対する資本家の使用権行使の一環としてみなされる。しかし、既述のように、貸借取引において貸し手（労働者）が借り物（労働力）を占有・使用し、また借り手（資本家）が貸し手（労働者）に借り物（労働力）を占有・使用させることはありえない。もちろんそうだからといって、発現態としての労働力が商品形態をとっているといっているわけではない。ここでいおうとするのは、発現態としての労働力が労働力概念に適しているということであって、それ自体が商品であるということではない。

いずれにせよ、労働力を借り物として想定するのは、鉄道会社（売り手）によって提供される一定の旅客輸送サービスを買い手（切符の私的所有権者）の借り物と同定することである。だが、労働・生産過程において労働者によって発揮・発現されるエネルギーとしての労働力は、旅客輸送サービスと同様に、潜在的購買者によって私的所有が可能な商品でも、一定期間における私的権利が保障される借り物でもない。マルクスは、さしあたり人間の内なる諸能力の総体としての労働力を取引の対象としてみなすかたちで、労働力を商品として概念化するが、その取引の仕方を明確にしていない。結局のところ労働力＝商品、労働力＝借り物のいずれの想定も可能となってしまう。だが、両者は両立不可能であるだけでなく、いずれも正しいとはいえない。

以上の考察からわれわれは、人間の内なる諸能力の総体としての労働力と、その労働力を一定期間使用できる私的権利とを一括りにして労働力商品として概念化するマルクスの方法が、彼自身の商品観に起因するものであることがわかった。端的にいって、そこでは、商品体とその使用価値が結びついた商品と、切り離された商品とが明確に区別されているとは限らない。その結果、マルクスの労働力商品論では、商品体は、文脈によって労働力となったり、労働力に対する一定期間の使用権となったりする。これは、労働力概念の自己矛盾をもたらすだけでなく、労働力そのものに対する誤った認識を助長する可能性がある。したがって、そこから労働力概念、労働者概念を理解するための端緒は得られないといわざるをえない。

第2節　労働者表象とその評価メカニズム

前節では、マルクスの労働力商品概念の自己矛盾が彼自身の商品観に深く結びついていることを確かめた。そしてその過程をとおして、労働力概念が、商品体とその使用価値が切り離された商品、いわば権利型の擬制商品とかかわりをもつものであることがわかった。だが、それだけではやはり十分とはいえない。

筆者は前章で、資本主義的労働・生産体制への労働者の包摂と記号化に注目し、そこから労働者包摂論を資本・賃労働関係の成立・運営原理として提示した。これによれば、労働力は、事前的な所有概念ではなく、事後的な関係概念であり、また労働者は、資本主義的生産様式の枠内でしか成り立たない存在である。[*11] ただしそこでは、労働力商品論の論理を相対化することに重きが置かれていて、資本・賃労働関係を成り立たせる機制としての労働者表象について十分な検討が行われているとは言いがたい。それゆえ、本節ではその点について立ち入って考えてみることにしたい。

まずはマルクスの言葉を引用することから議論を始める。

われわれの将来の資本家のところに帰ることにしよう。われわれが彼と別れたのは、彼が商品市場で労働過程のために必要なすべての要因を、すなわち対象的要因または生産手段と人的要因または労働力とを、買ってからのことだった。彼は、抜けめのないくろうとの目で、紡績業とか製靴業とかいうような彼の専門の営業に適した生産手段と労働力とを選び出した。そこで、われわれの資本家は、自分の買った商品、労働力を消費することに取りかかる。すなわち、労働力の担い手である労働者にその労働によって生産手段を消費させる。（Marx[1890]:S.199）

ここでマルクスが注目しているのは、「生産手段」と「労働力」を等しく扱っている「資本家」の姿である。それらは各々「彼の専門の営業に適した」ものとして選び出される。ところで、「資本家」が凝視しているものは本当に「労働力」であろうか。「生産手段」であれば話はそれほど難しくない。「資本家」は、特定のモノが自分の「専門の営業に適した生産手段」なのかどうかに関しては誰よりもうるさい。そこでの資本投下（G－W）は、単純な商品流通における貨幣所有者の購買行為（G－W）と違って、専門性と専業性を要するものだからである。

それに対して、「労働力」においては、「資本家」の「抜けめのないくろうとの目」はさほど意味

＊11 小倉［2010］は、特に労働者の存在規定について次のような的確な指摘を行っている。「労働者が労働者としてあるのは、資本との依存関係において以外にはありえない。そして、労働者としてあるということは、資本にとって、資本のためにそこに存在するということである。この関係をも捨象して、労働者という存在があるということはできない。これが、人間が労働者となるときの自意識の根本にある」（29頁）。

をなさない。まず一見してその「労働力」が「彼の専門の営業に適した」ものなのかどうか知る術はないからである。たとえそれが比較的動的な労働・生産過程を要する「営業」であるとしても、人間の内なる身体的・精神的・感情的諸能力を基準とするのは限界があるし、またその判断がつねに正しいとも限らない。実際に比較的長期間にわたってその労働・生産過程を評価しない限り、その「労働力」自体が特定の「営業」に適したものなのかどうかはわかりにくいからである。

それに加えて、比較的静的な労働・生産過程を要する「営業」であるならば、話はさらに複雑になる。その場合、「資本家」は、その判断を自分の直感ないし直観に頼らざるをえない。それゆえ、そこで「資本家」が凝視するとされている「労働力」は、あくまでも潜在的なものといわざるをえない。つまり、いくら「資本家」が「抜けめのないくろうとの目」をもっていても、それは「資本家」自身の単なる主観的な思い込みにすぎないということである。マルクスは、「生産手段」とともに「労働力」を商品として仕入れる「資本家」を想定しているが、個々の「労働者」の「労働力」の程度は、「資本家」によってただちに把握されない。把握もできない対象を商品として規定することはまずありえない。

実際のところ、「資本家」は、マルクスの描写と異なり、「労働者」の発現態としての「労働力」の可能性を前提として「労働者」に一定の貨幣（資本としての貨幣）を投下しているのであって、「労働力」を商品として仕入れているわけではない。特にここで労働・生産過程に結びついているかどうかを問わないとすれば、引用文の「資本家」は、たとえば、一見あたかも足の速い競争馬をみつけることに夢中になっている馬券の買い手と類似しているといえなくもない。その場合、馬券の買い手は、「資本家」と同様に、競争馬の内なる潜在力としての馬力を直接みるのではなく、せいぜいその潜在力を孕んでいるとみなされる対象（競走馬）ないしはそれに関わる諸情報をみるだけである。いずれもそれ自身の潜在力（労働力／馬力）を発揮してくれると期待される対象（労働者／競走馬）に一定の貨幣（資本／賭け金）を投下することには変わりない。

「資本家」は、「対象的要因」としての「生産手段」と「人的要因」としての「労働者」に一定の貨幣を投下することで、それ自身の価値増殖過程を展開する。ただしその過程で、後者は前者のように、その自然的属性がそのまま商品体として売られるわけではない。その点で奴隷とは違う。貨幣評価の対象としての競走馬と貨幣評価の結果としての馬券が互いに分離されているように、貨幣評価の対象としての「労働者」と貨幣評価の結果として得られる一定の権利は分離されている。[*12]その意味では馬券は、前節の例の電車の切符とも性格を異にしているといわなければならない。要は当の権利から期待できる有用効果が事前に決まっているかどうかである。両者は、いずれも一定の権利を表象する擬制商品に属するが、馬券の場合には、買い手は、その所有によって提供されるはずの有用効果を事前に把握できないという問題を抱えている。

＊12　マルクスはこれを「剰余労働の吸収権」（Marx[1890]:S.286）と呼んでいるが、その種の権利は、後述するように、いわば他者を使役する権利に付随するものにすぎない

同様に、「労働者」に対する資本投下が資本自身の価値増殖にあたってどの程度の有用効果をもたらすのかを、「資本家」は知らない。「われわれの資本家が労働市場で買ったのは正常な品質の労働力である」[*13]とマルクスはいうが、それは「資本家」の単なる思い込みにすぎず、個々の「労働者」の「労働力」が「正常」かどうか一概にはいえない――しかも「正常」という基準自体も恣意的なものにすぎない。それにしても「資本家」にとってそれ自身の価値増殖のためには「労働力」が必要なわけだから、流通部面において「労働者」との交換関係を結ばなければならない。その際に、ある種の権利をめぐって、一方を「資本家」とし、他方を「労働者」とする商品交換関係が成り立つ。そこで前者は、後者を賃労働の担い手としてその労働・生産体制に組み込む権利を、また後者は、前者から一定の貨幣を賃金として支払われる権利を獲得することになる。

とはいえ、単にそうした擬制的権利をただちに商品として規定するだけでは十分ではないだろう――そのためには貨幣評価の対象となるものが必要だからである。たしかにそれは、馬券が競馬レースの結果によって支払われるはずの配当金の有無・多寡を表象するものであるのと同様に、「労働者」がそれ自身の「労働力」を発揮することによって生み出される剰余価値の大きさを表象するものといってよい。しかしながら、馬券の場合、電車の切符のように買い手に提供される有用効果は事前に決まっているわけではないが、個々の馬券の配当率は事前に決まっている。つまり、その買い手が獲得できるかもしれない配当金の倍率は事前に設計されており、競馬レースの結果は後になってそれを裏づけるにすぎない。結果（配当金）は事実上蓋を開ける前から決まっているのである。

これに対して、労働市場で売買される権利型の擬制商品――これをここでは他者を使役する権利、いわば労働使役権と呼ぶことにする――は、「労働者」の「労働力」の質と量はもちろんのこと、その発揮・発現によって生み出される剰余価値の大きさもいっさい保証しない。そこで「資本家」は、切符や馬券の売買におけるように、単に一定の擬制的権利を表象する商品体を直接買うのではなく、「労働者」に対する一定の貨幣評価をつうじてそうした権利を獲得することになるとみなされるのである。[*14] このように捉えれば、労働市場は、あたかも株式市場と類似しているといえなくもない。一般に株を買うというのは、当該株式会社を買うことをただちに意味しない。それは単に、株式会社に関わる一定の擬制的権利を表象すると同時に、株式取引をつうじて実現できる一定の売買差益《キャピタルゲイン》を保障する商品として取引される。

しかしながら同時に、「資本家」が獲得した労働使役権は、株券と違って転売ができない。この違いはどこから生じるのか。端的にいえば、それは、賃労働の担い手たる「労働者」それ自身が一人の個別者であることに起因する。貨幣評価の主体たる「資本家」は、個人や複数の個人の集まりであったり、組織や機関であったりするが、その評価対象となる「労働者」はつねに、一人の個別者である。[*15] それゆえにまた、労働・生産過程において「労働力」は、「労働者」によって発揮・発現される

＊13　Marx[1890]:S.210。
＊14　労働市場における商品交換の形式については、本書の第4章で詳しく論じることにする。

が、その過程が他者によって担われることは許されない。このような代替不可能性が資本・賃労働関係の特殊性をなす。「労働者」は「資本家」との関係において、一人の個別者として一定の貨幣評価を受けるのであり、また一人の個別者として労働・生産過程を遂行させられるのである。[*16]

そこで個別主体は、生身の人間としてではなく、記号化された一つの労働単位として労働・生産過程に組み込まれる。そうして個別主体は労働者になるが、それによって一つの系（労働記号）が閉ざされる。個別主体が労働者として労働・生産過程に参加することをやめない限り、その系は開かれない。労働者として存在するあいだに、個別主体は労働者として振る舞わなければならない。一人の労働者／一つの労働記号として振る舞う／機能すること、これが、一人の個別者が労働者になることであり、また労働者として存在することである。

ここでわれわれは、二つの要因が互いに結びついていることに気がつく。すなわち、一つは、個別主体（評価対象）に内在するある種の像としての労働者であり、もう一つは、資本（評価主体）によって求められる像としての労働者である。まず後者は、資本によって事前に構想され性格づけられた労働記号から反照される像としての労働者であり、また前者は、労働記号との適合度を考量する端緒としてその主体を主体たらしめる人格的社会的諸要因の総体である。

たとえば、運輸業資本家が一人のドライバーを労働者として雇い入れようとしているとしよう。そこでまず、資本家は、運輸労働という擬制的に記号化された労働単位を想定し、現時点において必要な労働単位——たとえば運輸労働1単位、会計・事務労働0単位、整備労働2単位等々——

を算出する。一つ一つの労働単位は、一人一人の個別者によって埋まる。その一人一人の個別者が、流通部面において資本家（買い手）の貨幣評価を受ける個別主体（売り手）である。

そこでドライバーになろうとするAさんとBさんがやってくる。運転能力や経歴・職歴だけでいうならば、AさんよりBさんのほうが優れていると資本家は判断している。だが、Aさんは内国人で、Bさんは外国人である。どちらを雇い入れてもさしたる問題はないが、Aさんと比べてみれば、Bさんはやはり意思伝達には限界があるということだけでなく、外国人ドライバーに対する乗客側の心理的抵抗感も資本家は無視できない。

さらにまた、この場合はどうであろうか。ファミリーレストランを運営する資本家は、一人のパートタイマーを調理補助員として雇い入れようとしている。そこでCさんとDさんがやってくる。Cさんは内国人で、Dさんは外国人であるが、調理補助は、きちんと教育しておけば特に難しいことはなく、またその主たる労働・生産過程も来客と接しないキッチン内で行われる。たしかにCさんは内国人ではあるが、Dさんを雇い入れる場合より高い賃金を支払う必要がある。

仮にここで、国籍を学歴や経歴・職歴、業績・実績、年齢、性別、印象、態度、話し方、人脈、

＊15　Marx[1890]:S.190、竹内［2021］：38−39頁。

＊16　ただしここでは、そうした労働・生産過程の担い手として、いわゆる工場労働者や日雇労働者などだけが労働者カテゴリーに入るわけではない。他方、「マルクス以来の伝統的な労働者像」の狭隘さについては、清水真志［2017］：2−10頁を参照されたい。

評判・社会的信用度、健康状態・身体的条件、前科の有無などの諸評価要素を入れ替えて別の例を挙げても事情はさほど変わらない。資本／個別主体が貨幣評価を行う／受けるにあたって、その対象になるのは人間の内なる諸能力の総体としての労働力そのものではない。そこで評価の対象になるのは、特定の労働記号にフィットできる個別主体の人格的社会的諸要因の総体である。つまり、資本は、投資家が該当株式会社に関する諸情報を考量して株を買うのと同様に、個別主体（評価対象）の人格的社会的諸要因を総合的に考量して労資使役権を買うのである。もちろん、賃労働は、相対的に複雑な諸要因――労働条件や労働環境など――のもとで行われるがゆえに、値上がり／勝馬と値下がり／負馬を見込むような株式市場／競馬レースに比べれば、考量すべき要因が決して少なくないが、そこで行われる貨幣評価（擬制的権利の売買）の論理自体は変わらない。[*17]

このように、資本は流通部面において、個別主体の人格的社会的諸要因の総体、つまり労働者表象に対して一定の貨幣評価を行う。個別主体の内なる労働者表象に対する資本の貨幣評価は、個別株に対する買い手の貨幣評価がそうであるように、固定したものではなく、つねに時代的かつ社会的拘束を受けることになる。ともあれ、それによって個別主体は、生産部面における記号化された労働単位（労働記号）と結びつけられる。投資家／賭博師が株券／馬券を買うことで、株価の騰落／競馬レースの結果によって獲得できる売買差益／配当金とただちに結びつけられるように、資本は、個別主体が労働者役を演じることによって生み出される有形・無形の諸結果とただちに結びつけられる。

労働者役を演じる個別主体は、たとえ労働・生産過程全般に対する事後評価や団結権をベースにした階級闘争などをつうじて、それ自身の賃金水準に一定の影響を与えうるとしても、一般に「労働の対象的諸要因の正常な性格は、労働者にではなく資本家に依存している」[*18]とするマルクスの見方からもうかがい知れるように、個々の労働記号に付与された性格自体は簡単に変えられない。個々の労働単位の事前的かつ事後的な記号化はひとえに、資本によって企画・修正・変更されるからである。そこで個別主体は、資本によって構想・設計された擬制的な労働記号に自分自身を結びつけることで、一つの労働記号としての役割をこなすことになる。[*19]資本のそうした期待を込めたも

＊17　しかし他方で、賃労働は、商品交換の形式においてそれら商品（馬券や株券）とはまったく相容れないものである。ここでは詳細は省くが、個別主体の内なる労働者表象に対する資本の貨幣評価から労働者包摂（資本のもとへの労働の形式的・実質的包摂）につながる一連のプロセスとそのメカニズムについては、本書の第4章で詳しく論じることにする。

＊18　Marx[1890]:S.210。

＊19　これについてHochschild[1983]は、次のように述べている。「この類の労働者の大部分は重要な決定権を持たないが、彼らは何らかの形で、決定を下した者の〈代行〉を務めることになる。単に姿や発言だけでなく、感情的にどう振る舞うかによって、彼らは企業の方針を象徴するのである」（178頁）。そこで「彼ら」が「労働者」として「振る舞う」ことについて、彼女は「変異（transmutation）」――これは、文脈によって「変異作業」や「変異システム」、「感情システムの変異」などで表現される――概念を用いる（同右、18–24頁）。ただし、それは「感情労働」に特化したものという点――しかしながら同時に、「感情労働」が「肉体、頭脳労働」と同様に「単純化」・「細分化」・「規格化」されつつあることが指摘されている（同右、138頁）――において、本章の問題意識とは多少違う。これについて詳しくは次節で述べることとする。

のとして、一定額の賃金が個別主体に支払われるが、その際の貨幣は、一方では個別主体の内なる労働者表象に対するある種の私的社会的評価額として、また他方では労働使役権の売買代金として現われるのである。[*20]

第3節　労働記号の枠にはめ込まれた存在

本節では、これまでの考察を踏まえて、労働者になるとはどういうことなのかについて論じる。流通部面において資本は、個別主体の内なる労働者表象に対する貨幣評価をつうじて労働使役権を獲得するが、それ自体は個別主体が資本に所有されることを意味しない。その点で労働使役権と労働者表象は、各々売買差益や配当金に関する権利および該当株式会社における意思決定に関する権利を表象する株券とそのデータや情報とに類似しているといえなくもない。資本にとってそれは、労働者が労働・生産過程において生み出す有形・無形の諸結果を自分のものにし、またそのために記号化された労働単位としての役割を労働者に演じさせる権利を保障してくれる。そこで労働者もまた、商品の売り手として一定の権利を保障される。したがって、それらは、「どちらも等しく商品交換の法則によって保証されている権利対権利である」[*21]といってよい。

資本家の手に入るそうした権利は、買い手が商品体を直接操ることで、一定の有用効果を享受できるような一体型の一般商品とは質的に異なる。まず労働力は、実体のない機制として現出する。いくら生体を解剖しても労働力は出てこない。いくら貨幣を解体しても一般的受領性が出てこないのと同じである。労働者表象は、個別主体の人格的社会的諸要因の総体、いってみれば潜在的可能性としての労働者であり、資本との関係において仮構された表象であって、それなしに単独でその存立を主張できるものではない。それゆえ、そのなかには性別や年齢などのように、一般に人為的な変更が難しい要因もあるし、学歴や経歴・職歴などのように、ある程度人為的に変更可能な要因もある。

個別主体は、意図的であろうとなかろうと、時間の経過とともにそれ自身の人格的・社会的要因を変更したり形づくったりする。調理師になろうとして調理師免許を取得しようとする早期退職者、外資系企業への就職を目指して海外留学を計画する大学生、儲け仕事として戦場に赴く元軍人の傭兵志願者、内国人に忌避される仕事を求めて海外に出稼ぎに行く移民等々。どの場合でも記号化された労働単位――調理労働、外資系事務労働、傭兵労働、低賃金労働等々――が先在する。個別主体は、調理労働や外資系事務労働のように、労働記号から反照される労働者表象を自力で形づくったり、あるいは傭兵労働や低賃金労働のように、すでにもっている自分の人格的・社会的要因を活用したりする。

＊20　賃金については、本書の第5章で詳しく論じることとする。
＊21　Marx[1890]:S.249。ただし、ここでマルクスのいう「権利」は、労働力商品をめぐる売り手と買い手の相異なる立場を表すものであって、本書でいう権利と必ずしも同じではない。

資本は、特定の労働者役をうまく遂行できそうな労働者表象の持ち主に資本投下を行う。そこで個別主体は、資本によって記号化された労働単位として特定の労働者役を演じることで、労働使役権という権利型の擬制商品の販売から得られる代金、つまり賃金を支払われる。それゆえに、個別主体は、意識的であろうとなかろうと、賃金が労働・生産過程において一定の役割を演じることに対するある種の期待金額であることを察知している。個別主体が資本の期待に応えられなければ、労働者役を演じる担い手としての適合度が問われる。その過程で資本の判断基準となるのは、労働記号である。[22]

資本は、個別主体が当該労働記号にフィットした労働者として振る舞っているかどうかをつねにチェックし、適切な指示・監督・評価を行う。一般に労働者が無断欠勤や無断遅刻をするのはよろしいことではないといわれるが、それはなぜなのか。「資本家は、労働力のたとえば一日分の価値を支払う」[23]とマルクスはいうが、純粋に「労働力」の使用時間が問題であるならば、働いていない時間分の「価値」を支払わなければそれですむ。あるいはその分もっと働かせればよい。さらにまた、協業・分業体制なので労働者一人がいなければ、仕事が回らないともいわれる。たしかにそうした面もある。だが、一定規模の企業組織ほど官僚制的性格を備えており、そのため仕事・作業の流れ自体が問題であれば、欠員発生による労働力不足は、対応マニュアルで管理・解決できる。問題の核心はそこにない。

彼が資本家の作業場にはいった瞬間から、彼の労働力の使用価値、つまりその使用、労働は、資本家のものになったのである。（Marx[1890]:S.200）

マルクスのこの言説は、逆にいえば、「彼の労働力」が「資本家の作業場」と結びついていなければ、「労働」は「資本家のもの」になりえないことを示唆する。[*24] 私にいわせれば、個別主体が労働記号に結びつくことによってはじめて「労働」は「資本家のもの」になる。いわゆる無断欠勤・無断遅刻は、個別主体と労働記号の結びつきがまだできていない状態を意味する。そのとき個別主体は、当然のことながら、労働者役を演じることはしないし、できない。資本が当の本人を解雇する場合——もし可能であれば——も労働記号は残る。開かれた状態の労働記号を、資本は第三者でもって埋める。そうして労働記号は再起動され、資本の当該営業が再開される。

個別主体は、労働者役を演じるために家を出るのであって、労働者として出勤しているわけではない。「彼が資本家の作業場にはいった瞬間」、つまり個別主体が労働記号と結びつくときにはじめて一つの労働単位としてカウントされる。一つの労働記号として演じることが期待される存在、い

＊22　この点については、本書の第5章で詳しく論じることとする。
＊23　Marx[1890]:S.200, S.208。
＊24　宇野［1973］：82頁。

いいかえれば、擬制的労働記号の枠にはめ込まれた個別主体を、われわれは労働者と呼ぶ。個別主体が労働者役を演じる際に発揮・発現される身体的・精神的・感情的エネルギーの総体がまさに労働力であり、またその一連の過程が労働・生産過程にほかならない。要するに、労働力は、労働・生産過程において労働者によって発揮・発現される実体なき現象であり、労働者役を演じる個別主体のすべての振る舞いが労働にあたるということになる。[*25]

これは一見、労働・生産過程における労働者の裁量を捨象してしまうようにみえる。たとえば、労働力商品論では、労働者は、労働力商品を盛り込んだある種のコンテナ、または他人の私的所有物（資本）をその所有者（資本家）に引き渡す際にとおるべきある種のパイプのような機能的で付属的な存在として対象化されている。それゆえそこでは、労働・生産過程における労働者の裁量は後景化される。たしかに労働者としての個別主体の振る舞いは、程度の差は多少あるものの、人為的であり作為的でもある。しかしそうだとしても、その振る舞いは、個別主体の内面から生み出されたものといわなければならない。たとえ労働者の労働・生産過程が資本の指示・監督・評価を受けて行われるとしても、労働力の発揮・発現過程において資本の介入は許されない。

ただしその過程で、労働者の身体的・精神的・感情的エネルギーがそれぞれ独立した能力として発揮・発現されるわけではない。感情労働（emotional labor）は一般に、身体・肉体労働、精神・頭脳労働に次ぐ第三の労働として扱われる傾向が強い。しかしここでは、そのような乱暴な分け方は採用しない。というのは、おもに身体的諸能力が必要な労働・生産過程においても当の本人の精神的諸能力は使われるし、その逆もまた同様であるということだけでなく、同時に感情といった心理的機制も労働・生産過程において必要不可欠な要因の一つとして発揮・発現されるからである。感情を前面に出すか、あるいは封じ込めるかなど、各労働記号によってさまざまな振る舞い方がありうるが、感情を封じ込める場合でさえ、当の本人の感情的諸能力がいる。[*26] 肝心なのは、身体か精神か感情かではなく、各労働記号に要求される労働者役をうまく演じるために、個別主体はそれ自身の諸能力を適切に管理・調整・配分していかなければならないということである。[*27]

＊25　清水真志［2018b］は、「流通労働と監督労働」を「労働の目的を設定する構想労働のバリエーション」として想定し、これらの労働の「演技的側面」――ひいては「全ての人間労働に具わる演技的側面」――について分析している。それによれば、「演技」は、「自分の外面を操作する」行為であり、また「演技力」は、「高等な構想力」である。ただし、本章でいう労働者の振る舞いは、個別主体が擬制的に仮構された労働記号と結合するにあたって、それ自身の身体・精神・感情の操作をつうじて汲み上げられるエネルギーの発現態であるという点で、清水のいう「演技」――この概念はやがて「価値表現に関わる商品所有者の本源的な労働」（清水真志［2019］：49頁）にまで亢進する――と必ずしも同じではない。

＊26　これについてHochschild［1983］：7頁は、次のように述べている。「この労働を行う人は自分の感情を誘発したり抑圧したりしながら、相手のなかに適切な精神状態――この場合は、懇親的で安全な場所でもてなしを受けているという感覚――を作り出すために、自分の外見を維持しなければならない」。ただしここでいう「感情労働（emotional labor）」は、「賃金と引き替えに売られ、したがって〈交換価値〉を有する」ものとして、とりわけ「私的文脈」で用いられる「感情作業（emotion work）」や「感情管理（emotion management）」と区別して扱われている。

そこにおける労働・生産過程は、自分と労働記号をフィットさせようとする個別主体の裁量権を前提として展開される。資本が労働者として振る舞う個別主体を教育したり励ましたりするかたちで動機づけるのは、労働・生産過程における個別主体の能動的で積極的な振る舞いを導き出すためである。それはいうまでもなく、剰余価値の増大に帰結する。個別主体を労働記号から物理的に分離すること、つまり解雇または異動は概ね、資本の判断によって行われるが、そうした状況を除けば、資本が当の本人の同意・同調なしに個別主体の能動的で積極的な振る舞いを期待することは難しい。

資本が個別主体の同意・同調を得ることなしに労働・生産過程を強引に推し進める場合には、多かれ少なかれ労働者側の反発を招くことになる。怠業《サボタージュ》や罷業《ストライキ》はその典型であろう[*28]。そうした事態は、労働者としての振る舞いが完全に個別主体の裁量に委ねられていることを傍証している。もちろん、労働者は、各労働記号に付与された性格・役割を勝手に変えたり改めたりすることはできないが、それ自身の内なる身体的・精神的・感情的諸能力を、どの程度発揮・発現するかを決めることができる。労働・生産過程における個別主体の裁量を、資本は決して無視できない。労働記号ごとに与えられる裁量の程度には相違があるが、一般的にいって資本は、裁量が少ないものを選好する。資本は、労働・生産過程における個別主体の裁量を最小限に抑えられる労働記号または労働記号にぴったり当てはまる労働者表象の持ち主を求める。特に後者であれば、一定の裁量が認められる労働記号でも容易に受け止められる。それはなぜか。その理由は、資本・賃労働関係自体が労働・生産過程を限りなく合理化・形式化する体制を所与の前提とするからである。その意味で労働記号は、資本・賃労働関係そのものの再生産を可能にする機制といえる。[*29] 個別主体への貨幣評価とそれに伴う労働使役権の獲得をつうじて、労働・生産過程を限りなく合理化・形式化する体制の枠内に個別主体をはめ込む一連のメカニズムを、前章では労働者の包摂と記号化との過程として捉えた。

その過程は要するに、資本に剰余価値の生産を可能ならしめる。周知のように、マルクスは『資本論』第1巻第5篇第14章「絶対的および相対的剰余価値」の冒頭において、「資本の直接的増殖手段の極印」が押された存在として「生産的労働者」概念を提示しているが、[*30] そこで彼が注目したのは、個別主体を労働者として道具化・手段化する資本の姿にほかならない。もちろん、マルクスのアプローチは、労働力＝商品という命題を前提としたものであるが、これまで検討してきたように、資本による個別主体の労働者化は、労働・生産過程を限りなく合理化・形式化する機制、つまり労働記号の枠内に個別主体を組み込まなければそもそもできない。

＊27　渋谷［2003］：22–43頁。
＊28　それに対して、「投資も再投資も拒否し、労働者を規律化する一手段として故意に失業をつくりだす」（Harvey[2014]：97頁）などの資本側のストライキもしばしば行われる。
＊29　他方で山口重克［1985］：141–146頁は、資本・賃労働関係の再生産にあたって「最も重要なものは労働者の主体性の処理の問題であろう」とし、「生産過程の内部での労働者の主体性の処理のための物的装置」に対する原理的分析を試みている。
＊30　Marx[1890]:S.532、小倉［1990］：49–54頁。

そうした道具化・手段化過程は、合理的で強制的な方式で行われるが、やはり貨幣なき生活を想像できない個別主体にとって、資本との関係形成・維持は妥協的であり、しばしば自発的でもある。その意味では、資本による労働者の包摂と記号化との過程は、労働記号への個別主体の妥協的で自発的な結びつきと、労働者に対する資本の合理的で強制的な道具化・手段化過程を包括するメカニズムといってよい。*[31]

資本が個別主体を労働者として包摂する究極の目的は、個別主体の労働力を価値増殖の因子（資源）として抽出することである。それ自身の回転力・耐久力・復原力から切り離された生産手段がありえないように、資本にとって労働者は、生命力ないしエネルギー源の定在、いってみれば、人間化された生産手段にほかならない。*[32]「機械としては労働手段はすぐに労働者自身の競争相手になる」*[33]のは、まさにそのためである。そこで資本はできる限り、価値増殖の因子としての労働力をより大量に、より迅速に、より確実に得ようとする。*[34] しかし当然ながら、労働者の内なる労働力は、いわば使い放題ではない。

労働者役を演じる個別主体は、生身の人間である以上、自分の労働力を復元・回復するための時間・期間を必要とする。物理的時間とともに、生活諸資料が労働力の復元・回復を可能にするが、いずれも労働力を復元・回復させるためのモノであって、純粋に生活のために必要なモノではない。個別主体の労働力の復元・回復過程は、最初から資本の価値増殖に方向づけられている。価値増殖と無関係な物理的時間・生活諸資料はそこに存在しない。ゆえに、労働者の休日や休暇は徹底的に、労働・生産過程に従属した時間・期間とならざるをえない。個別主体の労働力を復元・回復させなければならないためにやむを得ず与えられた時間・期間なのである。[*35]

したがって厳密にいえば、労働時間と生活時間の機械的な二分法――いわゆる仕事と生活の調和《ワーク・ライフ・バランス》――は、労働者にとっては必ずしも当てはまらない。というのは、そこでの生活は、生活のための生活というよりも、むしろ労働力を復元・回復して労働・生産過程に復帰するために必要な待機時間・期間だからである。しばらく空中に浮いている状態、いわば労働中止状態である。このような

＊31　これはまさに、清水正徳［1982］の言葉を借りていえば、「経済における人間関係の物化といわれる内実」（163頁）にほかならない。

＊32　マルクスが「資本が労働力の寿命の短縮によってこの目標に到達するのは、ちょうど、貪欲な農業者が土地の豊度の略奪によって収穫の増大に成功するようなものである」（Marx[1890]:S.281）というとき、彼自身は意図的であろうとなかろうと、「労働力」を「土地の豊度」（エネルギー源）と、また労働者を「土地」（その定在）と同一視している。そこで少なくとも労働力＝商品とする理論的構想は見当たらない。すなわちしたがって、「人間自身も、労働力の単なる定在として見れば、一つの自然対象であり、たとえ生命のある、自己意識のある物だとはいえ、一つの物である。そして、労働そのものは、あの力の物的な発現である」（Marx[1890]:S.217）ということになる。

＊33　Marx[1890]:S.454。

＊34　「不変資本、生産手段は、価値増殖過程の立場から見れば、ただ労働を吸収するために、そして労働の一滴ごとにそれ相当の量の剰余労働を吸収するために、存在するだけである」（Marx[1890]:S.271）。

＊35　荒又［1984］：4－5頁。

状態の時間は、生活時間ではなく、非労働時間と呼んだほうがよいであろう。非労働時間は、単に労働・生産過程を遂行していない時間ではなく、労働待機時間というもう一つの労働時間であり、いいかえれば他人のための時間である。資本は、人間社会の生産領域を把握することで、個別主体の日常世界を労働中止状態とし、同時に生活時間を非労働時間とする。

資本は労働者包摂をつうじて、個別主体の身体的・精神的・感情的エネルギー（生命力）だけでなく、個別主体が享有する物理的時間（生活）をも自分の射程内に収める。非労働時間において個別主体は、労働記号に縛られているわけではないし、それゆえ特に労働者役を演じているわけでもないが、それ自身の労働能力を価値増殖の源泉として提供するためには多かれ少なかれある程度の準備をしておかなければならない。そこでは、自分を当該労働記号にフィットさせようとする個別主体の自発性・自主性が動力源として働くと考えられる。自己管理や自己啓発などのいわば自己経営活動が個別主体の非労働時間において重要なテーゼになるのは、そのためである。

おわりに

労働者は一つの記号であり、また労働はその働きである。これが労働者の包摂と記号化についての考察から得た結論である。最後に、ここまでの内容を踏まえて、資本主義社会における労働の諸類型を大別してみることで、本章を締めくくることにしたい。

政治思想家ハンナ・アレントは著書『人間の条件』において、「三つの基本的な人間の活動力」、つまり「労働（labor）」、「仕事（work）」、「活動（action）」を各々「生命それ自体」、「世界性」、「多数性」に対応する概念として提示した。だが、資本主義社会においてはどのようなタイプの「活動力」であれ、人間が行うほとんどの行為は貨幣評価の対象として還元される。そこで特に資本によって評価される人間の行為を、本章では労働——いわば賃労働——として規定した。もはや自分の行為を規定する権限を、人間はもっていない。それはひとえに、貨幣の特殊な使用方法を体現した資本の主管に属するものだからである。それにより社会全体における人間行為の賃労働化が進む。

一定額の貨幣を前提として一定の労働・生産過程を担う・担わせる方式は、資本主義社会を動かす基本原理である。貨幣評価を受ける人間行為のなかにおいて、賃労働はその中心的カテゴリーをなしている。とはいえ、自分と無関係な要因や動因によって事前に枠づけられた一定の役割を演じるのは労働者だけではもちろんない。賃労働とそれ以外の労働とのあいだの決定的な相違は、端的にいえば資本の介入の程度にある。資本の論理に完全に飲み込まれない領域の労働は、マルクス経済学（そのうち特に原理論）ではさしあたり論外とされるが、賃労働と似て非なる類型の労働として資本主義社会を支えているといってよい。ここではそれを非・賃労働と呼ぶことにする。

非・賃労働の形態は多様であるが、その理由は、資本でないファクター、たとえば政府や機関、協会・連合会、組合、市民／宗教／非営利団体等々が雇い主になるからである。非・賃労働は、資本に従属した賃労働と同様に、その行為過程において一定の役割を要求されるが、資本の論理によって働かされるわけではないがゆえに、評価基準も各評価主体の存立根拠によって異なっている。したがって逆にいえば、資本の論理によって徹底的に把握することが難しい労働こそ、資本の浸透が進まず、非・賃労働の領域内に残ることになると考えられる。しかしながら同時に、資本は、この領域に対していわば部外者として直接的かつ間接的な影響を及ぼす。非・賃労働の領域は、資本の浸透が進んだ領域の周辺部にとどまる方式で、資本主義社会を下支えする。

それに対して、非・賃労働と異なり資本の介入が許されるが、賃労働のカテゴリーには収まらない領域も存在する。ここではそれを小生産労働と呼ぶ。独立自営農家や商家、職人、自営業者などのいわゆる小生産者とその労働がそれにあたる。[*36] さらにまた、賃労働と非・賃労働との両儀的性格をもつ領域もたしかに存在する。ここではそれを中間労働と呼ぶ。すなわちたとえば、電気／ガス／水道会社や鉄道／バス／タクシー／航空会社、新聞／通信／放送／出版社などがそれにあたる。中間労働の領域は、資本の原理だけにとどまらず、多かれ少なかれそれを超える原理、いわば公益性・公共性を帯びているといってよい。

もちろん、以上の範疇には収まらず、その辺境にとどまる領域もある。そこでは、貨幣を前提とせず、そのため労働と呼ぶにふさわしくない人間の活動・行為が想定される。ここではそれを非・労働と呼ぶ。家事やボランティア、手伝い、ケア活動などがそれにあたる。[*36] 非・労働は、貨幣を前提としないというまさにその理由で、資本の浸透に無防備にさらされている。資本は、この領域にもメスを入れて、これまである種の機制として働いていた文化・慣習・規範の原理を貨幣の原理に入れ替える。人間社会において欠かせない儀式や儀礼、行事、活動などは、今や資本の論理によって再規定される。こうした領域もまた、右記の諸領域とともに資本主義社会を支えるものではあるが、やはりそれらの辺境部に残存しつつ、徐々に消滅していくことになるのではないだろうか。

＊36　他方で小幡［2009］：104–105頁は、「非労働」を「休息や遊びのような」、「不定型な活動」として位置づけており、そのうえで、この領域——「育児・保育、医療・介護、教育・研究、社交・娯楽などの領域」——に対する「資本」の「浸透」について説いている（なお、小幡［2014］：64–65頁も参照）。

第4章　労働と契約

はじめに

本章は、資本のもとへの労働の包摂のメカニズムを解明するために、これまでのマルクス経済学においてなかなか光が当てられてこなかった契約という交換形式について考察し、それをつうじて労働記号の原理的な根拠を提示しようとするものである。

労働記号は、資本・賃労働関係を説明するための擬制的概念として、資本（家）の構想・設計によって記号化された労働単位を意味する。個別主体は、労働市場における労資関係の成立によって、労働記号にはめ込まれた存在、つまり労働者となる。その過程で個別主体は、それ自身の人格的社会的諸要因の総体としての労働者表象――いわば個別主体の内なる潜在的可能態としての労働者――の持ち主として、資本の私的社会的な評価を受けることで、賃金をその評価額（労働使役権の売買代金）として支払われる。すなわち、個別主体は、労働力の売買によってではなく、労働者表象の評価による労働使役権の売買をつうじて資本主義的労働・生産体制のもとに包摂される。いわゆる資本のもとへの労働の形式的包摂である。

しかしながら、こうした労資関係の成立過程は、一見不自然にみえる。というのは、評価（権利獲得）という行為と包摂（労働使役）という行為のあいだには埋めがたい溝があるからだ。資本は、評価という行為をつうじて個別主体を労働記号の担い手として包摂できない限り、労働者の労働・

生産過程を意図どおりにコントロールできない。従来の労働力商品論では、労働者の労働力を商品として捉えているがゆえに、いったん資本が買い入れた労働力商品をもって価値増殖過程を進めるという論理に矛盾は生じない。しかしそうはいっても、これまでみてきたように、労働者の労働力を商品形態として捉える方法が理にかなうとはいえない。資本のもとへの労働の包摂と労働者の労働力の発揮・発現とのあいだの因果関係を、労働力商品論は説明できないからである。

労働記号に戻ると、労資関係においては、馬券や株券のそれと違って、売買＝評価という形式は成り立たない。いうまでもなく、それは社会的存在としての労働者が一人の個別者であることに起因する。それゆえ、流通部面における個別主体に対する資本の評価行為と、生産部面における労働者の労働力の発揮、発現とのあいだの因果関係を説明するためには、売買＝評価とはまた違う理路を模索しなければならない。結論を先取りすれば、本章ではその理路を契約に求めている。[*1] 売買＝評価だけでなく、契約＝評価という形式が、マルクスの価格形態論、交換過程論の論理構造から導き出されうるというのが本章の主張である。それをつうじて、売買＝評価という単一の形式に基づく従来の商品交換モデルを相対化するとともに、労働記号の原理的な根拠を提示できることになろう。[*2]

本章では、以上のような問題関心に基づいて、次のような構成で議論を展開する。まず第1節では、交換形式についてのマルクスの議論から、従来の交換契約とは異なる条件契約を導き出すとともに、そうした二種の交換形式を商品交換の個別形式として位置づける。第2節では、条件契約の成立過程についての思考実験をつうじて、そのメカニズムを把握するとともに、労働記号の原型を提示する。第3節では、労働契約が条件契約の一類型としてもつ特性を理解し、その契約の履行過程が労働記号をつうじて展開されることを論じることで、労働契約と労働記号の関係をあきらかにする。本章の最後では、これまで考察した内容をまとめながら、資本のもとへの労働の真の包摂について述べることで、本章を締めくくることにする。

＊1　契約という交換形式はたしかに、商品交換に限って有効なものとはいえない。そのうち一般的なのが社会契約であろう。たとえば、柄谷［2022］：101–102頁は、ホッブズの社会契約論を引き合いに出して、次のように述べている。「普通、『恐怖に強要された契約』は無効とされる。しかし、ホッブズはそれも契約だという。〔中略〕つまり、このような契約は、服従すれば保護されるという関係を含意するものであり、一種の交換である。私はそれを交換様式Bと呼ぶ」。要するに「交換様式B」は、服従と保護の交換からなる「契約」である。これに対し、本章でいう契約は、市場経済における商品と貨幣の交換を意味していて、むしろ彼のいう「交換様式C」（商品交換）に該当するものといってよい。

＊2　他方で今村［1998b］は、人間欲望の観点から「労働の記号化」（149–155頁）について論じているが、厳密にいえば、そこでの「記号」は、シンボルであって、本章におけるコードとしての記号とはまた違う。さらにまた、今村［1998a］：149頁は、「近代においてのみ労働社会が成立したのと同様に、近代社会だけが契約社会なのである。労働の社会と契約の社会は、同じ社会の両面である」とし、「労働」と「契約」を繋ぐ橋（思想的契機）として「禁欲主義」を取り上げている。本章もまた同様の立場から議論を展開するものであるが、両者を繋ぐ橋（経済的契機）として労働記号を取り上げているという点で、その目的は必ずしも同じではない。

第1節　交換契約と条件契約

本節では、マルクス経済学においてこれまであまり詳細には検討されてこなかった契約概念について、商品交換のメカニズムの観点からその原理をあきらかにしようとする。そのためにまず、価格形態についてのマルクスの論説を引用することから議論を始めてみたい。

マルクスは、『資本論』第1巻第1篇第3章第1節「価値の尺度」で次のように述べている。

価格形態は、価値量と価格との、すなわち価値量とそれ自身の貨幣表現との、量的な不一致の可能性を許すだけではなく、一つの質的な矛盾、すなわち、貨幣はただ商品の価値形態でしかないにもかかわらず、価格がおよそ価値表現ではなくなるという矛盾を宿すことができる。それ自体としては商品ではないもの、たとえば良心や名誉などは、その所持者が貨幣とひきかえに売ることのできるものであり、こうしてその価格をつうじて商品形態を受け取ることができる。それゆえ、ある物は、価値をもつことなしに、形式的に価格をもつことができるのである。ここでは価格表現は、数学上のある種の量のように、想像的なものになる。他方、想像的な価格形態、たとえば、そこには人間労働が対象化されていないので少しも価値のない未開墾地の価格のようなものも、ある現実の価値関係、またはこれから派生した関係をひそませているこ

とがありうるのである。(Marx[1890]:S.117)

マルクスはここで、「価格形態」においては「価値量と価格」の「量的な不一致」だけでなく、「価格がおよそ価値表現ではなくなる」という「質的な矛盾」も生じうることを指摘している。まず前者は、実際の商品の「価格」が「人間労働」の物理的時間によって決まる商品の「価値量」から乖離することを意味していて、一見軌道から離脱したかのようであるが、「価格」のレベルではむしろそれが常態ですらある。これに対して、後者の意味は一見わかりにくい。「価値表現」の展開によって「価格形態」が成り立つことを考えれば、「価格がおよそ価値表現ではなくなる」というマルクスの言説は、矛盾のようにみえるからである。だが、それは決して矛盾ではない。マルクスの説明は要するに、「価格」と「人間労働」との結びつきが切れてしまうということである。それゆえ、そこでは「価値」と「価格」は乖離どころか、互いに無縁なものになってしまう。

このような「価格形態」における「質的な矛盾」は逆に、たとえ「商品」は「人間労働」によって形成される「価値」をもたなくとも、一定の「価格」をもちうることを示唆する。別の言い方をすれば、「人間労働」、「価値量」、「価値表現」によって組み立てられる、いわば価値形態論の論理構造と違って、ここでは「人間労働」は「価格形態」を生み出す唯一の因子ではなくなっている。マルクスはここで、「人間労働」によらず「形式的」な「価格」しかもっていない「商品」と、その展開としての交換過程とを認めているのである。マルクスによれば、「価格」のレベルでは二種類の「価格形態」が存在する。一つは、「価値」と「価格」が、一致不一致を問わず、互いに一定の関係を結んでいる形態であり、もう一つは、そうでない形態である。マルクスは、この後者のことを「想像的な価格形態」または「数学上」の「価格形態」と呼んでいる。

しかし、マルクスは、貨幣商品の数量によって表示される「価格」が「価値」からも、また「商品」それ自身からも自立して機能しうること――「観念的な価値尺度」[*3]――を説明するために、「想像的な価格形態」を取り上げているだけで、それ以上議論を進めていない。それはそれでよいが、せっかく二種類の「価格形態」を提示したのであれば、両者の交換過程を「現実の価値関係」として一括りにして片付けることは適切ではないように思われる。というのは、両者の交換過程では相異なるメカニズムが働いているからである。さらには、マルクスの分け方にも問題がないわけではない。そこでマルクスは、この「想像的な価格形態」に置かれる「商品」として「良心や名誉」、「未開墾地」を取り上げているが、前者は、後者と違って「人間労働」どころか、形象も形態もない。

たしかに「未開墾地」は、よく挙げられるリンネルと上着と同様に、「ある現実の価値関係」において「形式的」な「価格」をもって買い手に売り渡される。これに対して、「良心や名誉」はどうだろうか。「良心や名誉などは、その所持者が貨幣とひきかえに売ることのできるもの」であるとマルクスはいうが、それが果たして可能だろうか。〈良心を売る〉だの〈名誉を売る〉だのといったフレーズは、比喩的な表現としては存在するが、だからといってそこに論理的根拠があるかといえば、必ずしもそうではない——マルクスの不徹底さを指摘せざるをえない。要は「良心や名誉」は、「未開墾地」のように買い手に売り渡すことができない。もしそれが可能であれば、売り手の「良心や名誉」は、買い手の私的所有物になる。排他的で独占的な支配権が買い手の手元に入るということである。

だが、売り手がいくら自分の「良心や名誉」を売ろうとしても、それらが買い手の手元に入ることはまずありえない。たしかにこれらは、マルクスが述べているように、交換過程において「形式的に価格をもつことができる」。とはいえ、そこでは、「未開墾地」などのように、「良心」幾ら、「名誉」幾らという具合に交換が行われるわけではないだろう。要するに、「良心や名誉」には値札をつけることができず、したがってそれらが「形式的に価格をもつ」こともできない。「良心や名誉」と「未開墾地」は、「人間労働」が加わっていないという点では同じであるが、前者は「商品形態を受け取る」ことができないという点で後者と異なる。マルクスは、「人間労働」の有無によって二種類の「価格形態」を区分しているが、両者の質的な相違から、後者より前者のほうが「価格」においてだけでなく、交換過程においても「想像的」な形態をもっていることがわかる。

要するに、同じ「想像的な価格形態」であっても「形式的」な「価格」の付け方によって異なる交換過程を踏まざるをえないということである。では「良心や名誉」の交換過程とはどういうこと

＊3　Marx[1890]:S.118。

なのか。おそらくこういうことであろう。売り手が「良心」を捨てることを条件に、もしくは「名誉」が汚されることを黙認する条件（あるいは失われた「名誉」を取り戻してあげる条件）で、買い手から一定の「貨幣」を受け取ることである。こうした交換過程では、「良心や名誉」が直接売り渡されるわけではないが、だからといって「良心や名誉」が関わっていないわけでもない。だから〈良心を売る〉、〈名誉を売る〉という慣用句が生まれる。いずれにせよ、そこでは、「未開墾地」のような「商品」の交換過程とは相容れない契機、いわば条件という契機が介在するのである。

もちろん、「未開墾地」をめぐる交換過程においても、あれこれの条件が介在しないわけではない。そこでは地積や豊饒度、立地条件などがその条件をなしているからである。しかし、それらは、交換過程において事前的に満たされるもの――いわば事前条件――であって、「良心や名誉」の場合のように、交換成立の後に事後的に満たされるべきもの――いわば事後条件――ではない。というのは、「良心や名誉」をめぐる交換過程においては、「未開墾地」と違って、買い手（または売り手）が提示した条件どおり、売り手が行動を起こすかどうか、またその結果として一定の条件が満たされるかどうかを両者は知らないからである。「未開墾地」の交換過程では、現時点での所与の諸条件を受け入れるかどうかが交換成立の決め手となるが、「良心や名誉」の交換過程では、相手（売り手）を信頼できるかどうかが交換成立の決め手となる。[*4] こうした理由から、ここではさしあたり、前者のような一般的な交換過程と区分して後者の交換過程を契約と呼ぶことにする。

ここで交換過程論におけるマルクスの言葉を引用しよう。

これらの物を商品として互いに関係させるためには、商品の番人たちは、自分たちの意志をこれらの物にやどす人として、互いに相対しなければならない。したがって、一方はただ他方の同意のもとにのみ、すなわちどちらもただ両者に共通な一つの意志行為を媒介としてのみ、自分の商品を手放すことによって、他人の商品を自分のものにするのである。それゆえ、彼らは互いに相手を私的所有者として認めあわなければならない。契約をその形態とするこの法的関係は、法律的に発展していてもいなくても、経済的関係がそこに反映している一つの意志関係である。この法的関係、または意志関係の内容は、経済的関係そのものによって与えられている。ここでは、人々はただ互いに商品の代表者としてのみ、存在する。(Marx[1890]:S.99-100)

マルクスは、「自分の商品を手放すことによって、他人の商品を自分のものにする」一連の過程

＊4　Simmel[1922]：170-171頁は、貨幣経済における社会的要因としての信頼について、「人間の相互の信頼がなければ一般に社会が崩壊するように、〔中略〕信頼がなければ貨幣取引も崩壊するであろう」としつつ、そこには「超理論的な信仰の要素」が含まれていることを看破している。すなわちそれは、自分と相手のあいだ（の確実性ないし統一可能性）には埋めがたい溝があり、「信頼」こそがそれを埋めうるということである。「貨幣取引」において両者のあいだの溝は、本章の第3節で後述するように、いわば契約リスクとして現われたりするが、特に労働市場では相手（労働者）への「信頼」は、時間の経過をつうじて信任のかたちに発展する可能性を孕んでいるといえる。

を「契約」と呼んでいる。だが、全体の文脈からみる限り、ここでマルクスは、「物」同士の交換以外の交換過程を想定していない。それによれば、交換過程においては「彼らは互いに相手を私的所有者として」承認する必要がある。またこの承認過程では、商品交換をめぐる「自分たちの意志」が介入する。すなわち、両者の交換意志が「相手を私的所有者」としてみなす承認過程を可能ならしめるのである。それをつうじて「意志関係」＝「法的関係」を外核とし、「経済的関係」を内核とする交換関係が成り立つことになる。そこで前者の「内容」が後者によって与えられるのは、そのためである。[*5]

ただし、マルクス自身は特に言及していないが、交換意志の発現にあたっては、「未開墾地」のそれと同様に、「商品」における所与の諸条件の事前的な充足が前提にならなければならない。これらの条件は、「商品」と不可分の関係にあって、その程度は一般に両者の交換意志と正の相関関係にある。だが、すでに検討したように、「良心や名誉」の交換過程にみられるように、契約という形態をとる商品交換も存在する。そこでは、手放しうる「物」はもとより存在せず、事後的に満たされるべき条件そのものが商品化されている。マルクスは、両者が互いに「商品を手放す」ことを「契約」としているが、それはあくまでも商品交換が「私的所有」という擬制的装置によって成り立つ一種の「法的関係」であることを説明するためであって、条件の商品化の意味がそこに含意されているとは限らない。

そこでマルクスは、一定の条件を商品化する交換とその過程を想定していないがゆえに、交換過程における単一の「法的関係」を描き出しているが、それはおそらく、そうした交換様式が「人間労働」によって形成された価値の結晶体たる「商品」間の等価交換にそぐわないからであろう。周知のように、「商品交換は、共同体の果てるところで、共同体が他の共同体またはその成員と接触する点で、始まる」[*6]とマルクスはいうが、互いに自分の「物」を手放す形態の「商品交換」だけが「共同体の果てるところで」行われるとは限らない。そこでは、一定の条件を商品化する契約形態の交換も行われるからである。したがって、ここではそれぞれの交換過程の違いを明確にするために、一体型の一般商品と貨幣商品の交換を「交換契約」とし、契約形態の交換を「条件契約」と呼ぶことにする。

要するに、「共同体の果てるところで」行われる商品交換には二種の形態があり、交換契約と条件契約がそれにあたるということである。あえて両者を区分する理由は、後者の形態は、前者の一部を除けば「人間労働」による価値形成のメカニズムと無関係なもの――「想像的な価格形態」――として形づくられており、同時にまた、そこで両者はいずれも、交換の対象を特定できないからである。一定の条件を商品化するとはいえ、条件そのものが売り買いされるわけでもない。そこで条件は単に、事後的に満たす・満たされるべきものであって、事前的な形態をとって現われる交

＊5　交換過程と私的所有の関係については、青木［2021］：105–127頁を参照されたい。
＊6　Marx[1890]:S.102。

換契約のそれとはまた違う。いずれにせよ、こうした条件契約の「人々」もまた、交換契約と同様に、「商品の代表者として」現われ、「法的関係」と「経済的関係」からなる交換関係を形成する。

ところで、交換契約においては、売り手（商品所持者）と買い手（貨幣所持者）が「商品の代表者として」現われるがゆえに、商品または貨幣をそれぞれが手放すという形態の交換関係が成り立ちうるが、条件契約においてはそれが不可能である。そこでは、売り手は、手放しうる「物」をもっていないがゆえに、貨幣所持者だけが「商品の代表者」たりうる。こういうわけで、条件契約は一見、商品交換とは相容れないカテゴリーの経済的行為であるようにみえる。マルクスもそういうふうに認識していた節がある。だが、条件契約を商品交換のカテゴリーから排除することは適切ではないように筆者には思える。なぜなら、そこでは交換契約の「物」とはまた違う形態のモノが手放されるからである。条件契約のもとにおいて、一方ではモノが売り手から手放されると同時に、他方では貨幣が買い手から手放される、そういう交換関係が成り立つということである。

とすれば、条件契約において買い手に売り渡されるモノとは何か。これについて詳しくは次節に譲るが、さしあたりそれを〈X〉としよう。この〈X〉が条件でないということはすでに確認したとおりである。マルクスは引用文において、「商品の番人たち」の交換意志が一定の経済的な交換関係を成り立たせることを説明している。だが、各々の商品交換は、交換意志の発現にあたって異なる展開をみせる。すでに述べたように、交換契約では、「物」の所与の諸条件が交換意志の発現の程度を決めるが、条件契約では、もとよりそういう「物」が存在していないため、一定の条件を満たすための行動を直接起こす相手（売り手）に対する信頼度が交換意志の発現の程度を決める。前者では、「物」自体が選択の決め手となるが、後者では、人間そのものが選択の決め手となるのである。

したがってそこでは、相手の印象や振る舞い、話し方、評判、これまでの実績、他の人々との関係などが考量の対象となると考えられる。これらが判断基準となり、相手の信頼度が決まる。すなわち、条件契約では売り手が一定の条件を満たすための行動を着実に実行していく人物なのかどうかを、買い手は事前に判断する必要があり、そのため可能な限り売り手に関する諸情報を確保しておいたほうがよい。これに対して、売り手は、買い手から一定の貨幣を獲得するにあたって普段から高い信頼度を維持するか、事前に自分の信頼度を高めておくか、あるいは何らかのかたちで自分を信頼させる必要がある。そうでなければ、買い手との条件契約は成り立ちにくいだろう。「共同体」のメンバーでもない見知らぬ人間を契約の相手として信頼し、また承認することは決して容易ではないことだからだ。交換契約と異なる基準が求められるのは、そのためである。

それだけではない。売り手は単に、買い手から信頼を得るだけで終わりではなく、一定の条件を満たすための行動を着実に実行していくことを言明しなければならない。そこでそうした内容が成文化されるかどうかは二義的な問題である。肝心なのは、その過程が私的社会的な約束の形態をとってなされるということである。一定の条件が満たされる前までは、売り手も買い手もこの約束に縛られる。交換契約におけるように、目の前で「物」が「商品」として売り渡されるわけではないがゆえに、相手（売り手）が約束を履行する適任者なのかどうかを把握する必要があり、そのためその信頼度が問われるわけである。こうして、「商品」さえ確実に入手できれば、その売り手の信頼度はさほど問題にならないとされる交換契約とは相容れない展開がそこに生じるのである。

もちろん、条件契約の過程において買い手だけが売り手を契約の相手として選ぶわけではない。約束の履行の（準備の）ために相当な労力・時間・期間が必要な場合があり、その際は売り手が買い手を契約の相手として選ぶことに慎重になることが多い。同じ時間内に複数の「商品」を売り渡すことができる交換契約と違って、条件契約においては、一人の売り手が同じ時間内において履行できる契約件数は一つに限られる。さらにまた、売り手にとって買い手の支払い能力も考量の対象となる。この契約が私的社会的な約束の形態をとる限り、先払いでも後払いでも両者の中間形態でも構わないが、買い手の支払い能力に関しては、特に後払い（と中間形態）が問題になりうる。なぜなら、仮に約束の履行後に支払うべき貨幣を買い手が支払わない・支払えない場合は、結果的には、約束不履行となると同時に、不等価交換になるからである。

そこで売り手は、〈X〉の売買代金の全額または一部の損失を被ることになる。そうしたリスクを極力避けるために、売り手は、買い手の支払い能力に関する諸情報を確保しておいたほうがよいと判断するだろう。このことから、相手の信頼度をめぐる売り手と買い手の認識の違いが読み取れる。すなわち、買い手は、売り手の人格的要因を重視するのに対して、売り手は、買い手の経済的要因を重視する。条件契約の成立においては、その内容だけでなく、相手（人間）もその決め手となる。それゆえ、交換契約と違って「ここでは、人々はただ互いに商品の代表者としてのみ、存在する」とは限らない。というのは、そこで買い手は、契約を、「商品」をみて決めるのではなく、人間をみて決めるからである。逆に「商品」そのものが人間の「代表者」として現われるのである。

以上、本節では二種の「価格形態」のうち「想像的な価格形態」に着目し、そこから「人間労働」とも、また一般的な「商品形態」とも無縁な「商品形態」を析出すると同時に、マルクス交換過程論を引き合いに出して二種の商品交換、つまり交換契約と条件契約をそれぞれ導き出した。こうした作業をつうじて、交換契約のみを、いや交換契約そのものを商品交換として同定してきた、従来のマルクス経済学のアプローチを相対化しようとした。次節では、本節の議論をさらに推し進めるかたちで、条件契約に作用するメカニズムをあきらかにするが、そのための方法として思考実験を行おうとする。そうして、条件契約の成立とその展開が描き出されること、またそこで本書のメインテーマである労働記号の原型なるものも自ずと明確になることが期待できるだろう。

第2節　労働記号──その原型と変容

商品交換は一般に、商品と貨幣の交換を意味する。その場合、売り手側では貨幣が等価物となり、また買い手側では商品が等価物となる。一旦両者の交換意志を前提にして等価物が提供されるならば、それは等価交換といいうる──その場合何をもって等価として捉えるかという問題についてはここでは問わない。だが、たとえばAさんの物品Aを地点Xから地点Yまで運ぶという条件で、Aさんが Bさんに一定額の貨幣を提供するとしてみよう。この場合、等価物になるものは何か。そこでAさんの貨幣がBさんにとっての等価物として提供されるということは、容易に理解できるが、Aさんに提供される（はずの）Bさんのモノを特定することはさほど容易ではない。Bさんは、Aさんの代わりに物品Aを運んであげただけで、特定のモノをAさんに直接提供しているわけではない。

もちろんそこでは、物品Aを地点Xから地点Yまで運ぶ行為、つまりBさんの労働がAさんに提供されるのだといえなくもない。いいかえれば、Bさんの労働そのものがAさんにとっては等価物になるということである。ところで、Aさんの貨幣とBさんの労働は本当に交換されうるのか。Bさんにとっての等価物であるAさんの貨幣は、交換関係の成立によってBさんの私的所有物となり、そこでBさんは、それに対する排他的・独占的な私的所有権を得ることになる。これに対して、Aさんはどうだろうか。Aさんは、Bさんの労働を等価物として提供されるとはいえ、そうした行為そのものを私的所有物として提供されるわけではない。いくらBさんの行為がAさんのために行われるとしても、それを直接支配し、コントロールするのは、Bさん自身であって、Aさんではないからである。

また他方で、Aさんの貨幣に対して提供されるものは、Bさんの労働（物品Aを物理的に移動させる行為）によって享受される有用効果なのだともいえそうである。だが、一方の貨幣に対して他方の有用効果が提供されるという論理もどこか不自然に思える。なぜなら、貨幣は、物品Aを地点X

から地点Yまで運ぶという一定の条件に対して提供されるものであって、そこから得られる有用効果に対して提供されるものではないからである。すなわち、有用効果は、条件充足によって得られる期待値であって、条件そのものではない。そのためそれは、交換過程ではなく、消費過程に結びついている。これは、交換契約において一方の貨幣は、他方の商品が等価物として提供されるという条件下で支払われるわけで、その商品から享受されるはずの有用効果に対して支払われるわけではないのと同様である。

そうだとすれば、Aさんの貨幣に対するBさんの等価物とは何か。結論を先取りすれば、それは一定の条件を要求できる権利（right）である。しかしながら、それは同時にBさんに一定の義務（duty）を与える。[*7] 具体的には、Aさんの要求に応じるべき義務である。たとえば、Aさんの貨幣に対してBさんの労働が行われていないか、あるいは不十分なかたちでしか行われていない状況——たとえば半分の距離しか運んでいない場合など——を考えてみよう。その場合、Aさんは、Bさんの義務の不履行／不完全履行に対して異議を申し立てる（claim）ことができるし、またそうするだろう。Aさんがそうした主張を展開するのは、結果的にBさんの義務が履行されていないから

＊7　前章ではこの種の権利（権利型の擬制商品）を労働使役権と名づけた。本章ではその売買過程においてとられる交換形式（条件契約）に注目した。詳しくは次節に譲るが、条件契約は，資本・賃労働関係において労働契約のかたちをとって現われるというのが本章の骨子である。なお、商品交換における権利と義務の関係については、拙著『貨幣の原理・信用の原理』第2章第4節を参照されたい。

である。そこでAさんが、騙された、奪われたなどといった負の感覚から抜け出ることは決して容易ではない。

一般に略奪や強奪、詐欺などの行為によって、他者のモノが自分に提供されないか、もしくは自分のモノを他者に提供しない・しえないなどの問題が発生する。この意味でそうした行為は、他者とのあいだの形式的平等性を損なうものにほかならない。ところで、商品交換においてなぜそれが問題になるのか。たとえば両者が人格的関係を結んでおり、また物品Aの物理的移動に対するBさんの約束があった場合、たとえその履行がなされていないとしても、両者のあいだの形式的平等性は損なわれないと考えられる。というのも、そこではじめから等価物を求めていないがゆえに、Bさんの約束は、Aさんの要求に応じるべき義務にならない。そこでは、単にBさんに対する信頼や評判が損なわれるだけである。

これに対して、商品交換では、一方の商品と他方の貨幣はいずれも、他者の等価物を前提として提供されるものである。そこで商品なき貨幣の提供ないし貨幣なき商品の提供はありえない。すなわち、両者はもとより、相互依存的な関係をもっており、それが両者の形式的平等性を基礎づける——ただしこれは両者の実質的平等性を意味するわけではない。先ほどAさんにとっては一定の条件を要求できる権利が、またBさんにとっては、いわば社会的質権としての貨幣が各々等価物として提供されることを述べたが、このことから商品交換は、既存の権利の放棄による新しい権利の獲得を試みるある種の社会的行為であることがわかる。そこでAさんは、貨幣に対する権利を放棄し、一定の条件を要求できる権利を獲得する一方、Bさんは、その条件に応じる義務を負うかたちで、貨幣に対する権利を獲得するのである。

だが、こうした説明にも若干の補足が必要であろう。なぜなら、商品交換関係において等価物の提供がなされるプロセス自体は、等価物の提供がなされる一連のメカニズムを説明するものではないからである。他者に等価物を提供／要求することは、その他の関係ではなかなかみられない。人間相互間の紐帯を基盤とする人格的関係においても、しばしば等価物並のモノ——厳密にいえば等価物でもないが——が提供されたり、要求されたりしうるが、それはある意味で人格的関係の維持という次元でなされるものであって、一定の権利に対応するものとは言いがたい。さらにまた、法的関係においても類似した行為がみられるが、それはあくまでも特定事案に対する措置ないし解決の一環としてなされるものであって、商品交換におけるように等価物自体が行為の原因（目的）となっているわけではない。

右記の例において一定の条件を要求できるAさんの権利は、形象も形態ももっていないがゆえに、それを具体化することはそもそもできない。そのなかでAさんには一定の権利があるといえる根拠は、端的にいえば自分がBさんに一定の条件を要求できる立場に立っているというAさん自身の身体実感以外にはない。つまり、Aさんにとってそれは明示的な権利としてではなく、不透明な身体実感として認識される。AさんがBさんの義務の不履行／不完全履行に対して異議を申し立てられるのもまた、Bさんの行為自体がその身体実感に反するものだからである。もちろん同じことはB

さんについてもいえる。なぜなら、Bさんもまた、自分がAさんの要求に応じるべき立場にあるという身体実感を得ているからである。そこで両者は各々、一定の権利（擬制）に結びついた身体実感と、一定の義務（擬制）に結びついた身体実感とに縛られることになる。

こうした身体実感の拘束力は、Aさんにとっては一定の条件の達成を促す力として、またBさんにとってはその義務の履行を実現する力として働く。そこで両者のあいだにはある種の力関係が形成されると考えられる。Aさんが上位者となり、またBさんが下位者となるようなこの力関係は、両者の相異なる身体実感に基盤を置いている。この関係において両者の同量の力（同じ程度の身体実感の拘束力）から形式的平等が成り立つが、同時にまた両力の相異なる方向性（Aさんの攻勢的な立場とBさんの守勢的な立場）から実質的不平等が成り立つ。両者の拘束力として働く身体実感は、一定の条件が達成されると同時に、その動力を喪失することになり、その内容における実質的不平等を前提とする形式的平等関係（商品交換関係）もリアリティを喪失することになる。

このように商品交換は、既存の権利の放棄と新しい権利の獲得からなる一連の社会的過程を、両者のあいだに力関係を設定する方式で片付けるという特徴をもっている。[*8] ただしこの力関係は、一方的かつ強制的なものではなく、相互依存的なものである点で、略奪や強奪の関係とは相容れない。略奪や強奪の場合はそもそも両者の形式的平等性が成り立ちえないからである。それに対して、商品交換関係では、たとえ両者のあいだに実質的不平等があるとしても、それは一時的で限定的なものである。それゆえ、そこでの力関係は、権利の移転という社会的必要を処理するために擬制的に設定されたものにすぎない。そこで両者は単に、相異なる一定の役割（擬制的状況）を演じる。すなわち、一方でAさんは、一定の条件の達成を促す上位者役割を演じ、また他方でBさんは、その義務の履行を実現する下位者役割を演じるかたちで、相互依存的な力関係を形成する。

ところで、両者が相互に依存する過程がつねにバランスをとって展開されるとは限らない。というのは、両者に与えられる役割の果たし方自体は、行為主体である各人の行動様式や感情状態、思考、力量などによってばらつきが生じるからである。たとえば、Aさんは、物品Aを地点Yまで運ぶ時間の短縮をBさんの力量以上に要求したり、多少危険なルートを強いたりすることがありうる。両者の関係において上位者たるAさんの無理がとおることもあるが、Bさんの拒否によって交換関係が最初から成り立たないか、あるいはどこかで折り合いがつくことによって交換関係が成り立つこともありうる。両者の関係は、共同体の枠を超えるという意味では社会的《ソーシャル》であるが、同時に行為主体以外はそこに介入できないという意味では私的《プライベート》である。[*9]

＊8　他方で柄谷［2022］：103–106頁は、「社会契約」について次のように述べている。「それ〔＝「社会契約」という「ある種の交換」の成立によってもたらされる「力」：引用者〕は主権者に、命令する権利を与えるだけでなく、臣民の要求に応じる義務を課する」。このことから、力関係の設定を伴う権利義務関係の成立は、契約という交換形式の本然の性質であることがわかる。そこで柄谷は、その「力」を「貨幣の生成」と結びつけて議論を展開しているが、同じことが商品交換の成立についてもいえるであろう。

同じことはBさんについてもいえる。すなわち、Bさんは、わざわざ道草を食ったりして、Aさんが期待・要求していた時間をはるかにオーバーすることがありうる。こうした意味で、Aさんによる権利の行使とBさんによる義務の履行とが、バランスのとれた過程として進められない可能性は十分ありうるといってよい。そこで特に問題になるのは、Bさんの義務の果たし方である。というのは、その過程で、Aさんの個人的な満足度と無関係に、等価交換自体が結果的に成り立たないことがありうるからである。仮にBさんが義務の履行過程で物品Aを紛失・破損したり、地点Yでないところ（たとえば地点Z）に運んだりした場合、一定の条件に応じるべきBさんの義務が履行されていないことになり、結果的に等価交換は成り立たなくなる。

もちろん、Aさんの無理な要求によってBさんが身体的・精神的・感情的なダメージを被ることもありうる。だがこれは、商品交換に直結する問題というより、あくまでもAさん自身の人格的かつ倫理的次元の問題にすぎない。だからといって、Aさんの要求に制限がないというわけではないが、Aさんのそれは基本的に、Bさんから得た権利（等価物）に結びついているものであって、等価交換の不成立を結果としてもたらすようなものではない。それゆえ、両者の関係においてBさんの義務の果たし方のほうがAさんのそれより決定的かつ根本的な意味をもつ。この限りにおいて、そうした関係の質的完結を実現するカギはBさんがもっているといえる。そこでAさんは、自分の条件・要求を効率的に達成するために、上位者役割を積極的に果たすだけである。

ところで、Aさんがいくら上位者の地位に立っているとしても、自分の意図どおりにBさんの義務の果たし方そのものを統制することはできない。というのも、それを統制できるのは、Bさん自身の意志だけだからである。Aさんが上位者の地位に立つのは、一定の条件を要求できる権利においてであって、それ以上ではない。すなわち、Bさんによる義務の履行過程の場面では、Bさん自身がいわば主権者の地位に立たされる一方で、Aさんは単なる部外者の地位に立たされることになる。それゆえ、Aさんは、Bさんの義務の果たし方に対してあれこれ要求することはできても、それを直接統制する権限（力）をもっていない。それに対して、Bさんは、Aさんの期待をいっさい無視することはできないが、だからといってすべての要求を受け入れるべき義務を負っているとも限らない。

Aさんによる権利の行使とBさんによる義務の履行において上下の構図自体には変わりないが、その履行過程では主権者のBさんと部外者のAさんという内外の構図が成り立つ。両者は、前者ではタテの関係性をもっているが、後者ではヨコの関係性をもっている。特に後者において、Bさんの行為過程が、ひとえにBさんの意志によっているが、同時にAさんの条件を意識して行われる点、またAさんの権利の行使過程が、自分の要求に他者を従わせるものであるが、実際にBさんの行為

＊9　これについて竹田［2001］は、次のように述べている。「契約はミクロ・レベルで必要に応じて自在に社会関係を創設し、それを他の社会関係やコンテクストから切り離す技術であり、社会の市場化の原動力となる」（77頁）。また同時に、それは社会の個人化の原動力となるともいえるだろう。

過程に直接介入することができない点からすれば、両者はヨコの関係を形成しているといえる。そこでは、AさんがBさん固有の権限に手を出すことができないし、またBさんがAさん固有の権利に手を出すこともできないという意味で、両者の関係はバランスのとれたものといってよい。

しかし同時に、そうしたヨコの関係は、上位者と下位者からなるタテの関係の枠内で成り立つものであって、それ自身に由来する自立的なものではない。それゆえ、Bさんの行為過程へのAさんの要求（介入）は、Aさんにとって自分の権利の行使過程の一環として受け止められる。だが、それにしてもAさんの介入は、あくまでも間接的かつ形式的なものにすぎず、それを自分の権利と同定するのは、ある意味で越権行為になりうる。たとえば、1日以内で地点Xにある物品Aを地点Yに運ぶというAさんの条件さえ達成できれば、Bさんが道草を食おうが、回り道を選ぼうが、Aさんにとって何ら問題ではないし、たとえ問題を提起したとしてもそれが認められないどころか、そもそもBさんにはそれを認めるべき義務がない。それはBさんの権限を無視する越権行為だからだ。

このようにAさんの権利は、その条件に対するものであって、その条件の満たし方に対するものではないことがわかる。とはいえ、すでに確認したように、Aさんが後者への介入を断念するとも思われない。タテの関係においてAさんは、意識的であろうとなかろうと、つねに上位者として振る舞っているからである。そこでAさんは、Bさんの行為過程への直接的な介入がもとより不可能であることから、間接的な介入を試みる。それはいってみれば、事後介入ではなく、事前介入である。そこでAさんは、物品の運び方や道の決め方などといった義務の果たし方自体を事前に枠づけて、Bさんにあれこれの内容を要求することができる。これはAさん固有の権利行使の一環として、Bさんの行為過程と同様に他者の介入が許されない。今度はAさんが主権者となり、Bさんが部外者となる。

もちろん、Aさんが事前に提示した内容どおりにBさんが動かない可能性も十分ありうる。たとえば、BさんがAさんに要求された内容の一部だけを受け入れたか、あるいはほとんど受け入れずに自分の判断どおりに動いた場合、それに対してAさんは問題を提起することがありうるが、物品Aが条件どおりに運ばれたならば、BさんがAさんの権利を損なったわけでも、等価交換が結果的に成り立たなかったわけでもない。というのも、義務の果たし方に関してはBさんが主権者だからである。Aさんは、多かれ少なかれBさんの行為自体に一定の制限ないし制約をかけることができるが、Bさんがその内容どおりに動いてくれるとは必ずしも限らないという点で、事前介入もまたやはり一定の限界を抱え込んでいる。したがって、事前介入の形態を維持しつつも、同時にその限界を乗り超えるのがAさんの当面の課題となる。

そこでたとえば、地点Yまで固定したルートを走るか、あるいは特定のルートしか走れない運送手段Aをあらかじめ準備しておくならば、Aさんは事前介入の限界をある程度乗り超えられると考えられる。そこでBさんは、Aさんの運送手段Aを操作して物品Aを地点Yまで運ぶことになるが、その過程でその行為は大きく制約されてしまう。特に物品の運び方や道の決め方などにあたってBさんの判断そのものは意味をなさない。というのは、運送手段Aの登場によってBさんの判断がその行為過程に介入する余地はもとより遮断されてしまうからである。Bさんにできるのは、最初から決まった一定の枠内で自分の個性を発揮することぐらいである。そうして、Aさんは、結果的にBさんが行為過程において主権者として振る舞える範囲を縮小させることになる。[*10]

ただし、こうした条件を満たすためには、中長期的で継続的な商品交換関係が求められる。一時的で単発的な商品交換関係では、Aさん（買い手）ではなく、むしろBさん（売り手）の運送手段が用いられる。運送サービスを提供するビジネスでも営まない限り、Aさんが生活必需品より比較的高額な耐久消費財を運送手段として保有しておく必要はまったくないからである。宅配業や引越し業、タクシー業など、売り手によって提供される一定のサービスを顧客（買い手）として利用する場合がそれに当たる。これに対して、AさんがBさんに一定の条件を持続的に達成させる必要がある場合、自前の運送手段AがBさんの行為過程と結びついた生産手段として与えられる。そこでBさんは、Aさんの生産手段と歩調を合わせた行為、つまり労働を求められることになるのである。

以上、本節では、条件契約の成立とその展開についての思考実験をつうじて、商品交換関係の原理から労働記号の原型が導き出される過程に立ち入って検討し、労働記号が買い手の身体実感に結びついた要求・期待・条件の形態として現出することをあきらかにした。買い手は、ヨコの関係（行為過程）では部外者であるが、タテの関係（交換過程）では上位者として位置づけられているがゆえに、多かれ少なかれ売り手の行為過程に介入したりする。買い手が抱える事前介入の限界は、生産手段の登場によって打開されうるが、そのために買い手は、売り手との中長期的・継続的な商品交換関係を結ばなければならない。その過程で買い手の条件は、単なる要求・期待・条件のかたちを脱皮し、売り手を実質的に包摂するある種の装置として徐々に変容していくのである。

第3節　労働契約と労働記号

本節では、これまでの考察を踏まえて、資本主義的労働・生産過程が契約＝評価の履行過程として展開されることを論じることで、労働契約と労働記号の関係をあきらかにする。

たとえば、Aさんが一定の作業や仕事、課題、業務などを前にしてそれを片付けようとする場合、自分の労働力を発揮するか、人格的関係にある誰かに頼むか、あるいは見知らぬ第三者に任せる必要がある。そこでもし最後の案を選ぶならば、Aさんは、買い手として売り手と一定の条件契約（契約＝評価）を結ばなければならない。それによって買い手の問題は一旦片付けられるが、再び第三者に任せざるをえない状況に直面することになると、買い手は、売り手との新たな条件契約を進

＊10　生産手段の導入による労資関係の変化について、マルクスは次のように描写している。「機械はまた資本関係の形式的な媒介すなわち労働者と資本家とのあいだの契約をも根底から変革する。〔中略〕ところが、今では資本は未成年者または半成年者を買う。以前は、労働者は彼自身の労働力を売ったのであり、これを彼は形式的には自由な人として処分することができた。彼は今では妻子を売る。彼は奴隷商人になる」（Marx[1890]:S.418）。

めなければならない。だが、このような単発的で断続的な交換関係を繰り返し結ぶだけでは、買い手は、売り手の労働・生産過程において提供されるはずの有用効果を持続的で恒常的なかたちで享受できないという限界に突き当たることになる。

そこで買い手は、売り手との中長期的・継続的な商品交換関係を結ぼうとする傾向をもつことになろう。だが、そうした関係のもとにおいても問題が生じないわけではない。すでに検討したように、単なる条件契約――以下ではこれを略して単純契約と呼ぶことにする――では売り手は、買い手の約束の履行方式を統制することができないからである。結局のところ、労働・生産過程そのものを形式化・体系化しない限り、買い手は、売り手のその働き方を統制することができない。たとえば、買い手が一定の生産手段を導入して、その労働・生産体制を大規模化していくことになると、売り手は、さしあたり生産手段が設置・配置されている労働・生産の場に現われなければならない。そこでは、いわば出勤の方式で売り手に対する形式的包摂が可能となる。

さらにまた、売り手は、生産手段という機械装置のリズムに歩調を合わせて自分の身体的・精神的・感情的諸能力を適切に発揮しなければならない。これによって売り手に対する実質的包摂も同時に可能となる。労働・生産体制の大規模化によって大規模な人員が買い手と条件契約の一類型としての労働契約を結んだ働き手として集まってくる。そこで買い手は、個々の働き手を一つの集団として管理し、その労働・生産過程を直・間接的に指揮・監督しなければならない。管理・指揮・監督する買い手と、される売り手とのあいだにある種の支配・従属関係が成り立つ。そうして、両者のあいだにいわば労資関係が形成されるのである。労働契約において上位者役割を果たす買い手は、管理者・指揮者・監督者の地位に立ち、また下位者役割を果たす売り手は、労働者の地位に置かれることになる。

だが、労資関係のもとでは、労働契約の約束履行における売り手の裁量権は多かれ少なかれ形骸化されざるをえないが、他方で資本家（ないし資本）の統制力はその分強化される。単純契約における売り手と買い手のあいだの形式的平等性は、ここではもはや意味をなさない。このことは、労働記号が売り手に対する買い手のあれこれの要求のかたちをとる単純契約と違って、労働契約では労働者を生産手段に直接結びつける実践的な契機として現われることを示唆する。単純契約では売り手は、買い手の要求に対する受け入れ方を自ら決める。買い手の不当かつ過剰な要求があった場合、売り手は、最初から断るか、一部だけ受け入れる（ふりをする）かを自分の判断と意志で決めることができる。こうした意味で両者に与えられる選択の自由は、形式的平等性に起因するものといってよい。

これに対して、労働契約では売り手は、最初から断ること、つまりその買い手のもとで働く労働者にならないことを選択できるが、一部だけ受け入れる（ふりをする）ことはできなくなる。もちろん、売り手がそれを最初から断りうるからといって、断り続けることができることを意味しないが、それについてはここでは触れない。売り手が買い手の要求を一部だけ受け入れる（ふりをする）ことができないのは、労働契約では売り手は労働記号に縛られるからである。すでに前節で述べたように、生産手段の登場は、売り手の行為過程に対する買い手の事前介入の限界を乗り超えさせることで、前者の行為過程に対する後者の統制力を質的に向上させる。それにつれて、あれこれの要求のかたちで行われる買い手の事前介入もまた、徐々に定型化・標準化されることになる。

前節の例を再び挙げれば、Aさんが運送手段Aを生産手段として仕入れて、それをもってする労働（運輸労働）を見知らぬ第三者に任せようとする場合、ひとまずその候補者が運送手段Aをうまく操作できる人物なのかどうかを把握しなければならない。いわば資格や経験の有無が問われるのである。また条件契約では、すでに検討したように、相手の信頼度が契約成立の決め手となる。いくら経験豊かな資格持ちの候補者であっても、信頼度に直接影響する諸要因が基準を満たさない場合は、労働契約は成り立ちえない。候補者の約束履行に伴う有用効果が資本家に提供されるのは、労働・生産過程においてであって、労働市場においてではないからである。売り手の人格的要因が契約成立の決め手にならない交換契約と対照的なのは、そのためである。[*11]

たとえば、運送手段Aを操作し、物品をある地点から他の地点まで運ぶことを内容とする条件契約における条件は、一日何時間かの労働過程をつうじて事後的にしか確認できないものであって、交換契約における商品の現在の状態としての条件（事前的なもの）とは相容れない。資本家は、そうした条件を見事に満たしうる適任者をイメージし、求める。そのイメージ、いわば労働者像に合致した適任者を労働記号の担い手として選ぶだろう。労働契約が単発的で断続的なものでない限り、その担い手を適当に選ぶわけにはいかないからである。そこで労働記号は、一方における一定の労働者像と、他方における資本家のあれこれの要求・要件――労働者の労働・生産過程に対する資本家の事前介入――が組み合わさって形成される。想像的なもの（労働者像）と現実的なもの（要求・要件）が労働記号をなすのである。[*12]

たしかに労働記号は、労働・生産過程の現実的な条件から形づくられるとはいえ、資本家の頭のなかにしか存在しないものである。特に労働者像には、現実的な要求・要件と違って、多かれ少なかれ資本家自身の主観やバイアス（先入観・偏見）が介在する。労働市場におけるある候補者に対する個々の資本家の評価は、それぞれ異なったりするが、それは個々の資本家がもっている労働者像の違いに起因する結果にほかならない。そこで同じ労働・生産条件を備えている他の資本家を想定しても結果は変わらない。条件契約の買い手たる資本家が生身の人間である以上、同じ要素・要件に対しても、どの程度のウェイトを置いて評価するかという自己基準が異なるからである。そのう

＊11　これについてGraeber[2011]：155頁は、「商業的交換の特徴は、その『非人格性』である」としつつも、次のように述べている。「最も非人格的なショッピングモールやスーパーマーケットにおいてさえ、店員たちには、最低でも、人間的なあたたかみや忍耐などなどの、ひとに信頼をもたせるふるまいが期待されている」。たしかに交換契約においても相互間の「信頼」は、交換成立に欠かせない要因として働く。ただしそこで、そもそも相手（売り手）を「信頼」できなければ、成立不可能な条件契約と違って、交換契約ではモノ（使用価値）さえ確実であれば、交換関係が成り立ちうるという点で、両方の「信頼」のメカニズムは必ずしも同じではない。

＊12　ちなみにここでいう（資本家側の）労働者像とは、本書全体をつうじて提示しようとする労働者像、つまり理論的構築物としての労働者像とは似て非なるものである。

ちいずれがもっとも適切な基準なのかは特定できないが、個々の資本家は、これまでの成功・失敗事例や経験に照らし合わせたり、他の基準を参照・模倣したりしながら、自分なりの労働者像を形づくっていく。

もちろん、ある候補者が自分なりの労働者像に合致したからといって、その候補者が現実的な要求・要件を満たす適任者であるとは必ずしも限らない。資本家としては、自分なりの労働者像に合致した候補者を採用したつもりであるが、その予想・期待どおりにいかないこともつねにありうる。[*13]たとえば、交換契約においてある商品がその使用によって享受できるはずの一定の使用価値を買い手に提供できない場合、その商品は、不良品・欠陥品とみなされ、返品や返金の対象となったりする。実際に返品・返金されるかどうかはともかく、買い手が返品・返金を売り手に要求できるということは、その（商品経済的な）責任が売り手のほうにあることを傍証する。一体型の一般商品と貨幣商品の交換が行われる交換契約において商品の使用価値が買い手に提供されなければ、売り手は、買い手の貨幣商品を等価物なしに受け取ったことになり、それは結果的に不等価交換になるといってよい。

それに対して、労働契約はどうだろうか。そこでは、たとえ労働者が資本家の予想・期待どおりに動かなかったとしても、労働者にその責任を負わせることができるとは限らない。その場合、たしかに労働者は、多かれ少なかれ倫理的な責任を負うことになるが、交換契約のそれと同様に、買い手たる資本家に対して返品・返金のかたちで経済的な責任を負うことはおそらくないだろう。なぜなら、資本家はすでに、労働契約の成立から労働者に一定の労働・生産を条件として要求できる権利、つまり労働使役権を獲得しているからである。労働者がその要求・要件を満たすために適した行動を起こすかどうか、起こすならどの程度起こすかは、労働者自身の主管に属するものであって、資本家とは直接関係ない。資本家は、そうした問題、いわば契約リスクを事前に低減するためにも労働記号の定型化・標準化を進めざるをえない。

それと同時に、資本家は、賃金を後払いで労働者に支払う。すなわち、一定の約束の履行過程があってはじめて貨幣が労働者に渡されるということである。こうした理由で、賃金を労働の結果ないし成果に対する対価とみなす古典派以来の長い歴史をもつ通念も依然として社会的市民権を得ている。だが、賃金の後払いは、資本家（買い手）が条件契約につきまとう契約リスクを極力避けるための一環として実施されるものであって、そこで労働の結果・成果が商品として貨幣（賃金）と直接交換されているわけではない。もしそれが可能であれば、労働の結果・成果は、労働者の私的所有物になる。それがリンネルや上着であれば、まったく理にかなわないというのは言い過ぎかもしれないが――それにしても無理があるが、物品をある地点から他の地点まで運ぶというような労働の結果・成果を貨幣と交換するという論理が説得的であるはずがない。

＊13　周知のように、「われわれの資本家が労働市場で買ったのは正常な品質の労働力である」（Marx[1890]:S.210）とするマルクスの見方は、やはり「労働力」の特殊性を看過するものといわざるをえない。

また他方で、労働者の労働・生産過程に対する資本家自身の統制力を高めるために、賃金の後払いが行われるという議論もある。[*14] 要するに、賃金が事前に支払われると、労働者は、怠惰や怠慢、無気力などに陥ってしまい、結果的に要求される条件を満たせなくなるということである。賃金の前払いと比べるとたしかにそうかもしれないが、このような議論は基本的に、資本家（私的個人）自身の個人的な不安や危惧に一定の論理的正当性を求めるものであって、商品交換（社会的行為）の原理とはなんら関係のないものである。しかも厳密にいえば、そうした不安・危惧は、労働契約が抱えている契約リスク自体に起因するものであって、単に資本家の心的状態によるものではない。資本家の心的状態もまた、あくまでも契約リスクの結果であって、賃金の後払いの原因ではない。それは単に、契約リスクと賃金の後払いのあいだに置かれる一つの外的要因にすぎない。

いずれにせよ、労働契約において資本家が賃金の前払いを行っても、それが商品交換の原理にそぐわないわけではないが、右記のような契約リスクが顕在化する場合、資本家は、そこから発生する経済的損失を被るとともに、その労働・生産体制の運営にネガティブな影響をもたらすことになる。それゆえ、労働契約においては資本家は、一時的な損失として認めて、再び新たな第三者に任せばすむ単純契約と違って、そうした問題を簡単に片付けることができない。そこでは、労働・生産体制の運営者としてのリーダーシップが損なわれるからである。これは、個々の労働者とその群に対する統制力を限界づけてしまうとともに、労働者群によって発揮・発現される「集団力」[*15]をも損なわせてしまう。単純契約のそれとは質的に異なる契約リスクがそこに潜んでいるのである。

労働記号に戻ろう。資本家は、資本の規模や賃金水準、労働時間、労働強度、労働内容／方式、労働環境、労働規律、組織構造、福利厚生などといった、労働・生産体制／過程の現実的な条件に照らし合わせながら、それ自身のもつ労働者像を具体化・体系化していく。労働・生産体制の大規模化が進むにつれて、労働・生産過程の複雑化・高度化が同時に進むことになる。人間でさえあればよかったはずの重商主義体制や、勤勉に働く者でさえあればよかったはずの初期産業資本主義と違って、高度資本主義体制では、労働者像も現実的な条件も、その結合としての労働記号もともに高度化する。単に人間であること、勤勉に働く者であることでは話にならない。少なくとも資本家の望む労働者像に近い要件を備えない限り、自分の望む労働環境で労働者として働くことはできない。

一般に高度資本主義社会の労働者階級内で学歴や職歴・経歴、資格、スキルなどが重要な要件として認識されるのは、自分の望む労働環境を備えている企業・業界の資本家が望む労働者像に自己を合致させることが何よりも必要だからである。これに対して、労働力を商品形態の一種として捉えるマルクス以来の労働力商品論では、労働者が教育訓練を受けたり、スキルを身につけたりするための「修業費」[*16]は、ただちに労働力商品の価値を形成することになり、それは結果的に、その販

---

*14　これについては、日高［1983］：100－101頁、伊藤［1989］：84－85頁および小倉［1990］：165頁を参照されたい。
*15　Marx[1890]:S.345。
*16　Marx[1890]:S.371。

売代金として支払われる賃金とその水準の上昇をもたらすことになるとみなされる。だが、「修業費」の高低と労働・生産過程における労働者の生産性《パフォーマンス》の高低とのあいだに因果性があるとは必ずしも思えない。知識や技術の高低と無関係に、個々の労働者の生産性だけでなく、同時に「集団力」を高めうる要因や契機は現実には存在する。

本当に労働力が商品形態の一種であるならば、相手（売り手）の信頼度はさほど問題にならないだろうし、労働者（売り手）に対する管理・指揮・監督も不要となろう。なぜなら、交換契約では、条件契約と違って、商品の現在の状態としての条件以外は問題にならないからである。だが、それはありえない。すでに検討したように、労働契約（条件契約）では、個別主体（売り手）に対する資本家（買い手）の信頼度が成立の決め手となる。そこで労働者が資本家から信頼を得るためには、できる限り自己を資本家の望む労働者像に合致させる必要がある。ところで、自己をある像に合致させるとはどういうことか。これは一見矛盾しているようにみえる。なぜなら、個別主体としての自己は現存するもので、観念としての労働者像は資本家の頭のなかにしか存在しないものだからである。

そこで個別主体は、資本家が労働・生産体制／過程の現実的な条件に照らし合わせて、一定の労働者像を具体化・体系化していくのと同様に、資本家の望む労働者像に照らし合わせて、潜在的可能態としての労働者という像を形成するようになる。こうした内なる労働者が労働者表象なのである。契約当事者としての労働者と潜在的可能態としての労働者は必ずしも一致するわけでもないし、また一致させる必要もない。労働契約において資本家側の労働者像と結びつくのは、前者ではなく、後者だからである。資本家は、個別主体の内なる労働者表象に対して一定の評価を行うのであり、そこでその私的社会的評価額として一定額の貨幣が労働者に支払われる。労働者がいわば反照的仮想としての労働者表象を、資本家の望む労働者像に合致させることは、結局のところ、資本家から信頼（貨幣）を得る可能性を高めることにつながる。

このように、個別主体の内なる労働者表象が資本家の望む労働者像に近いほど、労働市場における労働契約の成立の可能性も同時に高くなるが、それにしても、契約リスクが払拭されるわけではない。資本家の評価行為は、現実の労働・生産過程ではなく、あくまでもイメージの世界の事柄だからである。しかも、資本家の望む労働者像は、個別主体の内なる労働者表象と相容れない側面を有している。それは、資本家の望む労働者像が労働・生産体制から求められる現実的な要求・要件によって形づくられたものであるという点だ。個別主体は、そのイメージを先取りしたにすぎない。資本家は、生産手段を操作しながら物品をある地点まで運送するなどの一定の労働過程を形式化し、労働記号という包摂装置を考案するが、その機能から現実的な要求・要件が生じてくる。そこであれこれの要求・要件に合致するイメージとしての労働者が労働者像として作り出されるのである。

労働契約における資本家の究極的な目的は、個別主体を労働記号の担い手として包摂することにある。その担い手として包摂された個別主体が労働者なのである。個々の労働者は、資本家との労働契約を結ぶことによって、一つの労働記号として労働・生産体制に組み込まれる。資本家の望む労働者像も、また労働・生産体制から求められる現実的な要求・要件も、それ自体としては個別主体を労働者として労働・生産体制に組み込む契機をもっていない。それを仕掛ける装置として、そこに労働記号がある。先ほど個別主体が内なる労働者像を資本家の望む労働者像に合致させると述べたが、同じことが個別主体の包摂過程についてもいえる。資本家は、一定の労働・生産を条件として要求できる権利をもって労働者を統制するが、その過程は労働記号の枠内でなされる。それゆえ、資本家が当の労働記号と無関係な労働・生産を労働者に強いるのは、労働契約の面でも労働・生産過程の面でも問題の発端になりうる。

このことから、労働契約における一定の条件が労働・生産体制における個々の労働記号をつうじて実現されることがわかる。労働記号は、ある種の労働単位のかたちで個別主体を労働者として包摂すると同時に、個々の労働者を労働・生産体制に縛りつける。前節で検討したように、単純契約においても一定の条件が、売り手と買い手とのあいだの契約関係を枠づける契機として機能するが、約束の履行過程や履行方式を枠づける契機として機能することはまずない。それに対して、労働契約では資本家（買い手）は、労働者（売り手）の労働・生産過程／方式を枠づける契機として労働記号を構想・設計する。労働者は、労働記号という枠内で一定の労働・生産過程を遂行するが、その過程で労働記号への包摂を余儀なくされる。こうして、労働者は今や労働記号となる。

以上、本節では、条件契約についての議論の延長線上で、労働契約と労働記号の関係について論じた。個々の労働者は、労働契約の成立以前においては資本家の望む労働者像に、またそれ以後においては労働・生産体制をなす個々の労働記号に自己を合致させるという二重の従属過程を経なければならない。労働契約では、こうした従属過程によって売り手と買い手とのあいだの支配・従属のヒエラルキーが高度化する。重商主義体制や初期産業資本主義においては、労資関係に通底するこのヒエラルキー体制に抵抗する動きも活発で激しく噴出したりしたが、資本主義体制が量的にも質的にも高度化するほど、社会は貨幣（賃金）なき生活がほぼ不可能な環境となる。それにつれて体制自体を自然視する風潮も生まれてくる。現存体制を超克する想像力の欠如こそ、この体制がまさに「人間社会の前史（階級社会の歴史）」の一形態であることを如実に物語っているといってよいかもしれない。

おわりに

本章は、労働市場における資本家の評価行為と労働・生産過程における労働者の労働力の発揮・発現とのあいだの因果関係を、契約概念に基づいて解明しようとしたものである。同時に、本章の試みは、交換契約という単一の形式をもって商品交換関係を説明しようとしてきた従来のマルクス経済学のアプローチを相対化するものでもある。条件契約では、モノ（使用価値）ではなく、人間（信頼度）が交換成立の決め手となり、またそのために交換契約と異なる論理が求められる。労資関係は、こうした条件契約の延長線上で捉える必要がある。いくら交換契約の論理をいじくり回してもその関係を説明できないのは、そのためである。

また、条件契約は、労働記号という擬制的概念の原理的な根拠を提供してくれる。すなわちわれわれは、資本・賃労働関係における労働記号の必然性を、条件契約の内的原理から見出すことができる。それゆえ、労働市場における資本家の評価行為（契約＝評価）は、労働・生産過程における労働者の労働力の発揮・発現に一定の拘束力を与えるとともに、それ自身の価値増殖を可能ならしめる。このように労働契約では、売り手に要求される一定の条件がさらに形式化・体系化された拘束力、いわば労働記号として現われる。そこで労働者は、労働記号にフィットした振る舞い（労働）をするが、次第に労働記号そのものと不可分な存在になっていく。労働者は、一つの労働単位として位置づけられるのである。

ただし、その過程は、単に資本家からの一方的な押し付けによって進められるとは限らない。というのも、労働契約において労働者が資本家から信頼・信任を得るということは、長期的で持続的なかたちで貨幣を賃金として獲得できることを意味するからである。それゆえ、労働者は、多かれ少なかれ自分自身の労働記号化を能動的に受け入れていくことになる。これは、単に労働・生産過程における労働者自身の労働意欲を高揚させるだけでなく、労働・生産組織、ひいてはその総体としての企業ないし会社への帰属意識（loyalty）を生み出す。労働者は今や、労働記号だけでなく、その構想者・設計者たる資本と自分を一体化していく。こうして、資本のもとへの労働の真の包摂がなされるのである。

第5章　労働と記号

はじめに

本章は、労働記号という擬制的概念に基づいて資本主義的労働・生産体制の内的傾向をあきらかにしようとするものである。

労働記号については、すでに本書の第2章から第4章までのおもなテーマとしてこれまで論じてきた。だが、そこでは労働力商品論の相対化、労働者表象の概念化および契約概念の定立に重きが置かれていて、労働記号そのものについて十分な検討がなされているとは必ずしもいえない。そのため本章では、この概念を軸にして資本・賃労働関係の媒介形式についてさらに考察を深めるとともに、従来のマルクス経済学において特に強調されてきた剰余価値の搾取メカニズムとは異なる観点から、資本主義的労働・生産体制の内なる支配・従属システムを抽象化し理論化しようとする。そうして、労働記号が、資本のもとへの労働の形式的および実質的包摂の展開様態を浮き彫りにするためのコア概念であり、また資本主義的労働・生産体制の内なる二面（量的・質的側面）を結びつける媒介形式であることを論証すること、それが本章の主たるねらいである。

本章を貫くキーワードは、労働記号、賃金、労働力、この三つの概念である。各々の概念は、直前の概念を前提としており、とりわけ第一の労働記号は、これまで考察した内容を前提としている。そのため、その概念については、第1節の冒頭で簡単にまとめる。本章の構成は以下のとおりである。第1節では、労働記号とは何かについて説明し、資本主義的労働・生産体制との関係を明確にする。第2節では、賃金の仕組みについて立ち入って考察し、その内なる機能と欲求を浮き彫りにすることで、従来とは違う賃金像を構築する。第3節では、第1節と第2節の考察を踏まえて、労働力概念をさらに拡張させ、剰余価値率と違う基準で資本のもとへの労働の実質的包摂の高度化と細分化について論じる。本章の最後では、以上の議論を踏まえて、資本主義的労働・生産体制の非人格性について述べることで、本章を締めくくることとする。

第1節　労働の記号化

これまで筆者は、資本・賃労働関係の成立原理について批判的な考察を行ったが、その取り組みをつうじて到達した結論は、従来の労働力商品論のそれとは相容れないものといえる。資本家（ないし資本）と労働者の関係は、商品交換の原理によって成り立つという点では変わりないが、両者のあいだでは、人間のもつ本然の諸能力としての労働力そのものが売り買いされるのではなく、その主体を主体たらしめる人格的社会的諸要因の総体としての労働者表象が契約成立の決め手となるという点では、やはり労働力商品論の論理とはだいぶ異なっている。こうした理由から、これまでの考察ではその一連のメカニズムを労働力商品論と区別して労働者包摂論と名づけた。

それによれば、資本は、労働者の労働力を商品として仕入れるのではなく、労働契約（条件契約の一類型）をつうじて労働・生産体制に個別主体を労働記号の担い手として包摂することで、価値増殖を展開する。資本による個別主体の形式的包摂は、商品交換の原理によって処理されるがゆえに、その関係は、双方の相互承認を前提とする。それゆえ、そこで労働者によって担われる賃労働は、資本が労働力商品（私的所有物）から享受できる使用価値としてではなく、労働者役を演じる個別主体の身体・精神・感情のコントロールをつうじて汲み上げられるエネルギーの発現態として行われる。それはいってみれば、資本にとって労働力を資源化する過程にほかならない。

ただし、労働力という名の資源の発掘・開発過程は、労働者自身によって行われるのであって、資本の直接的な介入は許されない。というのも、労働力自体は、資本の私的所有物ではないからである。資本は、労働市場において当該労働記号にフィットできる労働者表象の持ち主を求めて契約＝評価を行うのであるが、その際に賃金は、一方では個別主体の内なる労働者表象に対する一定の私的社会的評価額として、また他方では労働使役権の売買代金として支払われる。このように、賃金が個々の労働者に対するある種の投資資金の側面をもっている以上、それより高い価値を生み出せない労働者の存在は、資本にとって意味をなさない。そういうリスクを極力避けるために、資本は労働・生産過程を限りなく合理化・形式化していかざるをえない。したがって、資本の労働者に対する道具化・手段化は、労働・生産過程において生み出される価値の大きさの不可知性と表裏一体の関係にあるといってよい。*1

そうだとすれば、剰余価値の総量は、労資関係が形成される段階では決まらないといわなければならない。それはあくまでも事後的にしか把握できないものだからである。資本は、労働者が剰余価値をどの程度生み出すかがわからないため、労働・生産過程を合理化・形式化し、また労働者を道具化・手段化するのであり、結果的にそれをつうじて、一定の時間（必要労働時間）を超えてなされる労働・生産過程によって形成される価値（剰余価値）を事後的に領有するのである。資本によって領有されるはずの剰余価値の総量が概ねそれ自身の運営と裁量に任されている以上、長時間労働や低賃金労働などの労働問題は、資本主義的労働・生産体制につきまとうものといわざるをえない。資本主義の歴史は、資本による労働・生産過程の合理化・形式化、さらには労働者の道具化・手段化の展開過程にほかならない。

労働者になるとは、個別主体が資本主義的労働・生産体制――マルクスの言葉でいえば「資本主義的生産の全体制」[*2]であるが、以下では便宜上資本システムと呼ぶことにする――を構成する一つの擬制的単位として記号化されることを意味する。個別主体は、資本によって記号化された一つの労働単位、つまり労働記号として再規定されるのである。ここでいう記号は、シンボル（symbol）というより、コード（code）に近い。労働記号は、労働時間／期間／過程／課業／強度／条件／環境／規律／管理／倫理／評価や賃金制度／形態／体系／水準／構造／構成、業務／実務経験・職務経歴・業績・実績・免許・資格・前科の有無、教育・知識・技能の水準、（未）熟練度、健康状態、身体的条件、学歴、性別、年齢、出身、国籍、宗教、ステータスなどといった量的要因によってコード化されるだけでなく、責任感や協調性、信用性、信頼性、勤勉性、誠実性、順応性、人間性、社会性、柔軟性、独創性、革新性、創造性、寛容度、正直度、忠誠心、競争心、向上意欲、親和力、理解力、自制力、判断力、観察力、洞察力、交渉力、集中力、思考力、構想力、応用力、問題解決能力、リーダーシップ、コミュニケーション能力などといった質的要因によってもコード化される。

　これらの諸要因は、実際に明示されているかどうかと無関係に、労働記号を構成するものとして

＊1　一般にマルクス経済学では価値の大きさは、その商品を生産するために必要とされる社会的必要労働時間によって決まるといわれる。それゆえに、そこで生み出される価値の大きさは、当該労働者が働く前からすでに社会的に決まっているということになる。だが、資本のもとでの労働・生産過程とそこで生み出される価値とは、当該労働者が働く前には存在しない。それゆえ、そこでは社会的必要労働は、個々の労働者によって発揮・発現される労働力の多寡ないし優劣の問題を後景に退けてしまう——これについては本書の第6章で詳しく論じることにする。小倉［1990］の次のような言葉は、このことを的確に指摘している。「こうしたマルクス価値論の枠組みでは、労働者が労働力として持つ諸能力がどの程度発揮されているのかという問題が明確な理論的な課題として設定できない。つまり、マルクスの労働力カテゴリーでは個別の労働者の労働能力の発揮の特殊性と社会的必要労働とを明確に区別する概念装置は用意されているが、個々の労働者の労働能力発揮の程度は問題にされておらず、また、個々の労働者の労働の発揮がどのような意味で社会的必要労働からズレているのかについても資本や私的領域との関係を含めて労働者の労働に対する意識や心理に踏み込んで論じられる枠組みにはなっていない」(191頁、傍点は原著者)。この意味でいえば「労働者が労働力として持つ諸能力がどの程度発揮されているのかという問題」は、剰余価値の搾取メカニズムとはまた違う資本主義的労働・生産体制の質的側面と深く結びついている。本章の主眼点もまたそこにあるといってよい。

＊2　Marx[1890]:S.454。

資本システムによってコード化されている。資本は、労働記号に照らし合わせて個別主体の内なる労働者表象を評価する。[*3] ただし、これらに対する資本の貨幣評価は決して固定したものではない。というのは、資本を構成する各々の労働記号とそこから反照される個別主体の内なる労働者表象は、該当産業や部門、業種、分野などによってやはり変わってくるからである。[*4] たとえば、情報通信技術（ＩＣＴ）産業を支えているアジア系の技術労働者や、アパレル産業を支えている開発途上国の女性労働者、農業・土木建築業を支える外国人／移民労働者などについては、さしあたり国籍はさほど意味をなさない。むしろそこでは、労働条件や賃金水準などの要因が労働記号の大半を占めているといってよい。

労働者は、労働記号――厳密にいえばその背後にある資本システム――が必要とする個別主体であり、したがってまた個別主体は、個々の労働記号からなる資本システムに組み込まれる一つの労働単位として対象化される。そこで資本は、個々の労働者に対するある種の諸コードの総体、いいかえればシステム設計者・管理者として価値増殖を展開する。[*5] 仮にここで、運輸労働、会計／事務労働、整備労働を担わせるために、資本によって雇われる○○さん、△△さん、□□さんを、各々A(a)27、A(b)8、A(c)11で記号化するとしてみよう――いわゆる生産的労働と不生産的労働の区別はここではさしあたり論外とする。その冒頭の〈A〉は労働者を、中央のアルファベット〈a〉・〈b〉・〈c〉は業務別の識別記号を、最後の数字〈27〉・〈8〉・〈11〉はナンバリングされた個別主体を指す。[*6] これらは生産手段（Pm）――これもまた、労働・生産過程によってPm(a)27、Pm(b)8、

＊3　ただし厳密にいえば、これは、個別主体に内在するとされるモノであって、実際に内在しているという意味ではない。いわばある種の擬制（fiction）である。ちなみに補足しておくが、本書でいう労働記号は、たとえば労働力商品論の立場からある種の労働カテゴリーとして提示された小幡［2009］の「型づけられた労働」（136頁、以下省略）とは似て非なるものである。それによれば、労働・生産過程においては「規格化、定型化、標準化」された「作業、業務」が評価の対象となる。それに対して労働記号は、一方では個別主体の内なる労働者表象（非労働・生産領域）と結びつきながら、他方では資本システム下の労働単位（労働・生産領域）として擬制されていて、そこでは単にその「作業、業務」が評価されるわけではなく、両方の適合度が評価されることになる——個別主体と労働記号とのあいだの適合度については本章の第2節で言及しているが、より詳しくは第3節を参照されたい。

＊4　他方では時代や社会的文脈によっても変わる。すなわちたとえば、「子供の労働にたいする需要は、しばしば、形式から見ても、アメリカの新聞広告でよく見られたような黒人奴隷にたいする需要に似ている」（Marx[1890]:S.418）とマルクスはいうが、もとより「子供の労働」や「黒人奴隷にたいする需要」が存在するのは、両者がそれぞれの労働記号にフィットした存在、いいかえれば労働記号から反照される労働者表象の持ち主だからである。ただし、それに対する資本の貨幣評価も、つねに時代的かつ社会的拘束を受けざるをえないため、たとえば今日では「生きている煙突掃除機」（同右、S.419）として働く子供や少年の姿を目にすることはもはやできない——もちろんだからといって児童労働や奴隷労働自体がなくなったわけではないが。

＊5　したがってそこでは、「彼ら〔＝「賃金労働者」：引用者〕の労働の関連は、観念的には資本家の計画として、実際的には資本家の権威として、彼らの行為を自分の目的に従わせようとする他人の意志の力として、彼らに相対するのである」（Marx[1890]:S.351）。こうしたマルクスの言葉に示唆されるように、「計画」と「権威」は決して別個のものではない。これについては本章全体をつうじて詳細に考察することにしたい。

Pm(c)11という具合にコード化されうる。前から各々運送手段、事務用機器／物品／備品／設備、整備施設／機器／工具などがそれにあたる——とともに商品資本（W）を構成する。

ただし、労働者と生産手段をコード化する資本の働きかけは、それらを商品化するのではなく、むしろ資源化する過程といわなければならない。一旦資本によって労働者が雇われたり、生産手段が買われたりすると、いずれも労働・生産過程において有限なエネルギーの定在として扱われる。貨幣と相対する商品の形態をとらなくなるのである。こうして、人間化された生産手段が機械化された生産手段とともに資本システムに組み込まれるようになる。そこで前者を稼働させるのも、また後者を稼働させるのも労働者それ自身（個別主体）にほかならない。すなわちたとえば、運輸労働は、A(a)27として機能する◯◯さんとPm(a)27を操作するA(a)27との結合・融合によって導き出されるアウトプットといいうる。[*7]

同じことが会計／事務労働や整備労働についてもいえる。そこで労働記号と生産手段との結合・融合によって産み出される労働（Arbeit）、なかんずく必要労働または必要労働によって形成された価値を各々Ar(a)27、Ar(b)8、Ar(c)11でコード化できるとすれば、そこから4×Ar(a)27、2×Ar(b)8、1.6×Ar(c)11という具合に、いわば一日総労働価値を計量化することも可能となる。[*8] とすれば、必要労働時間を超えてなされる剰余労働または剰余労働によって形成された価値、つまり3×Ar(a)27、1×Ar(b)8、0.6×Ar(c)11——これらはマルクスの言葉を借りていえば「剰余労働時間の凝固」[*9]となる——はただちに、資本の領有の対象となる。そこで必要労働と剰余労働の割合は各々、A(a)27が1対3、A(b)8が1対1、A(c)11が5対3となる。たとえば労働者が一日8時間労働すると想定する場合、労働記号A(a)27から2時間の必要労働時間と6時間の剰余労働時間が、

＊6　マルクス経済学では一般に、「A」は労働力（Arbeitskraft）を指すものとされるが、本章では労働者（Arbeiter）を指すものとして用いることにする。

＊7　マルクスは、こうした資本主義的労働・生産過程について次のように描写している。「資本家は貨幣を新たな生産物の素材形成者または労働過程の諸要因として役だつ諸商品に転化させることによって、すなわち諸商品の死んでいる対象性に生きている労働力を合体することによって、価値を、すなわちすでに対象化されて死んでいる過去の労働を、資本に、すなわち自分自身を増殖する価値に転化させるのであり、胸に恋でも抱いているかのように『働き』はじめる活気づけられた怪物に転化させるのである」（Marx[1890]:S.209）。

＊8　これについてGorz[1988]は、次のように指摘している。「労働の経済合理化は、資本主義が達成しなければならなかった任務のなかで格段に困難な任務だった。〔中略〕彼らの企業にとっては、労働コストを正確に計算でき、予測できるようにすることがどうしても必要だった。というのはこの条件によってのみ、生産する商品の量および価格と収益率の見通しを算定することができたからだ。この推測会計がなければ、先行きが不確実で投資に手が出せなくなるのである」（41頁）。したがって要するに、「経済的合理化は、会計計算から始まる。〔中略〕会計計算は、このように物象的合理性の典型である。それは生産単位当たりの**労働量をそれ自体として**提示し、その労働にまつわる喜びや苦しみ、それに必要な労力の質、生産したものへの感情的・美的関係といった労働の実体験は除外されてしまう」（同右、184–185頁、太字は原著者）。

＊9　Marx[1890]:S.231。なお、それは「不払労働時間の物質化」（Marx[1890]:S.556）とも表現される。

A(b)8から4時間の必要労働時間と4時間の剰余労働時間が、A(c)11から5時間の必要労働時間と3時間の剰余労働時間が各々導き出されることになろう。

そこで資本は、労働記号A(c)11から抽出できる剰余価値の総量が他の労働記号のそれより少ないと判断しうるし、また場合によってはA(c)11として機能していた□□さんをリストラし、その労働・生産過程を残りの10単位の労働記号——A(c)1…A(c)10——に配分することができる。あるいは、労働記号A(c)11を撤廃し、新たな労働記号A(a)28などを設けて□□さんをそこに組み込むこともありうる。というのも、最初からAr(c)11がいわばデフォルト値となっているからである。その値からアウトプットをどの程度引き上げるかが要で、Ar(c)11自体は資本にとって意味をなさない。[*10] それだからこそ、資本は、労働・生産過程の合理化・形式化と労働者の道具化・手段化に取り組まざるをえない。そうして、個々の労働記号から剰余価値を事後的に領有できることになる。

このことからわれわれは、次のような資本側の働きかけを推論することができよう。すなわちそれは、資本は労働記号の構想と設計にあたってあらかじめ一定水準の剰余価値が確保できるようにするということである。一日8時間労働において、資本は労働記号A(a)27、A(b)8、A(c)11から少なくともたとえば3.5×Ar(a)27、2×Ar(b)8、2.5×Ar(c)11が各々抽出できるように設計するのである。これはいってみれば、「一日のあいだ自分のために労働者を働かせる権利[*11]」以前のことである。資本は、労働市場において個別主体との交換関係、いわば労働契約を結ぶ以前から、A(a)27から3.5×Ar(a)27、A(b)8から2×Ar(b)8、A(c)11から2.5×Ar(c)11の総労働価値が各々抽出できるように、労働・生産過程や賃金体系、人事制度、組織構造などを整備する。実際にこれらを明示しているかどうかと無関係に、労働者が一旦働けば、そうなるように仕掛ける。これらの想定値は、しばしば実際の値と多少ずれることもあるが、大体それを中心に変動すると考えられる。

あるいは、もとより変動の幅が大きな特定の労働記号については、一定の範囲を設定し、生み出される剰余価値の総量がその枠内に収まるようにする。ただしいずれにしても、労働者として振舞う個別主体が生身の人間である以上、あまりにも過剰な設計がなされた労働記号、または社会的な評判が高くない労働記号は、個別主体（売り手）から選択されにくいか、たとえされても個別主体（労働者）の離脱を招きやすい。これに対して、資本は、労働時間／環境を調整したり、賃金水準を上げたり、社内の福利厚生制度を整えたりするなど、ある種の工夫を凝らすのであるが、そうした取り組みが実を結ぶとは必ずしも限らない。当初の期待どおりにいかず、なおかつ適任者が現われるまで待っているわけにもいかない場合、資本は、統治機構ないし公的機関を媒介にして海外の労働市場に訴えたり、ひいては直接的な海外進出／移転／投資を企てたりする。いわば穴埋め作戦に取り組むのである。

＊10 「彼は、自分の生産する商品の価値が、その生産のために必要な諸商品の価値総額よりも、すなわち商品市場で彼のだいじな貨幣を前貸しして手に入れた生産手段と労働力との価値総額よりも、高いことを欲する」（Marx[1890]:S.201）。

＊11 Marx[1890]:S.247。

要は資本も結局のところ、労働記号を構想し設計するにあたって一定の限界をもっているということである。というのも、個別主体と個別主体の属する社会は、資本の価値増殖メカニズムとは異なる原理によって営まれるからである。一旦資本による労働者の形式的包摂がなされると、個々の労働者の労働・生産過程に対する資本の事後評価が、個々の労働記号に設計されている総労働価値の想定値を基準として行われることになるが、それ自体は固定したものでないがゆえに、個別資本の内部または外部の諸要因・諸状況によって変更されうると考えてよい。

さらにまた、変更が可能なのは、必要労働時間と剰余労働時間の割合である。たとえば、1対3の割合を示している労働記号A(a)27に対して、3対5さらには1対1まで引き上げようとする労働者側の実力行使もありうる。そうすることで、自分たちの取り分を2時間から3時間へ、また3時間から4時間へ引き上げることが可能になる。このいわゆる階級闘争は、賃金引上げや労働時間短縮、労働環境改善、雇用形態変更などの懸案として可視化されるが、そのねらいは、資本によってコード化された既存の労働記号そのものを相対化することにある。

その際資本が危惧する理由もまた、労働者側の要求条件の実現にあるというよりも、それが結局のところ、労働記号のコード化に対する労働者側の力の優位を認める結果になるからである。個々の労働記号は、資本によってコード化されていて、そこにアクセスできる諸権限はひとえに資本がもっている。とはいえ、資本は、労働者の同意・同調なしには労働記号から想定される価値を抽出できないがゆえに、既存の労働記号に対する労働者側の否定を簡単に無視することはできない。すなわち、双方は、トレードオフ関係にあるのであって、そこからつねに葛藤が生じうる。その葛藤の種は、労働記号へのアクセス権限にあるわけで、労働記号という形式自体にあるわけではない。したがって、原理的に考えれば、資本側と労働側とのあいだの階級的摩擦・衝突から、労働記号という形式を撤廃するなどの社会的なムーブメントは導き出されないといわざるをえない。資本主義の歴史において労働者階級の先導による社会構造の変革――いわば革命――が起きなかったことは、考えてみれば自明のことかもしれない。

さて、本節では、本書のこれまでの議論の延長線上で、資本システムと労働記号の結びつきについて立ち入って考察した。資本家が資本の人格的担い手であるとすれば、労働者は、労働記号の人格的担い手にほかならない。個々の労働記号は、労資関係を成り立たせる媒介形式として資本システムの内部に組み込まれている。たしかに労働記号そのものはある種の擬制的概念ではあるが、それなしに資本が個別主体を直接包摂することはできない。そうした意味でいえば、労働の記号化は、資本にとって欠かせない営みとして、労働者に対する形式的包摂、ひいては実質的包摂を実現するための、いわば仕掛けといわなければならない。それゆえに、個々の労働者が当該労働記号の内なる諸コードを相対化することは決して容易なことではない。とりわけ資本システムの高度化・細分化が進むにつれて、個々の労働記号はますます原子化・精密化されざるをえない――これについては詳しくは本章の第3節で述べることにする。したがって、個々の労働者のプレゼンスと労働者に対する資本の形式的・実質的包摂力とは要するに、逆相関関係にあるといえよう。

第2節　賃金の構造――機能と欲求

○○さん、△△さん、□□さんは、資本システムのもとで各々労働記号A(a)27、A(b)8、A(c)11として機能する条件で、資本から一定額の賃金を得る。その価値は、必要労働時間の凝固、つまりAr(a)27、Ar(b)8、Ar(c)11と等しい。「どの商品の価値も、その使用価値に物質化されている労働の量によって、その生産に社会的に必要な労働時間によって、規定されている」[*12]とマルクスはいうが、いわば権利型の擬制商品においては、「商品の価値」と「労働時間」とのあいだに因果関係があるとは必ずしも言いがたい。株式や債券などの有価証券の価格が「その生産に社会的に必要な労働時間」と無関係に決まるのと同様に、労働契約の成立によって個々の労働者に支払われる賃金もまた、そうした「労働時間」そのものと無関係に決まるのである。それゆえに、「一日のあいだ自分のために労働者を働かせる権利」、いいかえれば労働使役権が売買される労働市場においては、いわば価値法則が通用しないといわなければならない。[*13]

もちろん、価値法則が通用しないからといって、労働価値説を否定するわけでも、また労働者の労働力がひとえに資本のために用いられることを否定するわけでもないということは、これまでの内容からも自明である。ただ賃金という権利型の擬制商品価格の決定メカニズムが、価値法則が適用される商品のそれとは相容れないということである。すでに論じたように、賃金は、一方では労働市場における個別主体（売り手）の内なる労働者表象に対する資本（買い手）の私的社会的評価額として、また他方では労働使役権の売買代金として支払われる。ここで私的というのは、賃金が資本の内部的かつ個別的な諸条件によって決まることを意味し、また社会的というのは、賃金が資本の外部的かつ一般的な諸条件によって決まることを意味する。それゆえ、その水準は、一定の上限──個々の労働記号から抽出できる総労働価値──をもちながら、同時に資本内外の諸条件の一定の影響範囲内で変動すると考えられる。

仮に労働記号A(a)27に対する資本の最初の設計時点T_0においてその賃金水準──基本単位＝Ar(a)27──を100とすれば、T_1＝110、T_2＝120、T_3＝90、……といった具合に、賃金の変動と推移を計量化できる。ただしいくら賃金が上昇するとしても、その水準は350を超えないと考えられる。というのは、資本はもとより、労働記号A(a)27から少なくとも3.5×Ar(a)27が抽出できるように設計するからである。そこでは3.5×Ar(a)27がその賃金の上限をなすのである。もちろん、その上限もつねに変動する。というのも、資本はつねに、個々の労働記号から抽出できる総労働価値の大きさを増やそうと企てるからである。いわば絶対的剰余価値および相対的剰余価値の生産である。[*14]仮

＊12　Marx[1890]:S.201。
＊13　これについては、本書の第3章第1節・第2節を参照されたい。
＊14　Marx[1890]:S.334。

に総労働価値が４×Ar(a)27から６×Ar(a)27に上がると、たとえ賃金水準が10％——1.1×Ar(a)27——または20％——1.2×Ar(a)27——上がったとしても、全体からみると資本の取り分4.9×Ar(a)27、4.8×Ar(a)27に比べてやはり低いといわざるをえない。10％、20％の賃金上昇に対して、資本は、剰余価値のおよそ63％、60％の増加を実現することになる。

あるいは、総労働価値の変動が生じない場合には、資本はT_3における賃金水準のように、当初のAr(a)27より10％減った価値——0.9×Ar(a)27——を賃金として支払うことができる。資本による賃金引下げだが、そのおもな原因は供給過剰にあると考えられる。すなわちたとえば、特定の労働記号に対する需要拡大、または労働市場の内外部において常在したり、技術革新や不況・恐慌によって生み出されたりする相対的過剰人口（産業予備軍）の増加が生じると、資本は、賃金水準を引き下げることができるし、当該労働者もまた低賃金に甘んじるしかない。これに対して、労働力商品論では、商品たる「労働力の生産のために毎日必要な生活手段[*15]」の価値が必要労働時間の凝固たるAr(a)27に値するとされるが、T_0＝Ar(a)27においてできた「労働力の生産」が、T_3＝0.9×Ar(a)27では90％しかできなかったり、T_2＝1.2×Ar(a)27では1・2倍の「労働力」が「生産」されたりするわけではない。というのは、たとえ実際にT_2とT_3におけるA(a)27の総労働価値が4×Ar(a)27で同じであっても、1.2×Ar(a)27または0.9×Ar(a)27が賃金として支払われることもあるからである。

そうだとすれば、生活手段が労働力の復元・回復に直接影響するのは、あくまでも一定水準——

とはいってもそれは時代的かつ社会的拘束や景気循環の影響を受けざるをえない――に至るまであって、それ以上の上昇は事実上、労働力の復元・回復云々するレベルを超えて、むしろ生活の質ないし生活水準の向上を可能にすると考えられる。賃金は、前者だけでなく、後者の問題も含んでいるのであり、両者の割合はやはり、時代的・社会的・経済的文脈によって変わってくるため、一概にはいえない。労働者は、賃金の一部を労働力の復元・回復に充てながらも、その残りを現在または将来の生活水準の向上に充てるのであり、したがって賃金が一定水準を超えると、労働力の復元・回復との関連が薄くなる。肝心なのはむしろ、労働者のAr(a)27をいかに評価するか、またはAr(a)27が資本によっていかに評価されるかにあるのであって、「労働力の生産」とは直接関係ないといわなければならない。[*16]

とりわけ生活の質・生活水準の向上には、人間の欲望が投影されているが、このことは、比較的明確なリミットがある労働力の復元・回復過程とはまた違う。というのも、労働力の復元・回復は、

＊15　Marx[1890]:S.207。

＊16　「労働力の価値は、個々の成年労働者の生活維持に必要な労働時間によって規定されていただけではなく、労働者家族の生活維持に必要な労働時間によって規定もされていた」（Marx[1890]:S.417）といったマルクスの言葉からも読み取れるように、彼の賃金論は、ほとんど賃金の量的側面――労働者とその家族のライフ（生命・生存・生活・生涯）を維持するためのコスト――に重きが置かれているといってよい。

概ね人間の基本的欲求と結びついているが、生活の質・生活水準の向上への関心は、人間の社会的欲望と深く結びついていて、境界が不鮮明であり、そのため理論上無限の拡張が可能だからである。たとえば、６ヶ月分の賃金――６ヶ月 ×Ar(a)27 ――と24ヶ月分の賃金――24ヶ月 ×Ar(a)27 ――に値する各々の自動車商品は、労働力の復元・回復の面においてさしたる違いがないにもかかわらず、生活の質・生活水準の面では格段の相違をもたらす。それゆえ、資本主義経済が高度化・肥大化するにつれて、労働力の復元・回復の（不）可能云々よりも、生活の質・生活水準の向上のほうが個人的・社会的関心事となる。資本主義社会における商品広告のほとんどが自分たちの生活の質・生活水準をより向上させようとする大衆の内なる欲望に訴えるのは、そのためである。[*17]

このことから、賃金には二つの機能的側面があると捉えることができる。すなわち、第一は、労働者の労働力を復元し回復させる機能であり、第二は、生活の質・生活水準全般を向上させる機能である。賃金は、これらの合成体としての性格をもっている。両者の大まかな割合は、時代的・社会的・経済的文脈によって決まるが、どのような場合であっても、第二機能は第一機能なしにありえない。第二機能は、第一機能を超える部分のみを意味するのであり、したがって第一機能に先行することができない。いずれにせよ、賃金においては労働力の復元・回復と直接結びついていない機能的側面があるということであり、その領域の存在は逆に、賃金が労働者の労働力を復元し回復させるものとしてだけでなく、その生活の質・生活水準を維持・向上させるものとしても機能することを傍証している。

労働者が賃金水準を上げようとするのは、単に労働力をその分増産するためではない。10％、20％の賃金上昇が労働力を1・1倍、1・2倍に増やすわけではないからである。仮にT_0における労働記号A(a)27のAr(a)27が労働力の復元・回復に必要な生活手段の価値と等しいとすれば、10％（T_1）、20％（T_2）の賃金上昇は各々、1.1×Ar(a)27、1.2×Ar(a)27に見合う生活の質・生活水準の向上を可能にする。これに対して、T_3におけるように賃金水準が低下すると、労働者は、生活の質・生活水準の向上どころか、労働力の復元・回復に必要な生活手段の価値を従来の9／10水準まで減らさなければならない。もちろん、賃金水準の低下は、労働力の復元・回復自体を困難にすることもあるが、生活手段全般の価値が下がれば、たとえ賃金水準の低下・停滞傾向が続くとしても、第一機能は毀損されない。いうまでもないが、そこでは第二機能はそもそも期待できない。

賃金の第一機能が毀損されずに、第二機能を可能な限り最大化すること、これが個々の労働者の基本的な行動戦略である。それゆえ、労働者候補群に属する個別主体は、同一労働であっても相対的に高賃金を支払う資本を選ぶか、あるいは最初から高賃金労働を選ぶ。これが労働者階級全体の

＊17　この点について、Baudrillard[1970]の次のような指摘は示唆的である。「所得、見せびらかし的購買、過剰労働は、狂った悪循環、つまりいわゆる『心理的』欲求の高揚にもとづいた消費の地獄のロンドを形成する。これらの欲求は『自由裁量的』所得や選択の自由の上に成り立っているようにみえるという点で『生理的』欲求とは異なり、こうして意のままに操作できるものとなる。この段階では、宣伝が明らかに主要な役割を果たす（これもまた月並みになった理念である）」（101－102頁）。

一般的な傾向として定着するにつれて、高賃金を得られる一部の労働記号をめぐって階級内の激しい競争が展開される。もちろん、競争の少ない高賃金労働もないわけではないが、一般にそうした労働は、社会から忌避されるものが相対的に多い。ともあれ、個別主体が資本側からできるだけ高い評価（額）を得るためには、あれこれの学歴や経歴、知識、資格、技能を寄せ集めなければならない。一旦当該労働・生産の適任者と思わせることが重要であって、実際にその当事者が一定の労働・生産過程をうまく遂行できる労働力をもっているかどうかはまた別問題である。というのも、個々の労働者の労働力の程度は、労働・生産過程をつうじて事後的にしか把握できないからである。

ここでいう労働力は、人間の内なる諸能力の総体というよりも、むしろ労働記号との単なる適合度にすぎない。たとえば、◯◯さんと労働記号A(a)27とのあいだの適合度が100％であるということは、A(a)27からその想定値3.5×Ar(a)27が総労働価値として抽出されていることを意味する。このような具合に、各々の適合度を計量化すれば、◯◯さんが4×Ar(a)27/3.5×Ar(a)27＝およそ114％、△△さんが2×Ar(b)8/2×Ar(b)8＝100％、そして□□さんが1.6×Ar(c)11/2.5×Ar(c)11＝64％となる。各々の数値は、労働記号として機能する個別主体と生産手段を操作する労働記号とのあいだの適合度を表す指標である——これについては次節で詳しく論じることにする。これによると、労働力が労働記号に先在することはありえない。そこで資本は、できる限り100％未満の労働者——64％の□□さん——を労働記号から排除しつつ、100％を超過した労働者——114％の◯◯さん——にインセンティブを与える方式で、資本システムにおける総労働価値を増大させようとする。*18

こういうわけで、現実の労働記号にコミットしていない労働力なるものは、評価の対象になりえない。繰り返しになるが、労働市場では、その適合度を裏付けうる個別主体自身の内なる労働者表象が評価の対象になる。その過程をつうじて、個別主体の労働力の程度が間接的に評価される。だが、これは、資本にとって決して容易なことではない。まだ現出していない未来の結果を、現時点

＊18　一見すれば、たしかにこれらの数値は、個別労働の単なる総和とは質的に異なる「集団力」(Marx[1890]:S.345)を排除しているようにみえる。しかし他方、マルクスの協業論では、個々の労働者の単なるヨコのつながりからなる労働者集団が暗に想定されているだけで、その集団内の序列・位階・地位などははじめから論外とされている。だが、実際には「分割されていない同じ作業で同時に多数の手がいっしょに働く場合」(同右)であっても、「多数の手」がまったく同じ動作を繰り返すことはめったになく、もしあるとしてもそれ自体がその労働者たちのおもな「作業」であるとは限らない。さらに、その「作業」もまた、個々の労働者同士の指揮・監督・評価に大いに依存しているのであって、一人の「指揮者」と多数の「演奏者」からなる「オーケストラ」のそれとは似て非なるものといわなければならない(同右、S.350)。したがって、たとえば、本文の整備労働においてA(c)10とA(c)11が各々整備技術者と技術補助員として記号化される場合、両者の協業は決して水平的とはいえない。もちろん、その結果としての「集団力」もまた、労働・生産過程における個別主体と労働記号とのあいだの適合度として資本によって評価されるが、個別労働のそれのように計量化されづらいため、資本はA(c)10とA(c)11のあいだの相互評価や労働監督官A(c)1による監督評価などの実施をつうじて可能な限り定量的な適合度を導き出そうとする——資本の指揮・監督機能についての検討は本書の第6章に譲る。いずれにせよ、本文における個別主体と労働記号とのあいだの適合度(114%、100%、64%)は、労働・生産過程における協業的な要因を排除したものではないことをあらかじめ断っておきたい。

で見通す必要があるからだ。したがって、そこにおいて個別主体（労働者）に対する資本の貨幣評価は、断片的かつ皮相的なものとならざるをえない。断片的で皮相的な端緒をもって未来の結果を現時点で断定しようとする経済的行為を、われわれは投機とよぶ。これがより体系的に行われれば投資になろうが、だからといって両者のあいだに質的相違があるわけではない。

このことから、資本の貨幣評価額としての賃金には、第一に、個別主体の労働力の比較優位を承認するという一面と、第二に、同時に個別主体と労働記号とのあいだの適合度に対する期待値としての一面があることがわかる。*19 そこで前者は、特定の個別主体を労働記号の人格的担い手として承認するという性格を帯びており、また後者は、特定の個別主体に対する資本の期待を体現するという特性を帯びている。さらにまた、両方の側面からわれわれは、ある種の承認欲求と期待欲求を読み取れる。ここでいう承認欲求は、当該労働・生産の適任者として認めてもらおうとする個別主体（売り手）の心理状態を指し、また期待欲求は、個々の労働記号に設計されている総労働価値よりも良質の労働力を大いに発揮・発現してもらおうとする資本側（買い手）の心理状態を指す。こうした心的側面は、一般に賃金なき生活を想像できない労働者階級の従属性と、価値増殖運動という無限ループに呪縛されている資本家階級の盲目性を如実に反映している。

とはいえもちろん、賃金に反映される両欲求が各々一方の心理状態だけを示しているとは必ずしも限らない。なぜなら、そこで資本は、当該労働・生産に対してより多い適任者に選ばれたいという承認欲求をもっており、労働者もまた、資本側の期待欲求を多かれ少なかれ内面化せざるをえないからである。ただし、これらの心的側面は、やはり直接的かつ積極的なものとは言いがたい。というのも、剰余価値の生産・増大に死活をかけている資本家階級の立場と、賃金と生活を切り離せない労働者階級の立場からすれば、前者においては期待欲求が、また後者においては承認欲求がもっともコアな機能を果たすからである。賃金を支払う・支払われる過程は、期待欲求と承認欲求を繰り返して確認しあうものである。その過程をつうじて、労資関係が維持される。その意味では賃金もまた、労働記号とともに労資関係を成立・存続させる媒介形式といってよい。

逆に賃金が労資関係の媒介形式として機能しない場合は、両欲求が満たされないことになろう。一般に非自発的失業状態は、単に当該労働・生産の適任者として認めてもらえないことからくる挫折感ないし敗北感だけでなく、ひいては自分の存在を社会的に否定されることからくる無力感ないし虚無感を個別主体に与える。このことは、根本的に個別主体自身の承認欲求に起因するものであって、単に賃金を得られないために生活・生存が維持できないという話ではない。従来の労働力商品論では、賃金は、一日労働を可能にする労働者の内なる私的所有物（労働力）の売買代金としてしか意味をもっていないがゆえに、資本ひいては社会から当該労働・生産の適任者として認められたいといった個別主体の承認欲求ははじめから論外とされている。結局そこでは、自分の労働力を商品として可能な限り高く売ろうとする個別主体の商人的相貌だけが浮き彫りになってしまうの

＊19　この賃金＝貨幣評価額は、賃金＝労働使役権の売買代金とともに賃金の形態をなす一側面である。

である。

資本についても同じことがいえる。たとえば、労働記号A(c)11との適合度において64%しか満たしていない□□さんがリストラの対象になる場合、資本は、そこから抽出できる剰余価値0.6×Ar(c)11を諦める代わりに、Ar(c)11を賃金として支払わなくてすむことになる。そこで剰余価値より賃金が高いといっても剰余価値自体がゼロではない以上、引き続き□□さんを労働者として承認する選択肢もあろうが、最初に労働記号A(c)11に設計された総労働価値の想定値――2.5×Ar(c)11――が満たされない状況が続くと、賃金に反映されている資本の期待欲求も同時に満たされないままになる。そこでは賃金が労資関係の媒介形式として機能できなくなるが、そのことは、□□さんに対する資本の信任を自ら撤回する可能性を高めることになり、結果的に第三者がA(c)11の新たな担い手として入れ替わることになりかねない。

以上、本節では、賃金をめぐる労資相互間のトレードオフ関係を踏まえて、賃金の二重機能と、賃金＝貨幣評価額の二側面に反映されているそれぞれの欲求とを浮き彫りにした。前者において賃金は、労働力の復元・回復と、生活の質および生活水準の維持・向上という二種類の機能を果たすものとして、また後者において賃金は、個別主体の労働力の比較優位をめぐる承認欲求と、個別主体と労働記号とのあいだの適合度をめぐる期待欲求を反映したものとして捉えることができる。このことから賃金は、その機能と評価メカニズムだけでなく、欲求の側面においても二面性を帯びていることがわかった。これは、労働力を商品として擬制する方法に基づいて形づくられた従来の賃金像——労働力商品の再生産費用——とは似て非なるものといわざるをえない。そこでは賃金は、他の商品価格と同様のもの、つまり売り手と買い手のあいだの一時的または持続的な売買代金として規定されるにとどまっている。その結果、労資関係の媒介形式として機能する賃金の構造（機能と欲求）は、単なる商品交換関係のなかに埋め込まれてしまうということになる。

第3節　労働力概念の応用

資本・賃労働関係は、労働記号と賃金といった媒介形式によって成立し、維持される。両者はいずれも資本システムを構成するものとして、各々労働・生産体制と賃金制度の形式的合理性を体現している。すなわちたとえば、資本システムのもとでは一連の運輸労働は、Ar(a)27を前提とするA(a)27と、A(a)27の働きによって駆動されるPm(a)27とによって処理される。[*20] 資本は、その過程でAr(a)27を超える超過分——3×Ar(a)27——を領有するが、そうした領有過程は一般に、賃金形式によって隠蔽されたり正当化されたりする。Ar(a)27は、○○さん自身にとって一日8時間労働の正当な対価として受け止められる。賃金はしばしば、労働の対価とされたりするが、それはまさに古典派経済学的残滓といってよい。

＊20　宇野［2016］：27頁、57頁。

他方、マルクスは、賃金＝労働の対価というロジックでは剰余価値は生まれないとし、賃金を労働力商品の売買代金として捉える、いわば労働力商品論を打ち出したが、それはいってみれば、等価交換から剰余価値が生まれる一連のメカニズムを労働力商品概念でもってあきらかにしようとする理論的試みであったといえる。たしかにマルクスの試みは、古典派経済学の認識を相対化することに成功した。だが、人間の身体的・精神的・感情的諸能力を商品形態として擬制することにはやはり限界があり、その点については、すでにこれまでの検討をつうじて論じたとおりである。

それに対して本書では、個別主体が労働者として資本システムに包摂される一連のメカニズムを論じているが、だからといって、剰余価値の搾取メカニズムそのものを否定しているわけではない。むしろそこには、剰余価値の生産とその領有に重きが置かれてきた従来の資本システム像を再考できる可能性があると思われる。したがって本節では、見直された労働力概念を踏まえて、資本のもとへの労働の実質的包摂の高度化と細分化について立ち入って考察することにしたい。

すでに検討したように、一日労働における必要労働と剰余労働の量的な割合は事後的に決まる。それゆえに、個別主体と労働記号とのあいだの適合度――ここではこれを労働力指標と呼ぶことにする――の高低もまた、その割合によって事後的に把握することができる。同様に、剰余価値率（m/v）もまた事後的に決まると考えられる――前例の労働・生産過程においては、A(a)27から300％、A(b)8から100％、A(c)11から60％の剰余価値率がそれぞれ導き出される。とはいえ、両者の結果がつねに同じ動向を示すとは限らない。仮に労働記号A(a)27の総労働価値が4×Ar(a)27から

3×Ar(a)27に下落すると、剰余価値率は300%から200%になるが、労働力指標はおおよそ114%から85・7%になる。このことは、労働力指標が100%を下回るとしても、剰余労働によって形成された価値が必要労働によって形成された価値を超過することがありうることを示唆する。

それと反対に、総労働価値が増大するにつれて、剰余労働によって形成された価値が必要労働によって形成された価値を超過することになっても、労働力指標が100%を下回る場合もありうる。たとえば、労働記号A(c)11の総労働価値が1.6×Ar(c)11から2.2×Ar(c)11に上昇すると、剰余価値率は60%から120%になるが、労働力指標は、88%で依然として100%を下回ることになる。このことから、労働力指標においては総労働価値がその想定値を超えることで、また剰余価値率においては剰余労働によって形成された価値が必要労働によって形成された価値を超えることではじめて基準点100%が満たされるということがわかる。なぜなら、前者の場合は、総労働価値の想定値が資本のコード化によって決まるのであるが、後者においては、剰余価値の総量が剰余労働時間または剰余労働によって形成された価値の総量を増やすことによって変わってくるからだ。

こういうわけで、両者はいずれも資本システムにおいて個々の労働者を評価する尺度として扱われうる。資本は、自覚的であろうとなかろうと、つねに個々の労働者における労働力指標と剰余価値率を計量化し、前者においては総労働価値を、後者においては剰余価値を増大させようとする。だが、そこでは、労働力指標が100%を超えても、剰余価値率が100%を超えない場合もありうるし、逆に剰余価値率が100%を超えても、労働力指標が100%を超えない場合もありうる。前者において資本は、労働日の延長や賃金凍結を行うことができるし、また後者において資本は、リストラや組織構造の再編成を行うことができる。要するに、資本は、労資関係の媒介形式として機能する労働記号と賃金を構想し設計することで、剰余価値率と労働力指標を高めうるということである。

ところで、従来のマルクス経済学では労資関係は、労働者の剰余労働によって生み出される剰余価値に対する資本の領有、つまり搾取に重きが置かれているがゆえに、労働力指標を高めようとする資本の働きかけについて十分な検討が行われていないように思われる。[*21] 労働力指標は、すでに述べたように、労働記号という擬制的概念から派生したもので、個別主体と労働記号とのあいだの適合度を表す。その高低がただちに労働力の程度として示されるが、そのアウトプット自体は、剰余価値率と同様に固定されたものではない。したがって、そこではつねに資本による働きかけの余地が生じる。もちろん、資本は、基準点100%を下回る労働者をリストラすることもできなくはないが、雇用の安定性が比較的高い労働記号ほど、該当労働者をリストラするのはさほど容易ではない。しかもあらためてその適任者を物色することも少なくないコストがかかりうる。資本が労働者に対する働きかけを展開するのは、そのためである。

このように労働力指標は、個々の労働者の労働・生産過程に対する評価指標としての性格を帯びている。剰余価値率もまた同様であるが、そこに組み込まれている可変資本（v）は厳密にいえば、個々の労働者というよりも、一般に労働者集団として扱われる。これに対して、労働力指標の場合、労働者を一つの集団として括る方法は、さほど意味をなさない。なぜなら、労働記号ごとに設計されている総労働価値の想定値が相異なるからである。同じ資本のもとで働く労働者でも相異なる賃金水準または賃金形態が成り立つのは、そのためである。要するに、労働力指標は、剰余価値率と似て非なるものとして、つねに特定の労働記号および特定の労働記号として機能する個々の労働者を評価の対象とするのである。

こうした理由で、資本にとって労働力指標は、剰余価値率よりも、むしろ個々の労働者の労働・生産過程に対する評価指標として扱われやすい。もちろん、資本は、利潤率の低下傾向に対応する一環として、労働者の（大量）解雇を推し進めることがあり、そうした状況下で個々の労働者の労働力指標は、さほど意味をなさないかもしれない。というのは、資本が当該部門から既存事業を撤収する場合、そこに組み込まれていた労働記号（労働者）が破棄（解雇）されるからである。しかしながら同時に、資本が労働者を一部でも残す場合には、労働力指標なるものが継続雇用または解雇

---

*21　また他方で、山口拓美［2013］：45–56頁は、「日本語の『搾取』には、『使用』や『利用』や『開発』といった意味がほとんど含まれていない」と指摘し、その代わりに「やはり『搾取』という語を避け、『エクスプロイテーション』を用いたほうがよいと考える」と述べている。それによれば、「必要労働時間を超えて労働力を使用すること」が「労働力の Exploitation」であり、「一般に、Exploitation の対象が人間である場合、人間の Exploitation とは、その人間を『使用すること』あるいは『利用すること』を意味する」。したがっていいかえれば、「エクスプロイテーション」の一面が剰余価値の搾取であり、また他面が人間の道具化・手段化ということになる。詳しくは本文に譲るが、本章ではとりわけ後者の側面に焦点を当てて議論を進める。

を決めるにあたって重要な判断基準になりうると考えられる。そこで労働力指標のほうが剰余価値率より客観的なのは、すでに検討したように、労働力指標が100％を満たさない場合でさえ、剰余価値率が100％を超過することがありうるからである。両方の動向がつねに一致するとは限らない。

さらにまた、労働力指標は、個々の労働者を管理・監督するための判断基準としても扱われうる。たとえば剰余価値率の場合、そのアウトプットは、一日の労働時間（のうち特に剰余労働時間）そのものを増やすか、もしくは労働者の必要労働によって形成された価値（労働者の賃金として投下される資本）自体の割合を減らすか、いずれかによって上昇する。それゆえにそこでは、マルクスがいうように、労働日の延長や生産力の上昇、賃金水準の引き下げなどが進められることになる。だが、これらは労働者にとっては、あくまでも外的要因でしかない。というのは、それらは一般的に資本の運営と裁量に任されているからである。もちろん、特に生産力の上昇は、労働・生産過程における労働者の働き方を見直すことによって達成できるともいえるが、一般に生産手段――マルクスの言葉を借りていえば「不変資本の素材的諸要素」[*22]――の改良・改善・革新によって達成できる。

それに反して、労働力指標は、おもに労働・生産過程における個々の労働者の働き方によって変わってくる。ゆえに資本は、個々の労働者がコード化された労働記号の諸条件にしたがって働いているかどうかをつねに把握しておく必要がある。その過程は、管理や統制、監督、監視、指示、命令、評価、相談、注意、賞罰、懐柔、教育、訓練、研修、異動などをつうじて行われる。仮に資本の働きかけによって労働記号 A(c)11 として機能する□□さんの労働力指標が少なくとも64％――

1.6×Ar(c)11/2.5 × Ar(c)11 ――から基準点100%―― 2.5×Ar(c)11/2.5×Ar(c)11 ――に上がると、資本は、他の適任者を探すための時間と費用を省けるだけでなく、組織構造の再編成から生じうる諸問題――たとえば新たな労働の習得・熟達過程において発生する諸コストや再編成された組織全体のパフォーマンスが低下する諸リスクなど――に直面せずにすむことになる。

もっとも、労働力指標は、生産手段の改良・改善・革新にあたって剰余価値率とはまた違う展開を示す。すなわち、たとえ技術革新によって剰余価値率の上昇が実現できたとしても、労働力指標が基準点100%を下回ることがありうる。なぜなら、そのことから当該労働記号に設計されていた総労働価値の想定値が見直される可能性があるからだ。仮に労働記号A(b)8における総労働価値の想定値が技術革新によって2×Ar(b)8から2.5×Ar(b)8に見直されると、たとえ剰余価値が1×Ar(b)8から1.2×Ar(b)8に、つまり剰余価値率が100%から120%に上昇しても、労働力指標は88%で直前の100%を下回ることになる。このことは、生産手段をめぐる技術革新が進められても、個々の労働者の労働強度（一定時間内に支出される労働量）は減らないどころか、むしろ大きくなりうることを示唆する。

さらにまた、そこでは、総労働価値が2×Ar(b)8の水準で停滞したり、その水準を少し下回ったりすることもありうるが、このことをただちに労働強度の維持や減少とみなすのは適切ではない。

＊22　Marx[1890]:S.334。

というのは、一般に「労働の強度の増大は、同じ時間内の労働支出の増加を意味する」[*23]のであって、そこでは「労働支出」が量的にも質的にもつねに行われるからである。たとえば、「機械労働は神経系統を極度に疲らせると同時に、筋肉の多面的な働きを抑圧し、身心のいっさいの自由な活動を封じてしまう」[*24]というような賃金労働の一面は、いわゆる労働生産性と無関係に労働強度を上げてしまう。このように技術革新に伴う労働記号の再コード化のもとで、労働者は、それに見合う剰余価値の増産を資本から強いられるのであり、その結果をもとにして再評価されることになる。

技術革新はたしかに、既存の労働・生産過程を部分的に単純化するが、だからといって、その分だけ労働時間が減るわけではない。それは逆に、労働強度の増大をもたらしうるし、そこで資本は、労働者に対して新たな資格や知識、能力、スキルなどを要求することができる。すなわち、技術革新に伴う労働記号の再コード化は同時に、労働記号と労働者の結びつき方をあらためて調整することを強いるのである。それゆえに、個々の労働者は、労働時間内外において再コード化された労働記号との適合度を高めるために必要な諸活動に取り組まざるをえない。そうして、労働・生産過程の分化と労働強度の増大が共時的に進められることになる。いってみれば、労働の両極分化または多極分化が生じるのであるが、そのことは、単一の労働記号内で起こることもあり、また相対的に単純化された労働記号と相対的に専門化された労働記号とに二分されることもある。

前者の場合、労働者は、両極・多極分化した労働を一人でこなすのであるが、それに伴い労働・生産過程のさらなる複合化・多層化が進むことになる。ただし、そこでは労働記号そのものの分化は起きないがゆえに、既存の労働記号のまま再コード化されることになる。他方、後者の場合には、分岐した諸労働がそれぞれの労働者に任されることになるが、それに伴い賃金形態／水準も異なってくる。つまり、既存の単一の労働記号から、相対的低賃金労働と相対的高賃金労働に分化するのである。両者あるいはどちらか一方は、あらためてコード化された新規の労働記号として資本システムに再編入される。このように技術革新は、労働記号の再コード化を推し進めるとともに、労働の両極・多極分化をもたらすのであるが、そのことは資本システムの必然的な内的傾向として、特定の労働記号内または個別労働記号間でなされるのである。[*25]

労働力指標に戻ろう。技術革新は、労働力指標の値を反転させる可能性をもっており、またその傾向は、剰余価値率の動きと無関係に現われる。これまでみてきたように、剰余価値率においては、剰余価値の絶対的・相対的増大に焦点が当てられていて、そこでは新規生産手段と当該労働者の結びつき方、つまり労働記号の再コード化および労働の両極・多極分化といった労働・生産体制の質的変化は後景化されている。技術革新に伴う資本システムと労働記号の立て直しは、労働者の身体・精神・感情の自由度を縮小させざるをえないし、またその分だけ労働者の資本システム・労働記号への従属度は高まる。[*26] ここでわれわれは、資本のもとへの労働の実質的包摂の高度化・細分化

＊23　Marx[1890]:S.547。
＊24　Marx[1890]:S.445。

を読み取れるし、その一連のメカニズムが資本システムの高度化・細分化と表裏一体の関係にあることがわかる。資本システムの規模が大きくなるほど官僚制的性格を帯びるのは、そのためである。[*27]

以上、本節では労働力指標と剰余価値率を比較しつつ、生産手段の量的・質的高度化を伴う技術革新が資本システムと労働・生産過程全般に及ぼす影響について考察した。それをつうじて剰余価値率では読み取りにくい傾向性を把握することができた。とりわけ労働記号の再コード化から労働の両極・多極分化につながる一連の過程は、剰余価値の生産・領有という資本システムの量的側面とはまた違う性質を示すものといえる。すなわちそれは、個々の労働者に対する資本の実質的包摂力を象徴するものであり、その意味では、資本システムの質的側面といってよい。資本システムの量的側面は、マルクスのいうように、等価交換から剰余価値を生産・領有することで達成できるとすれば、その質的側面は、労資関係の媒介形式としての労働記号と賃金を構想・設計することで達成できるということになる。

従来のマルクス経済学における資本システム像は、概ね剰余価値の生産・領有関係に基づいて形づくられてきた。剰余価値の生産が等価交換を始めとしてなされる以上、資本もそう簡単にその領有を放棄するとはなかなか考えにくい。[*28]両者のトレードオフ関係から階級闘争に明け暮れるのは当然の帰結であろう。ところが、剰余価値の生産・領有だけでは、資本システムは成立しない。それが成り立つためには、ひとまず個別主体が労働記号の人格的担い手、つまり労働者として包摂される過程が必要不可欠である。剰余価値の生産・領有は単に、個々の労働者を道具化・手段化する労働・生産体制の産物にすぎない。剰余価値の生産・領有が個々の労働者に対する資本の実質的包摂力を高度化するのではない。むしろその逆である。そうした意味からすれば、労働者の包摂・記号化と剰余価値の生産・領有は、資本システムにおいて表裏一体の関係にあり、決して単独でそのメカニズムを主張できるという性質のものではないといえよう。

＊25　他方でマルクスは、マニュファクチュア的分業体制から「労働力の等級制」（Marx[1890]:S.370）、「等級制的段階づけ」（同右、S.371）、「一つの等級制的編制」（同右、S.381）の起源を見出し、それがただちに「労賃の等級」（同右、S.370）と対応することを述べている。それによれば、「後者〔＝「不熟練労働者」：引用者〕のためには修業費はまったく不要になり、前者〔＝「熟練労働者」：引用者〕のためには、機能の簡単化によって手工業者の場合に比べて修業費は減少する。どちらの場合にも労働力の価値は下がる」（同右、S.371）。だが、労働者自身がこれまでいくら「修業費」を払ってきたのかとは無関係に、その「労働力」と「労賃」・「等級」とのあいだのミスマッチはつねに起こりうる。経歴断絶女性／男性や高齢労働者・退職者、外国人／移民労働者などがその例であろう。これは、「労働力」でもって「等級制」を説明することによって起こるミスマッチにほかならない。それゆえ、「等級制」は、「労働力」の観点ではなく、労働記号の観点で捉える必要がある。本書では「等級制」という用語は使わないが――これもまた労働記号の構想・設計にあたってすでに一つの構成要素としてコード化されているためであるが――、それはあくまでも労働記号の（再）コード化および労働の両極・多極分化の結果として形づくられるものといわなければならない。

＊26　Marx[1890]:S.533。

＊27　Marx[1890]:S.447。

おわりに

マルクス自身が剰余価値の搾取メカニズムにのみ注目していたとはもちろん思えない。それどころか、むしろ当時のイギリス労働者階級の悲惨な境遇を至るところで告発している。[*29] 本章では単にこれまでの考察をつうじて提示した概念をもとにして、その一連のメカニズムを抽象化し理論化しただけである。その過程で、またいくつかの概念——労働の記号化、賃金の二面性、労働力指標、労働記号の再コード化——が提示された。これらの共通点は、個々の労働者を道具化・手段化する資本システムの質的側面と深く結びついているということである。要するに、資本のもとへの労働の形式的・実質的包摂のメカニズムは、剰余価値の生産・領有が流通部面での等価交換によって正当化されるのと同様に、生産部面における資本による労働者の道具化・手段化を正当化する機制として働くといってよい。

そして、その根底には労働記号がある。これは個別主体を労働者として位置づけると同時に、また資本を労働・生産体制の設計者ないし管理者として位置づける。資本が剰余価値を生産・領有するためには、まず個々の労働者に対して形式的かつ実質的な包摂者として君臨しなければならない。このことは、剰余価値の搾取メカニズムという資本システムの経済的原理がそれ自身の政治的原理、いいかえれば支配従属のヒエラルキーを前提として成り立つことを示唆する。そこで個々の労働記号は、剰余価値の生産・領有を可能にする装置として、ひいては労働・生産体制の内部に散在している人格的諸要素を払拭する機制として働くのである。資本システムの高度化・細分化が進むにつれて、資本がある種の職務体系ないし法的制度といった非人格的プレーヤーの外観を帯びるのは、そのためであろう。

＊28　その理由については、次のようなマルクスの言葉からもある程度読み取れる。「労働力はまる一日活動し労働することができるにもかかわらず、労働力の一日の維持には半労働日しかかからないという事情、したがって、労働力の使用が一日につくりだす価値が労働力自身の日価値の二倍だという事情は、買い手にとっての特別な幸運ではあるが、けっして売り手にたいする不法ではないのである」(Marx[1890]:S.208)。なお、同趣旨の見解は、宇野［2015］：122頁にもみられる。

＊29　周知のように、マルクスは、『資本論』の序文で次のような警告を発している。「イギリスの工業労働者や農業労働者の状態を見てドイツの読者がパリサイ人のように顔をしかめたり、あるいは、ドイツではまだそんなに悪い状態にはなっていないということで楽天的に安心したりするとすれば、私は彼に向かって叫ばずにはいられない、ひとごとではないのだぞ！〔De te fabula narratur!〕と」(Marx[1890]:S.12)。

第6章　労働と時間

はじめに

本章は、マルクスの労働時間論を批判的に検討し、資本主義的労働・生産過程における個別的労働時間の機能的意義について考察することで、その労働・生産体制に内在する非経済的・政治的原理を体系化しようとするものである。

マルクス経済学において労働時間は、価値論だけでなく、搾取論・剰余価値論や労働日論、ひいては転形論にまで貫かれているキーワードである。この概念は特に、『資本論』第1巻第1篇第1章第1節「商品の二つの要因 使用価値と価値（価値実体 価値量）」において最初に扱われている。このことは、労働時間なしには商品価値を説明できないことを傍証するものといってよい。[*1]

そこでマルクスは、ひとまず個別商品のもつ使用価値を捨象し、いわゆる蒸留法をつうじてその内なる抽象的人間労働を商品価値の実体として抽出すると同時に、抽象的人間労働が加わった物理的継続時間によって商品価値の大きさが計られることを論じており、さらに、それを踏まえて続く第2節「商品に表わされる労働の二重性」では、抽象的人間労働を価値の形成因子として、また具体的有用労働を使用価値の形成因子として規定している。[*2]

こうして、マルクスは、冒頭商品論において商品価値の実体としての一面と商品価値の形成因子としての一面を抽象的人間労働の内なる二面としてそれぞれ導き出すことで、価値、労働、そして時間、この三つの概念を相互補完的な関係の上に成り立たせようとした。それによれば、商品価値は、一方で人間労働が加わってはじめて成り立ち、また他方で労働時間によってはじめてその大きさが迂回的に可視化されることになる。このことから、商品価値は、質的には人間労働と結びついており、また量的には労働時間と結びついていることがわかる。[*3]

ところで、商品価値から人間労働という質的要因と労働時間という量的要因を抽出する、冒頭商品論におけるマルクスの方法論的展開は、抽象レベルでは首尾一貫しているといえるが、一段抽象度を下げると、その議論にも不十分さがあることに気がつく。特に本章で注目したいのは個別的労働時間である。というのは、マルクスの労働時間論では個別的労働時間は、単に社会的平均値としての労働時間の個別単位として規定されているだけで、それに解消されない個別的労働時間そのものの機能的意義については、さほど注目されていないからである。

実際のところマルクスは、冒頭商品論において、人間労働の抽象性に着目しつつ、商品価値の一般的かつ平均的属性を引き出しており、同時にまた当該商品の名目的・社会的価値と実質的・個別的価値とのギャップによって生じる商品一単位の価値量の低下を生産性の向上の例として取り上げながらも、後者に結びついている個別的労働力または個別的労働時間を、社会的平均労働力または社会的平均労働時間に還元してしまっているか、あるいは後景に退けてしまうようなアプローチを採用している。

もちろん、個別的労働によって個々の生産物の価値の大きさがただちに決まるとは限らない。周

知のように、生産物の価値の大きさは、社会的で平均的なものとして事前に与えられているからで

＊1　筆者自身は、特に宇野理論によって『資本論』体系の欠陥として批判されてきた問題、すなわち「マルクスが与えた『価値形成実体』としての社会的平均化は、資本形態のもとに把握された労働生産過程において具体化されるものであって、それは単なる商品交換関係の内に抽象してえられるような一般的な規定をもってすることはできないのである」（宇野［1974b］：165頁、宇野［2016］：66−70頁）とする見解ないし主張に異存はない。しかしながら他方で、本章で問題にしているのは、マルクスが商品価値と労働時間の結びつきについて論じるにあたって、はじめから労働時間を社会的で平均的なものとして規定することによって、「資本形態のもとに把握された労働生産過程」の分析において「周辺部に置かれてしまった個別的労働時間の機能的意義である。そこでは単に、「怠惰または不熟練」(Marx[1890]:S.53) などといった量的要因だけが働いているわけではないと思われる。いずれにせよ、本章では、労働時間を扱うにあたっては資本・賃労働関係の成立を所与の前提とすること、したがっていわば価値実体から価値形態へと進むマルクスの方法論的展開についてはさしあたり問題にしないということを、ここであらかじめ断っておきたい。

＊2　マルクスは、労働時間、抽象的人間労働および具体的有用労働について次のように説いている。「では、それの価値の大きさはどのようにして計られるのか？　それに含まれている『価値を形成する実体』の量、すなわち労働の量によってである。労働の量そのものは、労働の継続時間で計られ、労働時間はまた一時間とか一日とかいうような一定の時間部分をその度量標準としている」(Marx[1890]:S.53)。／「すべての労働は、一面では、生理学的意味での人間の労働力の支出であって、この同等な人間労働または抽象的人間労働という属性においてそれは商品価値を形成するのである。すべての労働は、他面では、特殊な、目的を規定された形態での人間の労働力の支出であって、この具体的有用労働という属性においてそれは使用価値を生産するのである」（同右、S.61)。

ある。[*4] 資本の人格的担い手たる資本家であろうと、労働記号の人格的担い手たる労働者であろうと、その価値の大きさに直接介入することはできない。両者は単に、社会的で平均的な価値より大きい／同じ／小さい価値量の生産物を生み出すかたちで間接的かつ事後的に結びつくだけである。[*5]

それに対して、個別的労働時間は、個々の生産物の実質的価値量と結びついていて、資本家も労働者もそこに直接介入することができる。なぜなら、それは単に、社会的労働時間の個別単位に還元されない固有の性質をもっているからである。そこには、経済的原理が通用しない領域が存在しているのである。

従来のマルクス経済学においても、個別的労働時間について十分な関心が払われていなかったわけではない。ただし、そうした議論の多くは、やはり労働日に関する経済史ないし社会学的議論であって、いわば原理論的アプローチに基づいて展開された議論ではないことがほとんどである。しかし、そのなかでも特に個別的労働・生産過程および個別労働者の労働力の特殊性に着目し、マルクスの労働カテゴリー、さらには労働力カテゴリーを批判的に捉え直した小倉利丸の立論は先駆的なものといえる。[*6]

小倉の問題意識とそのアプローチについては筆者も概ね同意している。しかし同時に、そこで提示されている「〈労働力〉商品」概念にはかなり懐疑的である。[*7] 詳しくは本文に譲るが、単に既存の労働力商品概念を微調整するだけでは、個別的労働時間の支配と統制に対するイニシアチブを土台にして階級支配のメカニズムを高度化する資本主義的労働・生産体制の構造とそのダイナミクスはあきらかにされないと思われる。*8

さて、以上のような問題関心を踏まえて、本章では次のような構成で議論を展開しようとする。まず第1節では、マルクスの個別的労働時間概念に焦点を当てながら、社会的労働時間概念との質的相違および両者の機能的意義について考察する。第2節では、資本主義的労働・生産過程における資本の指揮・監督機能について立ち入って考察することで、それに内在する諸要因を浮き彫りに

---

*3　「初版ではこれに次の句が続いている。『われわれは今では価値の実体を知った。それは労働である。われわれは価値の大きさの尺度を知った。それは労働時間である。〔中略〕』」（Marx[1890]:S.55、傍点は原著者）

*4　すなわち、マルクスによれば、「この平均労働の性格は、国が違い文化段階が違うにしたがって異なるとはいえ、ある既存の社会ではあたえられたものとして現われる」（Marx[1859]:S.18）。

*5　平田編［1983］よれば、「この時間〔＝「社会的必要労働時間」：引用者〕は、あらゆる諸個人の具体的諸労働をそれにもとづいて評価するという実在的な規制力を有している」（20頁）。だが実際には、「あらゆる諸個人の具体的諸労働」、つまり個別的労働とその労働時間こそが、遂行・評価の対象という消極的規定だけでなく、支配・統制の対象という積極的規定も同時に内包しているといわなければならない。詳しくは本文に譲るが、本章のおもな関心事は、後者、つまり資本主義的労働・生産過程における個別的労働時間の積極的規定であり、したがってここでは、個別的労働時間そのものが資本（家）にとっても労働者にとっても労働・生産過程の「実在的な規制力」として機能することをあきらかにしようとする。

*6　本章ではそのうち特に、小倉［1981］、小倉［1985］、小倉［1990］、小倉［2010］を参照した。

*7　「〈労働力〉商品」論について詳しくは小倉［1981］を参照されたい。

する。第3節では、資本主義的労働・生産体制における労働時間の記号化について論じながら、資本主義が他の社会構成体とは異なる意味でのイデオロギー的労働・生産体制であることをあきらかにする。以上の議論を踏まえて、本章の最後では、資本主義的労働・生産体制の二重構造について述べることで、本章を締めくくることとする。

第1節　社会的労働時間と個別的労働時間

本節では、マルクスの労働時間論を考察の対象とし、そこから社会的労働時間と個別的労働時間の機能的意義について論じる。そのためにまずは、労働と価値の関係についてのマルクスの言葉を引用することから議論を進めることにする。

周知のように、マルクスは、『資本論』冒頭の「商品の二つの要因」論において次のような還元論的方法を提示している。

労働生産物の有用性といっしょに、労働生産物に表わされている労働の有用性は消え去り、したがってまたこれらの労働のいろいろな具体的形態も消え去り、これらの労働はもはや互いに区別されることなく、すべてことごとく同じ人間労働に、抽象的人間労働に、還元されているのである。／そこで今度はこれらの労働生産物に残っているものを考察してみよう。それらに残っているものは、同じまぼろしのような対象性のほかにはなにもなく、無差別な人間労働の、すなわちその支出の形態にはかかわりのない人間労働力の支出の、ただの凝固物のほかにはなにもない。これらの物が表わしているのは、ただ、その生産に人間労働力が支出されており、人間労働が積み上げられているということだけである。このようなそれらに共通な社会的実体の結晶として、これらのものは価値－商品価値なのである。(Marx[1890]:S.52、Marx[1859]:S.17)

ただし厳密にいえば、ある対象間の無差別性を根拠づけるためには、それら同士の質的同一性が立証されなければならない。両者は似て非なるものだからである。たとえばAとBとが質的に同一であるということは、両者が同じ基盤を共有していることを所与の前提とする。たとえ両者は互い

＊8　実際のところ小倉［1985］：19–20頁は、「生産過程は、労働者と労働力の不可分性によって、資本による労働者に対する指揮・監督・管理という、商品売買関係に代表されるブルジョワ的な自由・平等の形式とは全く異なる支配のシステムをもつことになる。労働者の主体性を最小化すること、あるいは資本家に〝同感〟しうる転倒した主体性を形成させることがこの支配のシステムの目標となる」と述べながらも、同時に「この支配のシステム」を「〈労働力〉商品維持のための支配のシステム」として捉えている。詳しくは本文に譲るが、これは、「資本」の「支配のシステム」――この表現は小倉［2010］：31–32頁では、「資本がもたらす非経済的な価値の秩序支配」や「資本主義的な不条理ドラマの仕掛け」、「不条理を条理のうちに隠しているその構造」と呼ばれている――の原理を個別的労働時間の機能的意義から解明する本章のアプローチとちょうど対照をなすものといってよい。

に区別がまったくつかないモノだとしても、相異なる基盤をもっているならば、両者は質的に同一であるとはいえない。それゆえ、AとBとの区別がつかないということから、AとBとが質的に同一であるということは導き出されないということになる。

要するに、人間労働の無差別性が必ずしも人間労働の質的同一性を保証するとは限らないということである。マルクスは、人間労働の無差別性について商品の使用価値の捨象と人間労働への還元をつうじて説明しているが——その分析方法自体の適・不適はここでは問わない——、人間労働の質的同一性についてはほとんど論じておらず、単に「還元」という用語でその違いを事実上解消させてしまっている。人間労働はその後、相互間の無差別性という自己不完結的な仮設条件を土台にして、社会化・平均化されたものとして扱われることになってしまう。

このような「無差別な人間労働」の導かれ方は、社会的労働時間と個別的労働時間とのあいだの関係設定にもそのまま適用されることになる。以下ではその点について検討してみたい。

マルクスは右記引用文の直後で、「社会的に必要な労働時間とは、現存の社会的に正常な生産条件と、労働の熟練および強度の社会的平均度とをもって、なんらかの使用価値を生産するために必要な労働時間である」[*9]としつつ、次のように述べている。

たとえば、イギリスで蒸気織機が採用されてからは、一定量の糸を織物に転化させるためには おそらく以前の半分の労働で足りたであろう。イギリスの手織工はこの転化に実際は相変わらず同じ労働時間を必要としたのであるが、彼の個別的労働時間の生産物は、いまでは半分の社会的労働時間を表わすにすぎなくなり、したがって、それの以前の価値の半分に低落したのである。／だから、ある使用価値の価値量を規定するものは、ただ、社会的に必要な労働の量、すなわち、その使用価値の生産に社会的に必要な労働時間だけである。個々の商品は、ここでは一般に、それが属する種類の平均見本とみなされる。（Marx[1890]:S.53-54）

要するにたとえば、「蒸気織機」の「採用」が行われる以前の生産力・生産条件をP_0とし、以後の生産力・生産条件をP_1とすれば、P_1における「手織工」の0.5時間労働によって生産された織物W'の「使用価値」の数量は、P_0における「手織工」の1時間労働によって生産された織物W'のそれと等しいということである。仮にそこで一単位の織物W'を生産するために「社会的に必要な労働時間」が依然としてP_0の水準（1時間）にとどまっているとすれば、その平均値より短い「労働時間」（たとえばP_1における0.5時間労働）は今や剰余価値の増産の機制となる。

マルクスによれば、個々の織物W'の「使用価値の価値量」は、「その使用価値の生産に社会的に必要な労働時間」によって決まる。それゆえ、たとえば一時間あたり100の「価値量」をもつ一単位の織物W'が生み出されるとすれば、P_0における織物W'一単位の「価値量」は100となり、またP_1に

＊9　Marx[1890]:S.53。

おける織物W'一単位の「価値量」は50となろう。こうして、さしあたり利潤の源泉となる剰余価値の増大のための条件が成り立つことになる。マルクスのこの例は、『資本論』体系において生産性の向上に伴って起こる商品一単位の価値量の低下を説明する最初の試みといえる。

しかしながら他方で、マルクスが「社会的労働時間」を説明するにあたって、「個別的労働時間」についても同時に言及している点は注目に値する。それは厳密にいえば、「社会的労働時間」が「個別的労働時間」の基盤の上に成り立つということであり、したがって、そこでは両者の結びつきが問われてもおかしくはないと思われる。ところで、その後になされるマルクスの議論では、概ね「社会的労働時間」に焦点が当てられていて、「個別的労働時間」あるいは両者の関係についてはほとんど触れられていない。

実際のところマルクスは、その前段においてすでに個別的労働の社会的労働への還元を進めており、そのことは資本主義的労働・生産体制の分析にあたって「個別的労働時間」をめぐる諸議論が埋もれてしまう直接的な契機となっている。すなわち、それによれば、

諸価値の実体をなしている労働は、同じ人間労働であり、同じ人間労働力の支出である。商品世界の諸価値となって現われる社会の総労働力は、無数の個別的労働力から成っているのではあるが、ここでは一つの同じ人間労働力とみなされるのである。これらの個別的労働力のおのおのは、それが社会的平均労働力という性格をもち、このような社会的平均労働力として作用

し、したがって一商品の生産においてもただ平均的に必要な、または社会的に必要な労働時間だけを必要とするかぎり、他の労働力と同じ人間労働力なのである。（Marx[1890]:S.53）

ここで「社会の総労働力」と「個別的労働力」の関係は、人間労働の無差別性を前提として形づくられている。だが、本節の冒頭で述べたように、そこには質的同一性が欠けている。そこでの個別的労働・個別的労働時間は、逆に社会的労働・社会的労働時間から形づくられたもの、いってみればミニ社会的労働・ミニ社会的労働時間にすぎず、その意味では自己根拠を欠いている。後述するように、両者のあいだには質的断絶があり、単に平均化して処理する方法が妥当であるとは思えない。

結論を先取りすれば、個別的労働・個別的労働時間の自己根拠は労働記号にあると筆者は考えている。これは、平均像としての社会一般を自己根拠とする社会的労働・社会的労働時間と相容れない。これまでの検討において筆者は、個別主体（売り手）は資本・賃労働関係の形成にあたって、自分の内なる労働者表象を資本家（買い手）から貨幣評価を受けることによって、一つの労働記号——資本によって記号化された、いわば擬制的な労働単位——として資本主義的労働・生産体制に組み込まれる一連のメカニズムについて論じたのであるが、そこでいう記号（コード）とは、要するに体制（システム）と対をなす概念である。

たとえば、ある織物工場労働者をA(a)1とすると同時に、A(a)1の必要労働または必要労働によって形成された価値をAr(a)1とし、また耐用年数10年の織機（労働手段）と一日分の数量の糸（労働対象）とをそれぞれ、Pm(a)1.1、Pm(a)1.2で表せば、一日の労働・生産過程は、Pm(a)1.1/3650とPm(a)1.2、そしてそれらを扱うA(a)1——この働きはAr(a)1に相当する賃金を前提とする——によって展開されると考えられる。[*10]マルクスによれば、個別的労働時間は、社会的労働時間の規制を受けている。それゆえ、一定量の織物W'——この生産物の価値はAr(a)1とそれを超過するX・Ar(a)1によって形づくられる——を生産するためのA(a)1の個別的労働時間が実際に7時間（700）であろうと9時間（900）であろうと、その生産には8時間（800）の社会的労働時間がかかるとみなされているのであれば、その時間によって一定量の織物W'の価値の大きさが決まることになる。[*11]

生産物W'の価値が社会的労働時間という平均値によって決まるといわれれば、それはそれでよいが、それに伴い個々の労働者によって発揮・発現される労働力の程度——これは後述するようにAr(a)1+X・Ar(a)1自体の絶対的な量と相対的な質を左右する——の問題は、必然的に後景に退けられてしまう。[*12]これはいいかえれば、資本のもとへの労働の形式的・実質的包摂の有無と無関係に、平均水準の価値量の生産物W'が生産されうることになりかねない。なぜなら、個々の労働者の労働力は、資本主義的労働・生産体制下においてはじめて発揮・発現されるものだからである。小生産者であればまだしも、賃金労働者であれば、その労働・生産過程は、労働者の包摂と記号化を促す資本の実践的諸装置から決して自由ではありえない。

実際に「資本家」のもとでの「労働過程」の「二つの特有な現象」、そのうち一つについて、マルクスは次のように述べている。[*13]

労働者は資本家の監督のもとに労働し、彼の労働はこの資本家に属している。資本家は、労働が整然と行なわれて生産手段が合目的的に使用されるように、つまり原料がむだにされず労働用具がたいせつにされるように、言い換えれば作業中の使用によってやむをえないかぎりでしか損傷されないように、見守っている。（Marx[1890]:S.199-200）

マルクスはここで、「資本家の監督」を資本主義的労働・生産過程の「特有な現象」として捉えているが、このことは、労働・生産過程において示される階級的ヒエラルキーが資本の価値増殖メカニズムと表裏一体の関係にあることを示唆する。そうだとすれば、商品価値の大きさが社会的必要労働時間によって計られるという冒頭商品論の規定は、労働一般には当てはまらないものといわなければならない。社会的必要労働時間よりも対極的で非対称的な階級関係のほうが先なのであり、

＊10　本章では前章と同様に、A(a)1における冒頭の〈A〉は労働者（Arbeiter）を、中央のアルファベット〈a〉は業務別の識別記号を、最後の数字〈1〉はナンバリングされた個別主体を指し、またAr(a)1における冒頭の〈Ar〉は、労働記号と生産手段との結合・融合によって生み出される結果・成果としての労働（Arbeit）を意味するものとして用いる。
＊11　山口重克［1987］：97–98頁。
＊12　小倉［1990］：189–191頁。
＊13　Marx[1890]:S.199。

そこで労働記号は、まさにそれを象徴するものといってよい。

資本主義的労働・生産体制に組み込まれている個々の労働記号は、労働・生産過程の合理化・形式化と労働者の道具化・手段化を可能にする仕掛けであるが、資本がそうせざるを得ない理由は、個々の労働者がどの程度の剰余価値を生み出すかを事前に知る術がないからである。いわば剰余価値の大きさの不可知性である。

すなわち、賃金労働は、資本・賃労働関係に通底する階級的ヒエラルキーの論理を体現したものとしての労働記号を前提としている。だから、たとえ一定量の織物W'の生産にかかった労働時間が、小生産者も織物工場労働者も同じく8時間であるとしても、このこと自体は、両者の織物W'の価値の量的同等性を指すだけで、決して質的同等性を意味するとは限らない。むしろそこでは労働生産性は、資本主義的に運営される織物工場のほうが劣っているということになる。

マルクスによれば、「労働の生産力は多種多様な事情によって規定されており、なかでも特に労働者の技能の平均度、科学とその技術的応用可能性との発展段階、生産過程の社会的結合、生産手段の規模および作用能力によって、さらにまた自然事情によって、規定されている」[*14]。だが、これは厳密にいえば、労働一般に限られるものであって、賃金労働には当てはまらない。というのも、後者における「労働の生産力」にかかる「多種多様な事情」は、ひとまず対極的・非対称的な階級関係によってはじめて意味をもつからである。

そこには当然ながら、階級的ヒエラルキー体制が最初からビルトインされていて、「労働の生産力」についての規定も、人間からではなく、資本から出発しなければならない。もちろん、通時的観点から社会的労働時間を説明する場合には、労働一般の生産力をめぐって「多種多様な事情」が関わってくることはたしかだが、その延長線上に、いわば賃金労働があるわけではない。労働一般と賃金労働とのあいだには質的断絶があり、それを埋めることは決して容易なことではない。*15

社会的労働時間と個別的労働時間は、資本主義的労働・生産体制に通底する対極的・非対称的な階級関係を前提としてはじめて成り立つのであるが、その関係は同時に、両時間のあいだの質的相違をよりはっきりさせる。仮にある生産物W'一単位当たりの生産にかかる社会的労働時間が8時間だとすれば、資本は、技術革新によるシステム高度化をつうじて、その生産に必要な個々の労働者の個別的労働時間を7・5時間や7時間、あるいはそれ以下に短縮し、可能なかぎり生産物W'一単位当たりの価値を減らそうとする。生産物W'の個別的価値が全体として800から750や700、あるいはそれ以下に低下するほど、剰余価値の獲得範囲をさらに拡大することができるからである。

このように資本は、社会的労働時間という平均値を絶えず否定し相対化することを目論んでおり、その実現をつうじて価値増殖のための労働・生産体制を保っていくことになる。それゆえ、資本主義的労働・生産過程においては、平均値の8時間が満たされさえすればよいというわけにはいかない。社会的労働時間自体が個別資本にとってさほど意味をなさないのは、そのためである。

---

*14 Marx[1890]:S.54。

それに対して、個別的労働時間は、平均値の8時間を中心にばらつくと考えられる。たとえば、資本主義的に運営される織物工場で働く個別労働者A(a)1が一単位の織物W'を生産するためにかかった個別的労働時間が7時間、A(a)2が8時間、A(a)3が9時間だとすれば、その個別的価値はそれぞれ、700=[Ar(a)1+X・Ar(a)1]×7/8、800=[Ar(a)2+X・Ar(a)2]×8/8、900=[Ar(a)3+X・Ar(a)3]×9/8となり、また一日8時間でA(a)1がおよそ1.14×織物W'、A(a)2が1×織物W'、A(a)3がおよそ0.89×織物W'を生産するということになる。

そこではA(a)1とA(a)2はともかく、一日労働で0.89×織物W'——その個別的価値は平均値より12・5%高い——しか生産できないA(a)3に対して、資本は、一定の事前的かつ事後的な働きかけを行う。すなわちそこでは、9時間というA(a)3の個別的労働時間を短縮させるための経営活動が展開されるが、その過程は、管理や統制、監督、監視、指示、命令、評価、相談、注意、賞罰、懐柔、教育、訓練、研修、異動などをつうじて行われる。そこから一定の経営コストが発生するが、労働者への働きかけにおいて発生する経営コストの増大は、資本を悩ませる要因にほかならない。このことは、平均的労働時間を超過する労働者が増えるほど、それに正比例して資本側の経営コストも増えることを示唆する。

このことから、資本は、生産物W'一単位当たりの生産にかかる平均的労働時間を相対化するためのシステム高度化を図るとともに、またその労働・生産過程で発生する経営コストを減らすことに取り組むということがわかる。前者においては、社会的労働時間が前提となるが、後者においては、個別的労働時間そのものまたは個別的労働時間と社会的労働時間とのギャップが前提となる。資本の経営活動は、概ねこの二つに力点を置いているが、マルクスおよびこれまでのマルクス経済学における資本主義的労働・生産体制の分析では、どちらかといえば前者に重きが置かれている。だが、個別的労働時間の量的・質的問題を抜きにして労働者の労働力について語ることができる

＊15　周知のように、マルクスは労働過程論の冒頭で、「労働過程はまず第一にどんな特定の社会的形態にもかかわりなく考察されなければならないのである」（Marx[1890]:S.192）と述べながら、労働を人間と自然の相互作用の一面として分析している。そのうえで「労働過程は、資本家による労働力の消費過程として行なわれるもの」（同右、S.199）として規定されている。たしかにそのとおりだが、そもそも前者の「労働過程」が考察の対象になりえたのも、後者の「労働過程」の一般化・社会化においてである――「経済的な目的をもった労働が、つねに支配的な人間活動であったわけではない。それが社会全体の規模で支配的になったのは、産業資本主義が完成した約二百年前からにすぎない」（Gorz[1988]：362頁）。こうした意味で、マルクスの労働過程論は、労働一般がむしろ賃金労働の産物であることをみえにくくするだけでなく、労働一般から賃金労働を根拠づける、いわば転倒したアプローチを一般化してしまう。これに対して本書では、労働概念の理論的根拠を、労働一般にではなく、賃金労働に求めているが、その理由については、櫻井の言葉を引用することで説明に代える。櫻井［2010］：80–83頁は、「経済原則」に結びつく「人間生活」の「共通な労働生産過程」と、「価値という虚構の形式」に結びつく「資本の生産過程」とのあいだの、「非対称的」で「一対一対応」できない関係性を強調しつつ、次のように述べている。「労働の領域は限りなく広い。それをすべて商品経済機構が把握しているわけではないし、できるわけもない。またすべての人間の動作を『価値』あるものとして評価する必要もない。資本は自らが処理できる限りで商品経済的機構の中に労働を組み込んでいるだけである」。

だろうか。資本が最初から社会的労働時間どおりに働く労働者のみを雇い入れているわけでもないし、雇われた労働者がつねに社会的労働時間どおりに生産を行っているわけでもない。個別的労働・生産過程において個々の労働者の労働時間はやはり一定のばらつきをもって現われるといわざるをえない。

個々の労働者の労働力は、社会的労働時間をつうじて事前的に把握できるものではない。そうではなく、それは単に労働・生産過程における個別的労働時間をつうじて事後的に把握できるだけである。それゆえに、個別的労働時間は、商品一単位の実質的価値量の大きさを決めるだけでなく、個々の労働者の労働力の程度も決める。織物工場を運営する資本家が労働者A(a)3の労働力を他の労働者のそれに比べて劣っていると判断したならば、その根拠はA(a)3の労働時間、9時間という個別的労働時間——これが基準となり、平均値より12・5%高い個別的価値（900）の織物W'が生産される——だけであり、逆もまた同様である。

このように、個々の労働者によって発揮・発現される労働力の程度は、労働記号とその担い手たる労働者との結合をつうじてはじめて把握できるのであって、個々の労働者それ自身からただちに導き出せるような性質のものではない。労働力は、労働記号に先在するものではない。ゆえに資本ができるのは、まだ存在もしていない労働力を商品として買い入れるのではなく、労働記号の構想と設計に取り組むことである。労働者は、労働記号の枠にはめ込まれた存在として自分の労働力の程度を資本から事後的に評価されるが、その際に個別的労働時間が準拠として扱われる。

もちろん、個別的労働時間が短いからといって、資本によって高く評価されるとは必ずしも限らない。織物工場の例では、A(a)1 の 1.14 × 織物 W'、A(a)2 の 1 × 織物 W'、A(a)3 の 0.89 × 織物 W'は、いずれも同じ使用価値をもっていることが所与の前提となっている。だが、実際にそれらの使用価値がすべて同じであることはまずない。たとえ性能も機種も品質もまったく同じ労働手段と労働対象を使っていると仮定しても、個々の労働者の労働力がすべて均質であることはありえない。したがってそこでは、A(a)3 の 0.89 × 織物 W'の使用価値が A(a)1 や A(a)2 のそれより優れていることがありうるといえなくもない。

実際に適格基準に達していない不良品や仕損品が増えるほど、資本は、労働者 A(a)3 への働きかけと同様に、それに正比例して増えていく経営コストを負担しなければならない。個別的労働は、生産物 W'の「使用価値の価値量」だけでなく、生産物 W'の「使用価値」自体の高低をも左右するのであって、資本としては、いずれも高度化させなければならない。そのことから、資本が個々の労働者の労働時間そのものを指揮・管理・監督・統制すべき必要性が高くなるのである。

しかしながら同時に、技術革新や労働生産性の向上によって商品一単位の価値量の低下が発生するほど、労働者ごとの生産物 W'の使用価値の凸凹は、だいぶ改善されうるとも考えられる。というのは、資本は、すでに述べたように、剰余価値の大きさの不可知性という根本的な限界を抱えているがゆえに、労働・生産過程をつねに合理化・形式化せざるをえないし、そうすることで、結果的に個々の労働者の労働力の質的相違も縮小されることになるからである。

かくして、資本主義的労働・生産体制が量的にも質的にも高度化するほど、個々の労働者の労働・生産過程は、労働生産性の増大による商品一単位の実質的価値量の低下にますます焦点が当てられるようになる。このような資本の内的傾向は、労働・生産体制の運営において、個々の労働者の労働力の平準化による生産物W'の使用価値の均質化が消極的な機能を果たす要因として捉えられるのに対して、積極的な機能を果たす要因として捉えられる。これらの要因は、個別的労働時間を軸にして営まれる資本主義的労働・生産体制を機能化・非人格化するのであるが、その過程において労働者の労働記号への実質的包摂が高度化するのである。

社会的労働時間概念と個別的労働時間概念はいずれも階級的ヒエラルキー体制を基盤として成り立つものであるが、そのレイヤーは、それぞれ異なるといわなければならない。すなわち、前者において資本は、生産物W'一単位当たりの生産にかかる社会的労働時間を相対化するために技術革新によるシステム高度化を進めていくが、その過程で資本主義的労働・生産体制の進歩は一層加速化される。また後者において資本は、個々の労働者の個別的労働時間を短縮させるために経営学的な方法と技術を駆使するかたちで、労働者の労働記号への実質的包摂を強めていくが、その過程で労働者の道具化・手段化は避けられない。こうして、個々の労働者に対する資本自身の包摂力は、社会的労働時間では間接的なかたちで、また個別的労働時間では直接的なかたちで現われることになるのである。

以上、本節では社会的労働時間概念によって後景に退けられていた個別的労働時間概念を再照射し、両者の質的相違および後者の内容に重きをおいて考察した。このことから、社会的労働時間概念だけでは、個々の労働者の労働力が労働記号——個別的・社会的労働時間の質的同一性ひいては無差別性を根拠づける機制——との結合をつうじて一定の価値生産物として形象化されていくこと、またそこで個別的労働時間が対極的・非対称的な支配・従属関係からなる階級的ヒエラルキー体制を高度化するファクターとして働くことは明確には捕捉しがたいということがわかった。資本主義的労働・生産体制のもとでは個別的労働時間は、決して社会的労働時間を体現する個別単位として機能しているわけではない。こうした理由から、両者を単に全体と個の関係に還元する従来の機械的なアプローチは見直されるべきであろう。

第2節　資本の指揮・監督機能——内容的二重性と形態的専制性

前節では、資本主義的労働・生産過程における労働時間が、はじめから対極的・非対称的な階級関係を所与の前提としていること、またとりわけ個別的労働時間が、労働・生産過程の合理化・形式化および労働者の道具化・手段化と直接結びついていることを確かめた。その意味では、個別的労働時間は、労働者（個別主体）を道具化・手段化する階級支配のメカニズムの一断面を示すものといってよい。

従来のマルクス経済学における資本主義的労働・生産体制の分析では、概ね剰余価値の生産とその領有に焦点が当てられてきたが、まず問うべきなのは、不払い労働時間ではなく、むしろ労働時間そのもの、つまり個別的労働時間である。そこで労働は、はじめから他人のための行為ないし活動として設計されており、したがってまた、その時間もはじめから他者に帰属されるよう設計されている。

資本主義社会では自分のための行為・活動は逆に、遊戯や趣味、教養、娯楽、余暇、休息などと呼ばれており、それゆえその時間は、なんら価値を生まないものとみなされたりする。そこでは、自分のための時間は無価値なものであり、むしろ他人のための時間こそ自分のための時間となるような転倒が生じるのである。[*16]

資本主義的労働・生産体制の成立は、労働と価値の結びつきを可能にしたが、それにつれて時間は今や、資本によって支配され統制されるべき対象となる。その方式は、個別的労働時間を絶対的に増大させると同時に、相対的に短縮させるかたちで体制内に導入される。そのためそこでは、個別的労働時間に対する資本の働きかけ——指揮・管理・監督・統制——は、個々の労働者の包摂と記号化を促すものとして行われることになる。

マルクス経済学は、マルクス以来、生産物W'一単位当たりの生産にかかる社会的労働時間の相対的な短縮とともに、個別的労働時間の絶対的な増大をつうじて価値増殖を図っていく資本家像を構築してきた。しかしながら同時に、個別的労働時間に内在する階級支配のメカニズムについては、いわば生産手段の所有・非所有関係に基づく剰余価値の搾取メカニズムによって後景に退けられ、資本主義的労働・生産体制の分析にあたって附随的かつ周辺的なものとして扱われてきたきらいがある。

だが、前節で検討したように、資本主義的労働・生産体制の設計者ないし管理者たる個々の資本家にとって、個別的労働時間に対する多方面の経営活動は、むしろ剰余価値の搾取よりも現に緊迫した課題として迫ってくる。そこで実際に資本の指揮・監督機能は、個別的労働時間を軸にして営まれる階級的ヒエラルキーの論理を体現している。したがって本節では、個別的労働時間に内在する階級支配のメカニズムについて論じる前に、ひとまず資本の指揮・監督機能について立ち入って考察してみたい。そのためにまずは、マルクスの文章を引用することから議論を始める

マルクスは、『資本論』第1巻第4篇第11章「協業」で次のように述べている。

＊16　他方で小幡［2009］：109頁は、「他人の目的を自分の目的として引き受けて自主的に遂行できるという独自の特性」を「労働力」の「特性」とし、その過程を「他人のための労働」と呼んでおり、それを踏まえて「労働力」における商品化の可能性を根拠づけている。たしかに賃金労働は、「他人のための労働」であるが、それは労働一般（あらゆる人間社会・人間生活に共通に存在する労働・生産過程）によってではなく、むしろ資本によって根拠づけられるものではないだろうか。そこで資本は、個別的労働時間を軸とする時間経営を行う。そうした意味でいえば、賃金労働は、他人のための時間を前提として演じられる「他人のための労働」にほかならない。というのも、たとえば「実際には、自分のために行なう労働（私的領域の労働）では、収益率を最大にしようなどとは絶対にしないし、したがって自分の時間を計算したり、単位時間当たりの業績を計量化するようなこともしない」（Gorz［1988］：185−186頁）からである。

資本家の指揮は内容から見れば二重的であって、それは、指揮される生産過程そのものが一面では生産物の生産のための社会的な労働過程であり他面では資本の価値増殖過程であるというその二重性によるのであるが、この指揮はまた形態から見れば専制的である。いっそう大規模な協業の発展につれて、この専制はその特有な諸形態を展開する。資本家は、彼の資本が本来の資本主義的生産の開始のためにどうしても必要な最小限度の大きさに達したとき、まず手の労働から解放されるのであるが、今度は、彼は、個々の労働者や労働者群そのものを絶えず直接に監督する機能を再び一つの特別な種類の賃金労働者に譲り渡す。一つの軍隊が士官や下士官を必要とするように、同じ資本の指揮のもとで協働する一つの労働者集団は、労働過程で資本の名によって指揮する産業士官（支配人、managers）や産業下士官（職工長、foremen, overlookers, contre-maîtres）を必要とする。監督という労働が彼らの専有の機能に固定するのである。（Marx[1890]:S.351-352）

最後のところでマルクスは、「資本」の指揮・監督機能を肩代わりする「産業士官」と「産業下士官」について触れているが、ここではそれについては、深入りする必要はないように思われる。というのは、第一に、劣等な労働力の持ち主として評価される特定の労働者に対する資本側の経営コストについてはすでに述べており、第二に、指揮・監督機能は、それが直接的なかたちであろうと間接的なかたちであろうと、そもそも「資本の価値増殖過程」と切り離せないものだからである。

むしろ注目すべきなのは、資本の指揮・監督機能そのものに内在する固有のメカニズムである。「この指揮はまた形態から見れば専制的である」とマルクスはいうが、それは「形態」だけでなく、「内容」も「専制的」であり、その特質においてはむしろ後者のほうがより重要であるといったほうが適切かもしれない。ここではさしあたり、資本の指揮・監督機能の「内容」について考えてみよう。右記の引用文では、マルクスは「資本家の指揮」からその内容的二重性と形態的専制性を抽出している。そこでは前者について、つまりその内容的二重性とは何かについて特に説明されていないが、それ以前の叙述からある程度読み取れる。すなわち、

資本家の指揮は、社会的労働過程の性質から生じて資本家に属する一つの特別な機能であるだけではなく、同時にまた一つの社会的労働過程の搾取の機能でもあり、したがって搾取者とその搾取材料との不可避的な敵対によって必然的にされているのである。(Marx[1890]:S.350)

これによれば、「資本家の指揮」における内容的二重性は、機能的側面と搾取的側面からなっていると考えられる。こうして、資本によって「指揮される生産過程」は、一方では「生産物の生産のための社会的な労働過程」として、また他方では「資本の価値増殖過程」として展開されるが、このことは、資本の指揮・監督機能がその労働・生産過程と表裏一体の関係にあることを示唆する。ところで、指揮・監督機能そのものは、なぜ「資本家に属する一つの特別な機能」にならなけれ

ばならないのか。「社会的労働過程の性質」からすれば、そういう「機能」が必要なのはたしかである。とはいえ、それははたして指揮・監督機能が資本に帰属すべき理由になりうるだろうか。マルクスは、これについて次のように述べている。

単独のバイオリン演奏者は自分自身を指揮するが、一つのオーケストラは指揮者を必要とする。この指揮や監督や媒介の機能は、資本に従属する労働が協業的になれば、資本の機能になる。資本の独自な機能として、指揮の機能は独自な性格をもつことになるのである」。（同右）

要するに、単独であればまだしも、グループやチームであれば、「指揮や監督や媒介の機能」を担う特定の存在が必要であり、そこで特に協業の場合には、その役割を資本が担うようになるということである。このように、マルクスは、最初から個別的行為か集団的行為かを問題にしているが、少なくともそれは資本主義的労働・生産過程には当てはまらないように思われる。これは逆にいえば、「資本に従属する労働」が「協業的」でないとすれば、資本が「指揮や監督や媒介の機能」を担う必要がなくなるということになる。

もちろんそれはありえない。というのは、「資本に従属する労働」であれば、「協業的」であろうとなかろうと、「指揮や監督や媒介の機能」は、「資本家に属する」ものにほかならないからだ。それゆえ、指揮・監督における資本の機能的側面は、さしあたり労働・生産過程の具体的な内容と無関係に決まるといわなければならない。マルクスの「オーケストラ」の例は、資本主義的労働・生産体制における「指揮や監督や媒介の機能」が「資本の独自な機能」になる一連の脈絡を描写しているだけで、特にその理由を説明するものとは限らない。*17

ではなぜ「個々の労働者や労働者群そのもの」を指揮・監督する権限を資本が独占することになるのか。一般にマルクス経済学では、その根拠として生産手段の所有・非所有関係が提示される。たしかに生産手段をもたない賃金労働者は、資本のもとで働かなければ、自分（やその家族）の生活・生存を維持できない存在である。とはいえ、よく考えてみれば生産手段の所有・非所有関係そのものから指揮・監督機能の資本への帰属を導き出せるとは必ずしも言いがたい。というのは、特に市場経済一般の交換関係においては、労働・生産の主体が生産手段をもたなくとも、直接労働・生産全般に対する指揮・監督の権限をもつことがしばしばあるからである。

このように、資本が生産手段を所有していることと、資本が指揮・監督機能を独占していることとは直接には関係がなく、それゆえ、やはり前者から後者の当為を導き出すことはできない。両者のあいだには質的断絶があり、それを埋めようとするならば、一方の側から暴力を動員せざるをえ

＊17　それ以前の叙述をここに引用しておこう。「すべての比較的大規模な直接に社会的または共同的な労働は、多かれ少なかれ一つの指図を必要とするのであって、これによって個別的諸活動の調和が媒介され、生産体の独立な諸器官の運動とは違った生産体全体の運動から生ずる一般的な諸機能が果たされるのである」（Marx[1890]:S.350）。

ないのであるが、実際に前近代社会では、逆にそれが常態であったといってよい。
生産手段の所有・非所有関係を前提として資本の指揮・監督機能を根拠づける方法はむしろ、前近代的な発想の残滓ではないだろうか。それは一つの条件になりうるだけであって、決して直接的な契機ではない。そうだとすれば、指揮・監督機能に対する資本の独占を可能にする直接的な契機は何か。それは、すでに検討したように、労働記号の構想と設計にあると筆者は考えている。資本は、個別主体を労働記号の担い手として包摂する前段階において、労働記号を構想し設計するが、それに関して労働者にはいかなる権限も与えられない。
というよりも、厳密にいえば、資本が労働記号を構想・設計するにあたって、労働者はまだ存在していない。なぜなら、労働者は、後から労働記号にはめ込まれる存在だからである。資本は、労働記号の構想者・設計者として「個々の労働者や労働者群そのもの」が労働・生産体制全体からみてどの程度調和的でかつ効率的に機能するのかを把握し評価する。そうした労働者の包摂と記号化の過程をつうじて個別的労働・生産過程に対する資本の指揮・監督が行われるのである。[*18]
要するに、資本の指揮・監督機能は、労働・生産過程の具体的な内容からでも、生産手段の所有・非所有関係からでもなく、労働記号の構想・設計から派生したものであり、ゆえにそれに対する諸権限もまた、労働記号の構想者・設計者たる資本に帰属するということである。資本のこうした権限は、労働者にとっては自分の身体的・精神的・感情的諸能力を労働記号に枠づけることを促す強制力ないし拘束力として、また資本自身にとっては「個々の労働者や労働者群そのもの」に対する或る種の包摂力ないし支配力として行使される。

マルクスはこれについて、「単純な協業の効果は、古代のアジア人やエジプト人やエトルリア人などの巨大な工事にみごとに現われている」としつつ、「このような、アジアやエジプトの諸王やエトルリアの神政者などの権力は、近代社会では資本家の手に移っているのであって、それは、彼が単独な資本家として登場するか、それとも株式会社におけるように結合資本家として登場するかにはかかわらないのである」と述べているが、[*19]これによれば、資本の指揮・監督機能は、労働者を包摂・支配する「資本家」の「権力」を象徴するものといってよい。

このことから、労働者集団を含む労働・生産の全体制を構想し設計する資本の権限は、指揮・監督の機能的役割だけでなく、搾取的役割とも深く結びついていることが読み取れる。その発現態としての「資本家の指揮」が内容的二重性と形態的専制性からなること、またそのうち特に前者では機能的側面と搾取的側面が互いに対をなす要因として組み込まれていることは、すでに検討したとおりである。

＊18　それだからこそ、「原理的に言っても資本主義における労働という行為は意味の剝奪された行為であり、資本によってつねに意味付与されねばならない行為であるということを踏まえれば、労働能力の百パーセント発揮はむしろ非現実的であるといえる。また、そうであるがゆえに資本は労働者の労働能力を百パーセント発揮させるような方策を練るのである」（小倉［1990］：192頁）。

＊19　Marx[1890]:S.353。

ところで、マルクスの議論において、一方では「社会的な労働過程」から機能的側面が、また他方では「資本の価値増殖過程」から搾取的側面が「資本家の指揮」の属性（内容的二重性）としてそれぞれ導き出されるといわれているだけで、特に両者の相互関連が論じられているわけではない。その理由もまた、そこでは、指揮・監督機能の資本への帰属の原因がおもに労働・生産過程の具体的内容に求められているからである。したがって結局のところ、「資本家の指揮」における内容的二重性が労働記号の構想と設計に起因し、またそこにおける機能的側面と搾取的側面が資本の包摂力・支配力の相異なる二面として作用するという一連のメカニズムがみえにくくなるのである。

先ほどの引用文においてマルクスは、「近代社会」の「資本家」を「古代」の「諸王」や「神政者」として同定するが、そこに前提されているのは、いってみれば人間による人間の支配である。すなわちそこでは、一定の指揮・監督が、自分にとって好ましい結果を導き出すための手法、いわば技術（Art）として行われるのである。人間が人間を道具化・手段化する技術、それはまさに政治なのである。

「古代」における物理的暴力性と「近代社会」における合理的強制性とは決して両立できないが、いずれの労働・生産体制も人間による人間の支配としての政治的原理を抜きには機能しない。[*20] 前者においては、労働・生産過程がもとより政治的原理によって組織され処理されていて、被支配階級に対する支配階級の剥き出しの暴力性が可視化されたりするのであった。[*21] だが、後者においては、労働・生産過程は経済的原理によって組織され処理されるがゆえに、被支配階級に対する支配階級の剥き出しの暴力性はあたかも相対化されたかのようにみえる。

しかしそこでは、政治的原理は、最初から経済的原理のなかにビルトインされているだけで、決して消滅したわけではない。近代社会では両者は、内核と外核のかたちで一体化されていて、政治的原理と経済的原理が別個に機能していた前近代社会に比べれば、その仕組みがすぐに把握しにくいものになっている。資本主義的労働・生産過程は、経済的合理性を装う政治的支配原理によって動かされるのであって、純粋な経済的原理だけでは資本の包摂力・支配力は作動しない。

とりわけ政治的支配原理が露骨に示されるのは、労働記号の構想・設計および個々の労働者に対する指揮・監督を含む資本の経営活動全般である。そこで資本は、分業・協業体制や交代制などの労働・生産過程の具体的内容を企画するだけでなく、個々の労働者が資本の構想・設計どおりに動いているかどうかをリアルタイムで指揮・監督し、その過程をめぐって事後的な評価を行うことで、労働者集団を含む労働・生産の全体制に対する包摂力・支配力を行使する。

近代社会における資本の包摂力・支配力の技術的行使は、しばしば権力者自身の政治的目的を達

＊20　ここでいう政治的（非経済的）とは、その領域では双方の形式的平等性ないし等価性を担保する経済的原理はもはや通用しないことを含意するものである。

＊21　たとえば、マルクスは、前近代的形態の「協業」を「資本主義的協業」と区別しながら、次のように述べている。「大規模な協業の応用は古代世界や中世や近代植民地にもまばらに現われているが、これは直接的な支配隷属関係に、たいていは奴隷制に、もとづいている」（Marx[1890]:S.354）。

成するために行われていた前近代社会のそれとは違って、純粋に経済的目的のために行われる。いわば剰余価値の生産とその領有であるが、その過程は、資本の指揮・監督機能における内容的二重性の搾取的側面と不可分の関係にある。すでに引用したが、「資本家の指揮」は、「搾取者とその搾取材料との不可避的な敵対によって必然的にされている」とマルクスはいう。

それによれば、資本家と労働者とのあいだの「不可避的な敵対」は、労働・生産過程における指揮・監督機能を前者に帰属させる要因にほかならない。なぜなら、「賃金労働者にたいして他人の所有物として対立する生産手段の規模が増大するにつれて、その適当な使用を監督することとの必要も増大する」[*22]からである。すなわちいいかえれば、「生産手段」の所有・非所有いかんによって、両者のあいだの搾取・被搾取関係が基礎づけられるだけでなく、またそこから指揮・監督に対する資本側の「必要」も生じてくるということである。

もちろん、「生産手段」の所有は同時に、その「所有物」に対する所有者（資本家）の指揮・監督を要請するが、だからといってそれ自体が必ずしも搾取・被搾取関係を基礎づけることができるとは思えない。剰余価値の生産とその領有のために他者を道具化・手段化することが、資本の指揮・監督機能の搾取的側面をなすのであるが、資本は、たとえ「生産手段」を所有していなくとも、一定の金銭的報酬を前提にして他者を自分の目的を達成するための手段的・道具的存在として対象化することができる。マルクスはそこで、資本主義的に運営される工場に焦点を当てているがゆえに、「生産手段」の所有・非所有関係に着目しているが、搾取・被搾取関係はそれぞれ程度の差はあるものの、市場経済一般に広くみられるものでもある。
むしろ核心は、「生産手段」の所有・非所有関係にあるわけではなく、他者を自分の構想・設計どおりに働かせるかどうかという技術的で政治的なアプローチにあるといわなければならない。労働記号はまさにその所産なのである。こうした理由で、労働記号の構想・設計にあたっては、最初から投資資金（G）と回収資金（G'）とのあいだの増加分（ΔG）がある程度想定されているのであるが、その想定額（ΔG）の実現のために他者（労働者）を道具化・手段化すること、これが資本の指揮・監督機能の搾取的側面の内実をなすものといわざるをえない。[*23]

以上の考察から、資本の指揮・監督機能の内容的二重性の一面をなす搾取的側面は、労働・生産過程においてはその機能的側面に比べて積極的な意義をもっていると評価できよう。というのも、資本による労働記号の構想・設計は、剰余価値の生産とその領有を所与の前提としており、その実現の一環として包摂力・支配力の技術的行使がなされるからである。このことは、資本主義的労働・生産過程が、政治的支配原理を内面化した経済的合理主義によって突き動かされることと一脈相通ずる。

最後に、資本の指揮・監督機能における形態的専制性もまた、前近代的な意味での物理的強制力ではなく、近代的な意味での合理的強制力を体現するものと考えられる。労働者に対する資本側の

＊22 Marx[1890]:S.350-351。

指揮・監督は今や、眼にみえる物理的強制力ではなく、規律や原則、形式、体系、責任、義務、評価などの非物理的強制力をもって行われる。支配する側の強制力を支配される側の各々の内面に刷り込むこと、それが合理性を前提とした資本の指揮・監督機能のおもな目的であり、同時にその内容的二重性を囲む形態的専制性の実体であるといえよう。

第3節　労働時間の記号化

本節では、以上の考察を踏まえて、資本主義的労働・生産過程における個別的労働時間に内在する資本の支配原理について論じてみたい。

資本の経営活動は、これまでみてきたように、労働・生産体制の技術的高度化による生産物W'の使用価値の均質化と商品一単位の実質的価値量の低下とに焦点を当てているが、その過程は、内容的二重性と形態的専制性を帯びる資本の指揮・監督機能を前提として展開される。そこで資本は、個々の労働者の個別的労働時間を効果的かつ効率的に支配・統制する技術を駆使する。なぜなら、個別的労働時間からは、商品一単位の実質的価値の大きさだけでなく、個々の労働者の労働力の程度を把握できるからである。

このことからわれわれは、資本主義的労働・生産体制では、個別的労働時間の絶対的増大（＝長時間労働）と相対的短縮（＝生産性向上）が共時的に進められており、またその実現のために経済的合理性を装う政治的支配原理が採用されているということがわかった。資本主義的労働・生産体制が前近代社会の支配・従属体制とはまた違う階級支配のメカニズムをビルトインしたものとして成り立つのは、そのためである。

ところで、すでに述べたように、個別的労働時間はあくまでも事後的にしか把握できない。というのは、その時間が個々の労働者によってなされる労働・生産過程を前提として成り立つものだか

＊23　一般に、「搾取とは、すでに自己再生産の原理を確立した資本制生産のもとでの労働力の搾取のことである」（梅本［2006］：197頁）といわれる。したがって特に「資本制生産が依拠する剰余労働の取得は、労働力の搾取という特殊な形態にもとづくものである」（同右、199頁）ということになる。だが、「労働力の搾取」とは、そもそも何を意味するのであろうか。梅本はこういっている。「菜種油の製造業者が買いとった菜種から油を搾り出すことは、搾り出された油の量如何にかかわらず、そこに何の『ごまかし』があろう筈《はず》もない。その点からすれば、労働力商品の場合も同じことで、資本家は労働者を搾るのではなく、商品として買い取った『労働力』の中から、その使用価値であるところの『労働』を搾り出すのである。これが搾取の論理であった」（同右、200頁）。なるほど、ここでは「菜種」が「労働力」に、また「油」が「労働」にたとえられている。ところで、「菜種から油を搾り出す」にあたって、買い手たる「製造業者」の意志以外には何も介入しないが、それに反して「労働力の搾取」においては、買い手たる「資本家」自身はそこに介入できない。「労働力」と直接結びついているのは、「資本家」ではなく、「労働者」だからである。「労働者」の意志のみが「労働力」の発揮・発現を可能にするものであって、「資本家」は単に、その過程が順調に行われるよう指揮・管理・監督・統制の役割を果たせるだけである。こうした意味で、「剰余労働の取得」とそのメカニズムを「商品」たる「労働力の搾取」でもって根拠づける方法については再考の余地があるといわなければならない。

らである。これは、平均値として機能する社会的労働時間と対照的である。すなわち、一単位の織物W'の生産にかかる8時間の社会的労働時間は、記号化された個々の労働単位――A(a)1、A(a)2、A(a)3など――が資本によって構想・設計される以前からすでに決まっていることもあり、したがって、そもそも個々の資本レベルでコントロールできるような性質のものではない。

そうした意味でいえば、社会的労働時間は、個々の資本にとってリアルな影響を与えない。むしろそこでは、個別的労働時間のほうが重視される。というのも、資本は、個々の労働者の労働・生産過程から導き出される個別的労働時間を評価しなければならないからである。それゆえ、個別的労働時間は、資本家（資本）にとっても労働者（労働記号）にとっても抽象的で一般的な社会的労働時間よりも、具体的で現実的なものとして認識されることになるといわざるをえない。このように捉えれば、資本主義的労働・生産過程において少なくとも、社会的労働時間は事実上問題にならないといっても決して過言ではあるまい。

これについてマルクスは、次のように述べている。

> 商品の現実の価値は、その個別的価値ではなく、その社会的価値である。すなわち、この現実の価値は、個々の場合にその商品に生産者が実際に費やす労働時間によって計られるのではなく、その商品の生産に社会的に必要な労働時間によって計られるのである。（Marx[1890]:S.336）

ただし、ここでマルクスのいう「商品の現実の価値」は、流通過程における名目上のものであって、労働・生産過程における実質上のものを指しているわけではない。さらに、マルクスはこういっている。

だから、新しい方法を用いる資本家が自分の商品を一シリングというその社会的価値で売れば、彼はそれをその個別的価値よりも三ペンス高く売ることになり、したがって三ペンスの特別剰余価値を実現するのである。（同右）

これによれば、労働・生産過程における生産物W'の価値、つまり「個別的価値」は、9ペンスだということになる。資本がいくら「商品の現実の価値」＝「社会的価値」どおりの販売活動を展開しようとも、それは現実の労働・生産過程ではあくまでも名目的なものにすぎず、むしろそこでは「個別的価値」が実質的なものとして機能することになるのである。もちろん、マルクスのいう「個別的価値」は、一つの特定の「資本家」のもとで生み出された生産物W'全体の平均値を指すものである。

だが、そこで働く全労働者の個別的労働時間の平均値も、結局は個々の労働者の個別的労働時間によって決まってくるのであり、またその総計に基づいて「個別的価値」が決まるのであって、ここでは全体なのか個なのかといった区分はさほど意味をなさないといわなければならない。さしあたり重要なのは、資本主義的労働・生産過程における現実の労働時間とは、社会的労働時間のことではなく、個別的労働時間のことであり、そこで商品の「個別的価値」の大きさを決めるのもまた、前者ではなく、後者であるということである。

資本主義的労働・生産体制の分析にあたって、個別的労働時間が注目に値する理由は、そこには資本・賃労働関係に通底する政治的原理、いいかえれば他者（労働者）を手段化・道具化する階級支配のメカニズムがリアルタイムで働いているからである。たとえば社会的労働時間の場合、社会一般がはじめから前提とされていて、そこではその社会（資本主義社会）全体の生産技術の発展度や労働生産性の水準などが考量される。こうした意味で、その平均値もまた、ある程度は純粋にニュートラルな性格を帯びてくるといえなくもない。

それに対して、個別的労働時間においては、そうした傾向は見当たらない。むしろそこには、労働時間をめぐって相異なる二つの階級的立場が反映されているからだ。すなわち、個別的労働時間は、資本家にとっては支配・統制の対象であるが、労働者にとっては遂行・評価の対象である。そこで労働者はもとより、労働時間を支配・統制できる権限をもっていない存在、いいかえれば、労働時間に対するイニシアチブを喪失した存在として位置づけられている。

ここでわれわれは、そうした対極的・非対称的な立場から個別的労働時間に内在する階級支配のメカニズムを読み取れる。従来のマルクス経済学では、生産手段の所有・非所有関係から階級支配のメカニズムが基礎づけられてきた。しかし、たとえば資本家が長期レンタルのかたちで生産手段を借りて資本主義的労働・生産体制を運営する場合には、たとえ貸し手が生産手段の所有者であっても個別的労働時間に対するイニシアチブを与えられるわけではない。そこでイニシアチブを握るのは、むしろ借り手たる資本家、つまり生産手段の非所有者にほかならない。

繰り返しになるが、生産手段の所有・非所有関係だけでは、対極的・非対称的な階級構造が成り立つとは必ずしも限らない。これに対して、個々の労働記号の構想・設計および個別的労働時間の支配・統制においては、階級構造の対極性・非対称性は崩れない。[*24] 一般に、資本主義社会における労働者側の実力行使は、生産手段の所有・非所有関係からなる対極的・非対称的な階級構造を相対化するためになされるわけではない。そうではなく、そこでは単に、個々の労働記号と個別的労働時間をめぐって生じてくる諸問題の解消や改善がおもな目的となっている。

このように、資本家と労働者とのあいだの階級闘争は、個々の労働記号と個別的労働時間をめぐる主導権争いのかたちをとって展開されるのであるが、それは資本がもとより両方のイニシアチブ

＊24　他方で小幡［2009］：153頁は、階級概念を「純生産物の分配」と結びつけて説いており、またそこには「それ〔＝「分配」：引用者〕を正当化する制度や権威があり、社会の構成員を納得させる社会的通念、イデオロギーが形成される」ことを述べている。もちろん、筆者自身も、そうした観点を否定するつもりはない。ただし、本章の観点からすれば、資本主義社会における「純生産物の分配」をめぐる「決定権をもつ社会集団ともたない集団」の分岐は、個々の労働記号の構想・設計および個別的労働時間の支配・統制に対するイニシアチブの有無によって生じることを付け加えておきたい。

を握っているがゆえに、その結果として生じてくる必然的な現象であり、また一方の支配的立場と他方の従属的立場によって形成される階級的ヒエラルキー体制の内なる対極性・非対称性を如実に示すものである。ただし、そうした関係は、あくまでも労働・生産過程に限って有効なものであって、上部構造にまで当てはまるものではなく、したがって、前近代的な意味での支配・従属関係とは似て非なるものといえる。

すなわち、マルクスによれば、

自由な労働者というのは、奴隷や農奴などのように彼ら自身が直接に生産手段の一部分であるのでもなければ、自営農民などの場合のように生産手段が彼らのものであるのでもなく、彼らはむしろ生産手段から自由であり離れており免れているという二重の意味で、そうなのである。

（Marx[1890]:S.742）

たしかに「労働者」は、前近代的隷属関係ないし身分的拘束関係から自由な存在である。[*25] しかし他方で、「労働者」は、労働記号の構想・設計においても、また労働時間の支配・統制においてもイニシアチブを失ってしまっているという意味で、労働・生産過程の直接性を喪失している。周知のように、マルクスは、「人間は自分と自然との物質代謝を自分自身の行為によって媒介し、規制し、制御する[*26]」という意味での労働・生産過程への人間の直接的かつ主体的活動性に着目して、一定の賃金労働者像を形づくっているが、それは単に、物質的かつ物理的次元だけから根拠づけられるものではないように思われる。[*27]

個々の労働記号と個別的労働時間との背後に働く階級支配のメカニズムからすれば、労働者はもとより、マルクスのいういわゆる直接生産者であるべき存在というより、むしろ代理生産者というべき新しい存在にほかならない。いいかえれば、資本は、自分ではどうすることもできない一連の労働・生産過程を遂行してくれる存在、つまり労働記号の人格的担い手として労働者を労働・生産体制に包摂するが、そこで労働者は、資本の意志を具現し、同時に実現してくれる代理生産者として位置づけられるということになる。その過程において労働・生産に対する労働者自身の直接的・主体的活動性は失われてしまうのである。

＊25　実際のところマルクスは、封建社会における前近代的な生産者像（直接生産者）の延長線上で資本主義社会における近代的な生産者像（賃金労働者）を導き出している。すなわち、それによれば、「資本主義社会の経済的構造は封建社会の経済的構造から生まれてきた。後者の解体が前者の諸要素を解き放したのである」（Marx[1890]:S.743）。もちろんそのとおりだが、歴史的事実そのものが「経済的構造」の原理の妥当性を保証してくれるかどうかについては検討の余地があろう。これに関する考察は、本書の第7章に譲ることとしたい。

＊26　Marx[1890]:S.192。

＊27　他方で「物質代謝（metabolism）」概念は、近年マルクスのエコロジー論の核心をなすキーワードとして注目されてきているが、ここでは詳論しない。

このように労働者は、生産手段の喪失によってではなく、労働記号と労働時間に対するイニシアチブの喪失によって直接生産者としての固有の主体性を失うのであり、その結果、資本に包摂された代理生産者として労働・生産過程を遂行させられることになる。もちろんそうはいっても、労働・生産過程の直接性そのものが消えてしまったわけではない。なぜなら、資本主義的労働・生産過程では、多かれ少なかれ資本の指揮・監督機能がそれを引き受けているからである。

資本は、個々の労働者の労働・生産過程を直接的かつ間接的に指揮・監督するが、その過程は、労働記号と労働時間への労働者の直接的な働きかけ――たとえば構想や設計、構築、組織、支配、統制、管理、調整、運営、展開、計画、評価など――を源泉的に封鎖する方式で展開される。すなわち、資本主義的労働・生産体制における資本の指揮・監督機能は、個々の労働・生産過程に対する労働者のイニシアチブを封じるだけでなく、それを自分のものにすることで、労働者集団を含む労働・生産の全体制に対する資本自身の直接的支配・統制を体系化・構造化する。

それが端的に現われるのがまさに個別的労働時間である。資本は、個々の労働者の個別的労働時間を自分のものにするための仕掛けとして個々の労働記号を構想し設計する。たとえば、A(a)1として機能する個別労働者が資本の指揮・監督のもとで、労働手段たる織機Pm(a)1.1と労働対象たる糸Pm(a)1.2を用いて生産物たる織物W'を生産する代理生産者として位置づけられる場合、そこには一定の個別的労働時間（8時間）がいわばデフォルト値としてインプットされていると考えられる――以下では$A(a^{8h})1$などと表記する。詳しくは後述するが、個々の労働記号のなかに個別的労働時間が記号化されている以上、その担い手たる労働者は、さしあたりその時間に歩調を合わせて織物W'の生産を行わなければならない。

そこで資本は、単に労働者が労働記号の構想・設計どおりに働いているかを指揮・監督するだけでなく、個別的労働時間が記号化どおり産み出されているかどうかを評価する。個々の労働者は、資本による個々の労働記号の構想・設計と個別的労働時間の記号化をつうじて包摂されるが、それは価値増殖のための仕掛けとして、個別的労働時間を資本のための時間に転化させることを可能にする。

それだけではない。個別的労働時間は、労働・生産過程において個々の労働者に与えられる絶対的な条件としてだけでなく、他の労働者との関係において課せられる相対的な指標としても機能する。すなわちたとえば、資本は、一日労働で一単位の織物W'を生産するにあたってかかる8時間の個別的労働時間をデフォルト値として想定し、同時に個々の労働者を労働記号――$A(a^{8h})1$、$A(a^{8h})2$、$A(a^{8h})3$――として労働・生産体制に組み込む場合、三者がすべて資本の記号化どおりに8時間の労働をすることもあるが、他方でそれぞれ7時間（およそ1.14×織物W'）、7・5時間（およそ1.07×織物W'）、8時間（1×織物W'）の労働をすることもありうる。特にそこで$A(a^{8h})3$の労働・生産過程は、資本によってその適正性を問われることになりかねない――その個別的価値Ar(a)3＋X・Ar(a)3は、$A(a^{8h})1$のそれよりおよそ14・3％、また$A(a^{8h})2$よりおよそ6・7％高い。

個々の労働者の労働・生産過程から導き出される個別的労働時間は、他の労働者の個別的労働時間との照合をつうじて評価されるのであって、単に記号化された8時間という絶対的な条件としての労働時間自体はさほど意味をなさない。それゆえそこでは、個々の労働者が自分の個別的労働時間だけでなく、つねに他者の個別的労働時間をも意識せざるをえない仕組みが成り立つことになる。そこにはいわば競争原理が働いているのであり、またそれによって個々の労働者は、多かれ少なかれ他の労働者と競争関係に置かれるのである。*28

したがって、個々の労働者は、8時間以内で一単位の織物W'を生産しつつも、同時に他の労働者よりその時間を短縮しなければならない。このような個別的労働時間の二側面——絶対的な条件としての労働時間と相対的な指標としての労働時間——によって、個々の労働者は緊張を強いられるとともに、競争に駆り立てられることになる。労働・生産過程において個々の労働者の緊張度が高く、他の労働者との競争が激しいほど、記号化された個別的労働時間に内在する資本の支配原理はみえなくなる。資本は、階級支配のメカニズムを体現する個別的労働時間の記号化をつうじて、個々の労働記号に競争原理を組み込むことで、直接的な方式の指揮・監督と同じ効果を享受できることになる。

そうして、個々の労働者が自己の外なる他者（＝競争者）とともに労働・生産過程を遂行することは、結局のところ指揮者・監督者を自分自身のなかに内面化すること、いいかえればその内なる他者（＝指揮者・監督者）とともに代理労働・生産を行うことを意味する。資本主義的労働・生産体制の量的・質的高度化が進むにつれて、資本による直接的な方式の指揮・監督がさほど意味をなさないのは、そのためである。

前節で検討したように、資本の指揮・監督機能は、内容的には機能的側面と搾取的側面をもっており、また形態的には専制的側面をもっている。資本が労働記号に指揮・監督の原理を組み込むことによって、そこにはめ込まれた労働者は、そうした原理を自ら体現していくことになる。すなわち、労働者は、自分の労働・生産過程とその労働時間に対する指揮者であると同時に、搾取者であり、また支配者でもあるような存在として労働・生産過程を遂行するということである。こうした理由で、『資本論』に描かれている資本家の前近代的な方式の指揮・監督、つまり労働・生産過程においておもに労働者との対立を前提とする方式の指揮・監督は、あくまでも過渡期的なものとして捉えたほうが適切であろう。

資本の指揮・監督の形態が物理的強制性から合理的強制性へと転化するのと同様に、労働者の労働・生産過程もまた、非自発的従属性から自発的従属性へと転化していく。その意味では、労働者に対する資本の合理的強制性と、資本ないしは資本家に対する労働者の自発的従属性こそが、資本主義的労働・生産体制の固有の内的傾向といわなければならない。ただしそこには、個別的労働時間の記号化——いわば労働時間の条件化と指標化——の論理が働いている。そこで個々の

＊28　ただし、そこにおいて個々の労働者のもつ競争心は、資本による労働時間の記号化の過程で個々の労働者の内面に刷り込まれるものであって、たとえば協業過程においてよくみられる「他者と張り合う心性」（小幡［2009］：114頁）としての自然発生的な「競争心」（同右）とは似て非なるものといえる。

労働者は、あたかも労働時間に縛られるような現実感を覚えることになるが、それにより資本（システム設計者・管理者）の存在が隠蔽される。記号化された労働時間を体現した労働者の身体をここでは、労働身体と呼ぶことにする。

労働身体における身体的・精神的・感情的諸能力は、はじめから記号化された個別的労働時間の枠内で発揮・発現されることが条件づけられている。そこでは指揮・管理・監督・統制の主体としての労働身体と、その客体としての労働身体が同時に労働者の内面を構成することになる。このように労働者は、自分のなかに指揮者・監督者としての労働身体と、被指揮者・被監督者としての労働身体とからなる対極的・非対称的な二つのファクターを内面化するのであるが、その過程で多かれ少なかれ自己分裂に直面せざるをえない。いいかえれば、労働者は、二分された労働身体を統合すべき必要に迫られることになるのである。[*29]

ただし労働者自身の内面的な自己分裂の度合いが大きいほど、それを埋めようとするリアクションも強くなると考えられる。なぜなら、外部から刷り込まれた資本家的な労働身体をつねに意識するのは、労働者本人にとってもあまり愉快なことではないからである。それゆえ多くの場合、労働者は、両方の労働身体を統合する方式で、つまりそれらの対極性・非対称性を縮小する方式で、自己分裂の相対化を図るが、仮に両方の労働身体を統合することに失敗した場合、あるいは回避してしまう場合、身体的・精神的・感情的疲弊を余儀なくされることになる。

ところが、労働者が相異なる二つの労働身体を統合しようがしまいが、両者のあいだの緊張関係をある程度は受け入れる必要がある。そこではじめから競争関係にある自己の外なる他者とは異なって、両者のバランスをとることが求められる。自己と他者の競争関係と、自己と自己の緊張関係とが、労働身体の統合者としての労働者をとりまく外的環境・外的条件として与えられるが、個別主体が労働者としてあり続ける限り、労働・生産過程だけでなく、日常生活ないし日常世界においても、これらの関係を所与のものとして受け入れなければならない。

個別主体が労働者になるということは、緊張と競争のダイナミクスからなる外的環境・外的条件のなかに身を置きながら、資本の指揮・監督を前提とした労働・生産過程を遂行するということを意味する。資本は、個々の労働記号の構想・設計をつうじて労働者を包摂するだけでなく、個別的労働時間の記号化をつうじて労働者の労働身体を緊張・競争に駆り立てる——前者が資本のもとへ

＊29　他方で小倉［2010］は、労働者の個別的労働・生産過程について次のように述べている。「これまでマルクスの労働論や価値論をめぐる議論は、価値の実体としての抽象的人間労働に焦点をあててきた。労働が抱えている理論的な意義と争点がここにあることは確かだ。しかし他方で、労働者の主観と経験に即せば、労働はいかに単純な行為であっても、具体性を剥ぎ取ることなどできない。労働者は自己の労働を具体的な労働としてしか感じとることはできず、だからこそ、その具体性に躓き、苦悩し、苦痛を感じたり、時には喜びや生きがいを見出すのである。しかし、マルクスは、こうした意味での労働の非経済的な価値に連なる側面をあえて切り捨てて、むしろ抽象的な労働を見出すことを通じて、資本の価値増殖の根源にせまることができた」（22頁）。ここで小倉が問題にしているのは、本章のそれとは多少違うが、その問題意識は概ね一致しているといってよい。

の労働の形式的包摂であれば、後者はその実質的包摂にほかならない。そうしてそこでは、前近代的労働・生産体制とはまた違う階級支配のメカニズムが体系化・構造化されることになる。

以上、本節では第1節・第2節の考察を踏まえて、個別的労働時間の記号化に伴う資本のもとへの労働の実質的包摂について論じた。資本は、社会的労働時間を直接に支配・統制できないがゆえに、個別的労働時間の記号化をつうじて労働者集団を含む労働・生産の全体制を構築・運営するが、その過程で労働者の労働身体は、単に絶対的な条件としての労働時間だけでなく、相対的な指標としての労働時間に縛られる。これは、労働者が資本化された労働身体を内面化する過程であると同時に、それに伴う自己分裂を経験する過程でもある。

そこでは、資本の時間経営と労働者の自己経営が結びつくことになり、その結果として経済的合理性を装う資本の階級的ヒエラルキー体制が維持されることになる。資本主義的労働・生産体制では、前近代的労働・生産体制とは異なり、非等価的で非対称的な政治的原理が等価的で対称的な経済的原理のなかに組み込まれているが、いずれの労働・生産体制もイデオロギー的側面をもっているという点ではさほど変わらない。したがって要するに、資本主義的労働・生産体制における人間による人間の支配は、表面的には貨幣・資本の論理（経済）によってなされるが、実質的には時間経営の論理（政治）によってなされるといえよう。

おわりに

かつて宇野弘蔵は、資本主義経済の無理を、自ら直接生産できない労働力を商品として労働・生産体制のなかに取り込もうとする資本の試み――いわゆる南無阿弥陀仏として有名な労働力の商品化――から見出した。[*30] これはいいかえれば、資本主義経済は自己完結的なシステムではないということである。この点において、宇野の見解と本章の結論とは概ね一致しているといってよい。

しかしながら同時に、本章では、宇野のアプローチとは異なり、労働者の労働力を商品形態として捉えていない。資本主義経済が自己完結的なシステムでない根因は、むしろその体制にビルトインされている〈人間＝道具〉・〈人間＝手段〉の原理にあるからだ。資本主義経済の無理は、労働力商品にではなく、その労働・生産体制の内なる非経済的・政治的原理にこそあるといわなければならない。

これまでみてきたように、資本主義的労働・生産体制の営まれ方は、それほど経済的ではない。それはむしろ、純粋な経済システムでないというまさにその理由で、一社会を形づくることができたのではないだろうか。[*31] 資本主義経済は、人間社会に必要な労働・生産過程を計画・組織・統制・

＊30　宇野［1972］：55–56頁、宇野［2015］：54–55頁。

展開しうる包摂力・支配力をもっており、その過程において人間と社会は、貨幣・資本の論理を体現するようになる。いってみれば資本主義者の登場と資本主義社会の成立である。

人間がこの惑星に住む限り（万が一火星に移住できても同じだが）、重力の働きから自由になれないのと同様に、労働者は、労働・生産体制を構築・運営する資本の包摂力・支配力から自由になれない。一般にその程度は、資本規模によって違ってくるが、だからといってそこから完全に免れることができるわけでもない。資本の包摂力・支配力に対する抵抗と反発として労働者側の実力行使がしばしば展開されたりするが、資本の経営活動は、最初から不必要な摩擦が発生しないように、いわば事前のガス抜きとして労働・生産条件や賃金水準、組織構造、人事制度、福利厚生などに対する整備・改善・調整に力点を置いている。資本の包摂力・支配力は、最初から人間に向かっているのである。*32

資本主義的労働・生産体制に内在する非経済的・政治的原理は、資本の包摂力・支配力を如実に示すものである。その源泉が生産手段の所有・非所有関係――いわば経済的原理――にではなく、労働記号の構想・設計および労働時間の記号化――いわば政治的原理――に起因するということは、これまで論じてきたとおりである。そこでは貨幣・資本の運動は、資本・賃労働関係に通底する支配・従属のヒエラルキーと階級支配のメカニズムを維持・発展させる機能を果たす。

このように資本主義的労働・生産体制は、経済的原理（外核）と政治的原理（内核）からなる二重構造によって形づくられているがゆえに、外側から観察するだけでは、単なる純粋な経済システムとしてしかみえない。とりわけ生産手段の所有・非所有関係に基づく剰余価値の搾取メカニズムは、資本主義的労働・生産体制が純粋な経済システムであるかのような外観をもたせる根因にほかならない。

実際に、『資本論』体系においても資本主義的労働・生産体制の分析にあたっては、剰余価値の

＊31 資本主義的生産様式は純粋な経済システムではないとする本書の見解および主張は、本格的な経済学研究の最初の成果たる『経済学批判』からその最後の成果たる『資本論』に至るまで一貫して通底するマルクスのそれとさほど変わらない。前者の序文の一部をここに引用しておこう。「ブルジョア的生産諸関係は、社会的生産過程の最後の敵対的形態である。敵対的というのは、個人的敵対という意味ではなく、諸個人の社会的生活諸条件から生じてくる敵対という意味である。しかしブルジョア社会の胎内で発展しつつある生産諸力は、同時にこの敵対の解決のための物質的諸条件をもつくりだす。したがってこの社会構成でもって人間社会の前史は終わる」(Marx[1859]:S.9)。ただ一つの違いがあるとすれば、それは「この社会構成」において「敵対的形態」が現出せざるをえない根因だけであろう。

＊32 労働力ではなく、労働者そのものを消費する資本主義的生産様式の価値増殖過程については、一部分ではあるが、『資本論』の叙述からもある程度読み取れる。たとえば次のような文である。「われわれが生産過程を価値増殖過程の観点から考察するやいなや、そうではなくなった。生産手段はたちまち他人の労働を吸収するための手段に転化した。もはや、労働者が生産手段を使うのではなく、生産手段が労働者を使うのである。生産手段は、労働者によって彼の生産的活動の素材的要素として消費されるのではなく、労働者を生産手段自身の生活過程の酵素として消費するのであり、そして、資本の生活過程とは、自分自身を増殖する価値としての資本の運動にほかならないのである」(Marx[1890]:S.329)。

生産とその領有に重きが置かれている——もちろん筆者自身もそうした経済的・非政治的原理を否定しているわけではない。しかしながら同時に、マルクスは、資本・賃労働関係に通底する非経済的・政治的原理を決して忘れてはいない。それどころか、この体制の二重構造を明確に看破し、また資本主義社会が他の社会構成体と同様の階級社会であることをあきらかにしようとした。[*33]

本章は、そうしたマルクスのアプローチを継承しながらも、資本主義的労働・生産体制に内在する非経済的・政治的原理に対するさらなる体系化を試みようとした。その過程をつうじて、資本主義的労働・生産体制の存立根拠が、それ自身の二重構造にこそあることを確かめた。しかしながら、そこから生じてくる諸矛盾とその展開についてはまだ十分に検討されていない。これについては、資本蓄積メカニズムとその動態に関する考察とともに本書最後の課題としたい。

＊33　ただし、マルクスのそうした試みが成功したかどうかは必ずしも定かではない。それに対する批判的なコメントについては、内山［2015］：287–289頁を参照されたい。

第7章　労働と暴力

はじめに

本章は、資本蓄積メカニズムとその動態を原理的次元から吟味し直し、資本主義的生産様式に内在・外在する暴力の構造と機能を浮き彫りにすることで、資本主義的変革の限界と資本主義体制の自己不完結性をあきらかにしようとするものである。

マルクスの経済学研究は、「経済学批判」というその集大成たる『資本論』の副題に示されているように、古典派経済学から一定の影響を受けながらも、同時にそこに提示されている概念と見方を止揚することであった。[*1] そのうち決定的な違いは、資本主義観にあるといえる。古典派経済学では資本主義社会は、人間の本性に基盤をおいている自然的かつ普遍的な社会経済体制として捉えられているのに対して、マルクスにとってそれは、あくまでも人間社会の下部構造の働きによって一時期出現した特殊歴史的な社会構成体にほかならない。要するに、資本主義社会は、前者では始まりも終わりもないものとして、また後者では始まりと終わりをもつものとして捉えられる。このような資本主義観の相違は、人間社会・人間歴史の構造と動態を捉えるにあたって埋めがたい溝をつくり出す根因になっている。[*2]

マルクスの資本主義観が克明に提示されるところは、資本主義的生産様式の起源論としての「いわゆる本源的蓄積」論である。そこでマルクスは、アダム・スミスをその源流とするいわば商業化モデル――人間と人間とのあいだの交換関係とそれに伴う市場の拡大および経済生活の商業化とから資本主義の起源を説明する方法――とは相容れないアプローチを提示したが、[*3]それはいってみれば、暴力という実践的契機による資本主義的生産様式の出現である。このことは、資本主義的生産様式自体が既存の社会体制の内部から自然発生的に生み出されたものというより、その外部から暴力的に移植されたものであることを示唆する。まずその形づくられ方として考えられるのは、「いわゆる本源的蓄積」史観においてみられるような、暴力による既存体制（封建的生産様式）の変革である。だが、変革の矛先は、社会の内部にとどまらず、その外部にも当てはまりうるといわなければならない。詳しくは本文に譲るが、いずれにおいても、暴力を伴う一連の変革過程が体制成立の前提条件をなしている。特に後者についてはマルクス自身もある程度言及しているが、あくまでも資本主義的生産様式の前史・背景としてしか論じられていない。しかし、「いわゆる本源的蓄積」論におけるような、土地（自然）の暴力的な収奪とそれに伴う土地（自然）の資本への包摂・従属の過程は、イングランドという西ヨーロッパ世界・空間の内部に限られるものではない。その運動は、ひとまず新たな外部としてのフロンティアを求める過程として現われたし、そこにこそ「いわゆる本源的蓄積」論の射程からはずれている資本主義的生産様式のもう一つのプロトタイプが内在しているように思われる。[*4]

資本主義的生産様式の出現にあたって、古典派経済学のそれ（人間・交換・市場）とは質的に異なる原理（暴力・包摂・収奪）を採用し、理論として定式化したことは、マルクスの功績、つまりまさ

に経済学批判であるといってよい。しかしながら同時に、その定式化の過程においてマルクスはお

＊1　これについて小幡［2012］は、次のように述べている。「人間の本性からあるべき社会像を導出するのではなく、逆に歴史的存在としての社会構成体を土台にさまざまな理念は再解釈されなくてはならない。このようなイデオロギー論や唯物史観の立場を拠り所に、古典派経済学の学理に立脚した現状肯定・否定の両論が共有する近代的な認識枠を根底から乗り超えようとしたところにこそ、『マルクスの経済学』の核心はある」（7頁）。したがって要するに、マルクスの試みは、「近代的な認識枠」に呪縛された経済学体系そのものを相対化すること、まさに経済学批判であったといえる。なお、アダム・スミスの経済学（市民社会論）に対するマルクスの相対化作業（経済学批判）については、植村［2001］：59–71頁を参照されたい。

＊2　他方、清水正徳［2005］は、そうした根因について次のように指摘している。「マルクスは、このような古典経済学の限界は、『法則を概念的に把握しない』ことに由来するといいます。この概念的の意味は、もとより根本的にヘーゲルからえているものであり、現象の底に本質をみ、これらの統一としての現実の必然的発展を捉える態度を指しています。このことは彼が、古典経済学は『運動の連関を概念的に把握しないから』資本主義的諸現象の間の関係を『必然的な、不可避的な unvermeidlich 自然的帰結としてでなく、単に偶然的な、暴力的な帰結として展開し把握する』といっていることからも明らかです」（65頁、傍点は原著者）。ただし、ここでいう「暴力的」は、没概念的という意味であって、本章でいう暴力とは多少意味が異なる。詳しくは本文に譲るが、本章では暴力を、資本による労働・生産の組織化にあたって欠かせない実践的契機ないし機制として扱いつつ、同時に資本主義的生産様式に内在・外在する暴力のメカニズムを、特にモノ化（第1節）、ヒエラルキー（第2節）および技術（第3節）と関連づけて論じている。

＊3　商業化モデルについてより詳しくは、Wood［1999］：21–42頁を参照されたい。

もに、西ヨーロッパ世界・空間の内的ダイナミクスにフォーカスしているため、資本主義的生産様式の出現にとどまらず、その内外部において資本蓄積の実践的契機として働く暴力の機能的意義を不十分なかたちでしか提示できなかった。その結果、暴力は、貨幣・資本の原理とはまた違う資本蓄積メカニズムの背景的要因または非経済的要素として捉えられるにとどまっている。すなわち、資本主義的生産様式は、初期段階において物理的で暴力的な過程をつうじて出現したとはいえ、体制自体の運動法則は、経済学的なロジックとそのタームで解明できるし、実際にマルクスの試みもまたそうであったといえる。

周知のように、マルクスは、『資本論』冒頭において商品の分析から資本主義的生産様式の運動法則を解明することを宣言している。このことは、資本主義的生産様式の出現においてさしあたり市場の存在を認めていることを示唆する。[*5] 商品・貨幣・資本の働きからなる市場経済とそのダイナミクスが一旦生産領域・生産関係を把握することになると、たとえその過程において多かれ少なかれ物理的・構造的暴力が動員されたとしても、生産領域・生産関係は、貨幣・資本の論理――いわば市場経済的な利潤動機――によって再編されるということである。そこで暴力という実践的契機は、資本主義的生産様式の出現段階に限って有効なものとして扱われるが、その後表舞台から姿を消すことになる。だが、資本蓄積メカニズムにおいて暴力の構造と機能を即物的かつ限定的なものとして扱うのは妥当ではない。資本蓄積と暴力の関係について今一度吟味し直す必要がある。それをつうじて資本主義的変革の限界と資本主義体制の自己不完結性を理解するための理論的手がかり

＊4　たしかに「いわゆる本源的蓄積」論そのものは、近代的な賃金労働者の出現を説明できる有効なツールであるが、同時にそれは、自分の労働力を資本家に商品として販売しなければ、生活・生存を維持できない二重の意味での自由な無産者階級、いわば労働力商品の所有者・売り手の出現を説明するものでもある――「周知のように、原蓄は、それまで生産手段と結びついていた農民を中心とする直接的生産者が、生産手段（主に土地）から歴史的に切り離される過程であるが、こうして生成した労働者は生きる縁を求めて勃興する産業資本へと吸収されてゆくので、それは同時に資本－賃労働関係（資本関係）の歴史的な創出過程でもある」（山崎［2022］：234頁）。こうした意味で、「いわゆる本源的蓄積」は、労働者の労働力＝商品とする理論的構想を裏付ける史的根拠といってよい。これは逆にいえば、それが労働者を労働力商品の所有者・売り手とする原理的規定に合致する資本主義の史的起源として選び出されたものであることを傍証する。それゆえ、「いわゆる本源的蓄積」論と労働力商品論は表裏一体の関係にあるといわなければならない。だが、本章では、労働者の労働力を商品形態として捉える方法を採用しない。労働者は、労働力商品の所有者・売り手ではなく、労働記号――資本によって記号化された擬制的な労働単位――の人格的担い手である。そこで賃金は、労働力商品の販売代金としてではなく、個別主体の内なる労働者表象に対する私的社会的評価額（＝労働使役権の売買代金）として支払われる――これについてはこれまで論じてきたとおりである。こうした立場からすれば、資本主義的生産様式は、資本による労働力商品の購買ではなく、資本による労働・生産の組織化をつうじて成り立つことになる。したがって、「いわゆる本源的蓄積」もまた、資本主義的生産様式の成立の一類型、具体的にはイギリス産業資本主義の歴史的起源といわざるをえない。もちろんここでは、そこにおいて提示される資本主義体制の一般的な諸要因を否定するつもりはないが、イギリス産業資本主義のみが資本主義的生産様式の成立を象徴するわけではない。にもかかわらず、イギリス産業資本主義におけるいわば狭義の資本主義像は、マルクス以来多くの理論家によって受け継がれてきたものといえる（Wood［2003］：201－210頁）。そのうちとりわけ宇野弘蔵は、マルクスの狭義の資本主義像――つまり「資本家と労働者

を得ようとする。

さて、以上のような問題関心を踏まえて、本章では次のような構成で議論を展開しようとする。まず第1節では、奴隷労働と賃金労働を比較検討し、両者に通底する資本主義的変革の原理を析出することで、これまで資本主義的生産様式の基本モデルとして捉えられてきた資本・賃労働関係が、資本主義的労働・生産関係の一類型にすぎないことを明確にする。第2節では、農村・農業と都市・工業とのあいだにおける収奪（支配）・被収奪（従属）の関係について検討し、資本主義的生産様式の出現と展開にあたって、空間と空間のあいだに機能的で垂直的なヒエラルキーを体系的に確立する方式としての資本蓄積メカニズムを論じる。*6 第3節では、第1節と第2節の考察を踏まえて、暴力という実践的契機が資本蓄積メカニズムといかに結びついているのかについて検討し、いわば技術の進歩の裏面に働く暴力の構造と機能を浮き彫りにすることで、その一連の過程が暴力の質的高度化としてなされることをあきらかにする。本章の最後では、以上の議論を踏まえて、資本主義的変革の限界と資本主義体制の自己不完結性について述べることで、本章を締めくくることとする。

第1節　モノ化——包摂の条件

マルクスは『資本論』第1巻第4篇第13章「機械と大工業」の最後のところで、いわば社会的生産の資本主義的変革とそれに伴う諸問題について次のように述べている。多少長いが、まずはその全文を引用することとする。[*7]

と土地所有者との三階級からなる純粋の資本主義社会」（宇野［2016］：20頁）――を原理論の対象とし、またその不純物としての外的諸要素・諸要因を「原理論と区別せられた段階論」（宇野［1974b］：78頁）の対象とする方法論を提示した――他方これに対して、清水真志［2016］は、現代資本主義におけるいわば経済の金融化の文脈から階級規定における従来の「古典的な標識自体」（6頁）に対する疑問を呈している。しかし、それはある意味でイギリス産業資本主義そのものの文脈から物理的に離れた非ヨーロッパ世界・空間とその諸要素を不純物とみなしつつ、その原型なるものをイギリス社会という特定文脈（西ヨーロッパ世界・空間）から析出しようとする試みであったといわなければならない。それによって同じ蓄積方式の違う展開様態は最初から排除されてしまうことになる。したがって、マルクス＝宇野流の狭義の資本主義像については、やはり再考の余地があると思われる。

＊5　しかしながら他方で、「もしも貨幣は、オジエの言うように、『ほおに血のあざをつけてこの世に生まれてくる』のだとすれば、資本は、頭から爪先まで毛穴という毛穴から血と汚物をしたたらせながら生まれてくるのである」（Marx[1890]:S.788）と述べられているように、市場の内なる暴力性を、マルクスは決して忘れていない。これについてHirschman[1977]は、次のように述べている。「マルクスは資本の原始的蓄積を説明するにあたってヨーロッパの商業発展の歴史から暴力的なエピソードを引用した後、皮肉たっぷりに『これがdoux commerce〔＝「穏和な商業」：引用者〕なのである』と言っている」（62頁）。

＊6　本章の特に第1節と第2節で扱っている内容は、あくまでも資本主義的生産様式のプロトタイプ――ないしベータ版――に関する議論（原理的根拠）であって、資本主義そのものの歴史的起源（歴史的根拠）を問う議論ではないことをあらかじめ断っておきたい。

（A）農業の部面では、大工業は、古い社会の堡塁である「農民」を滅ぼして賃金労働者をそれに替えるかぎりで、最も革命的に作用する。こうして、農村の社会的変革要求と社会的諸対立は都市のそれと同等にされる。旧習になずみきった不合理きわまる経営に代わって、科学の意識的な技術的応用が現われる。農業や製造工業の幼稚未発達な姿にからみついてそれらを結合していた原始的な家族紐帯を引き裂くことは、資本主義的生産様式によって完成される。（B）しかし、同時にまた、この生産様式は、一つの新しい、より高い総合のための、すなわち農業と工業との対立的につくりあげられた姿を基礎として両者を結合するための、物質的諸前提をもつくりだす。資本主義的生産は、それによって大中心地に集積される都市人口がますます優勢になるにつれて、一方では社会の歴史的動力を集積するが、他方では人間と土地とのあいだの物質代謝を攪乱する。すなわち、人間が食料や衣料のかたちで消費する土壌成分が土地に帰ることを、つまり土地の豊穣性の持続の永久的自然条件を、攪乱する。したがってまた同時に、それは都市労働者の肉体的健康をも農村労働者の精神生活をも破壊する。しかし、同時にそれは、かの物質代謝の単に自然発生的に生じた状態を破壊することによって、再びそれを、社会的生産の規制的法則として、また人間の十分な発展に適合する形態で、体系的に確立することを強制する。（C）農業でも、製造工業の場合と同様に、生産過程の資本主義的変革は同時に生産者たちの殉難史として現われ、労働手段は労働者の抑圧手段、搾取手段、貧困化手段として現われ、労働過程の社会的な結合は労働者の個人的な活気や自由や独立の組織的圧迫として現われる。農村労働者が比較的広い土地の上に分散しているということは同時に彼らの抵抗力を弱くするが、他方、集中は都市労働者の抵抗力を強くする。都市工業の場合と同様に、現代の農業では労働の生産力の上昇と流動化の増進とは、労働力そのものの荒廃と病弱化とによってあがなわれる。そして、資本主義的農業のどんな進歩も、ただ労働者から略奪するための技術の進歩であるだけではなく、同時に土地から略奪するための技術の進歩でもあり、一定期間の土地の豊度を高めるためのどんな進歩も、同時にこの豊度の不断の源泉を破壊することの進歩である。ある国が、たとえば北アメリカ合衆国のように、その発展の背景としての大工業から出発するならば、その度合いに応じてそれだけこの破壊過程も急速になる。それゆえ、資本主義的生産は、ただ、同時にいっさいの富の源泉を、土地をも労働者をも破壊することによってのみ、社会的生産過程の技術と結合とを発展させるのである。（Marx[1890]:S.528-530）

マルクスはここで、三つのテーマ、すなわち（A）では共同体の破壊と資本主義的生産様式の成立について、また（B）では農村・農業と都市・工業とのあいだの空間的対立と、それに伴う人間と土地とのあいだの物質代謝の攪乱について、最後に、（C）では土地（自然）と人間（労働主体）とに内在する本性に対する資本の略奪・破壊と、それをつうじて行われる資本主義的生産のさらな

＊7　引用中の（A）、（B）、（C）は引用者による。

る高度化について述べている。本章では、原理的次元でこの三つのテーマを各節で扱うことにするが、まず本節では第一のテーマに焦点を当てて、共同体の解体を経験した農奴・農民から賃金労働者の出現を求める「いわゆる本源的蓄積」史観のさらなる理論的拡張を試みることで、人間を労働力の供給源として道具化・手段化する資本蓄積メカニズムをあきらかにしようとする。

第一のテーマは、「いわゆる本源的蓄積」論を予告する内容になっているが、ここで注目に値するのは、共同体と資本蓄積との関係である。「農業の部面」における資本蓄積によって「原始的な家族紐帯」が引き裂かれるとマルクスはいうが、その過程で「農民」は「賃金労働者」になる。「資本主義的生産様式」は、「賃金労働者」を必要とするといわれるが、もっと正確にいえば、「賃金労働者」になりうる・ならざるをえない人間を必要とするのである。だが、これまでの人類史において、資本のもとで働くためにつねに待機・準備する生き方を人間はしたことがない。[*8] マルクスがいうような、二重の意味で自由な存在としての「賃金労働者」は、共同体の解体から出現した、いわばガラスの破片のような存在にほかならない。資本は、労働力の供給源として用いられる人間を見つけ出せないならば、一定の物理的・構造的暴力を動員してでも人間を労働力の供給源として確保しなければならない。

マルクスは、このような資本の「いわゆる本源的蓄積」過程について次のように述べている。

資本関係は、労働者と労働実現条件の所有との分離を前提する。資本主義的生産がひとたび自分の足で立つようになれば、それはこの分離をただ維持するだけではなく、ますます大きくなる規模でそれを再生産する。だから、資本関係を創造する過程は、労働者を自分の労働条件の

＊8　これについてWallerstein[1995]は、次のように述べている。「資本主義的なそれに先行した史的システムにおいては、いつの場合でも、ほとんどの――すべてのというわけではないが――労働力は固定されたものであった。生産者が用いる労働力は、本人自身とその家族のみというケースもいくつかあったが、この場合は、労働力はあきらかに固定されたものであったことになる。親族ではなくても、法や慣習ないしその両方によって特定の生産者に緊縛された労働力が用いられることもあった。すなわち、様々な形態をとった奴隷制、債務奴隷制、農奴制、永代借地農制《パーマネント・テナンシー》などがそれである。〔中略〕労働力がこのように固定されているということは、こうした労働力を確保している特定の生産者たちにとって、いくつかの問題を孕《はら》んでいたことになるのだが、かれら以外の他のすべての生産者にとっても、そのことは問題であった。というのは、後者にとっては、固定されていない、自由に使える労働力が得られる範囲でしか、生産を拡大しえないこと、自明であったからである」（19–20頁）。他方これに対して、Braudel[1976]：118頁は、「近代資本主義の起源」として「ヨーロッパの世界＝経済の境界の彼方」に注目しつつ、次のように述べている。「実際、十八世紀末、つまり、その名に値する世界的な経済が出現するまで、アジアにはいくつかの、しっかりと組織化された効率的な世界＝経済が存在していた。中国と日本、インド・マレー諸島ブロック、イスラム世界のことである」。だが、それはいってみれば「商業資本主義」（同右、56頁）の歴史的傾向――いわば商業化モデルで説明できるような――にほかならず、「近代資本主義の起源」とは似て非なるものといわなければならない。その議論において資本による労働・生産の組織化――いいかえれば「自由に使える労働力」の資本への包摂――という観点が抜けているのは、そのためである。

所有から分離する過程、すなわち、一方では社会の生活手段と生産手段を資本に転化させ他方では直接生産者を賃金労働者に転化させる過程以外のなにものでもありえないのである。つまり、いわゆる本源的蓄積は、生産者と生産手段との歴史的分離過程にほかならないのである。それが「本源的」として現われるのは、それが資本の前史をなしており、また資本に対応する生産様式の前史をなしているからである。（Marx[1890]:S.742）

ここでマルクスは、「労働者」や「生産者」として表現される人間と、「労働実現条件」や「労働条件」、「生産手段」として表現されるライフの物質的基盤とのあいだの「分離」を繰り返し強調している。ところで、そうした「分離」の経験は、イングランドの農奴・農民だけに限られるものではない。実際に資本によって自分のライフの物質的基盤からの「分離」をまず先に経験したのは奴隷であったといえる。奴隷労働を根幹とするいわば重商主義体制は、労働力の供給源としての人間が二重の意味で自由な存在である必要は必ずしもないことを傍証している。[*9] そこで暴力は、資本の価値増殖運動において欠かせない因子として働くのである。

もう一つの因子は、その矛先としての外部である。[*10] すなわち、資本は、その蓄積運動の影響・射程圏外に置かれていた世界＝外部空間を労働力の供給地として見つけ出し、またそこの人間を奴隷として「資本関係」のなかに包摂するのである。ところが、その過程においては、必然的に空間的拡張・確保のための諸費用がかかるだけでなく、多かれ少なかれ一定のリスクがつきまとう。リス

＊9　奴隷制はまさに、重商主義学派と古典派経済学の分岐をもたらす一つの機制でもあったといえる（Williams[1964]：1-24頁）。これに対して、Graeber[2006]は、近代資本主義そのものを奴隷制の一形態（a form of slavery）として捉えているが、資本制と奴隷制の関係を論じるために古代まで遡る必要があるかどうかについては疑問が残る。他方、労働者＝二重の意味で自由な存在とする従来の規定について、Kocka[2017]は次のように指摘している。「資本主義を『二重の意味で自由な賃労働』――経済外的強制および生産手段の所有から自由（持たない）で、労働力と賃金の交換関係という枠組みのもと、契約にもとづいて雇われ、報酬を得る労働――と結びつけて理解することになじんだ者にはまず、近世における資本主義の拡大が、ヨーロッパの外で、部分的にはヨーロッパ大陸の東部でも、不自由労働の大量の増加と結びついていたという、彼らをいらだたせる考えに慣れることが求められる」（76-77頁、傍点は原著者）。

＊10　本章でいう外部とは、資本蓄積運動の直・間接的な影響・射程から離れている圏外を意味するが、文脈によって非資本主義国家／領域／地域を指す。同様に内部は、資本蓄積運動の直・間接的な影響・射程からさほど離れていない圏内を意味するが、文脈によって資本主義国家／領域／地域を指す。マルクス経済学において特に外部というある種の空間概念は、古典派経済学とは相容れないマルクスの商品交換観――「商品交換は、共同体の果てるところで、共同体が他の共同体またはその成員と接触する点で、始まる。」（Marx[1890]:S.102）――においてはじめて提示されて以来、宇野弘蔵によってさらなる発展を遂げたものといえる。宇野によれば、資本主義的生産様式は、「資本による生産過程の把握」（宇野［1974a］：127頁）として完成されるが、そこで「資本」は、「いわば流通の外部から来た貨幣」（宇野［1973］：70頁）として現われる。そこで宇野は、共同体ないし既存の社会構成体の外部としての単純な商品流通を超える領域から資本の出現の理論的根拠を導き出すことで、外部という空間概念が、資本主義的生産様式の成立において決定的な因子として機能することを示唆している。だが同時に、宇野における資本主義的生産様式の成立とその過程は、大いにマルクスの「いわゆる本源的蓄積」史観――

クに備えるための武装は、より多くの費用負担を資本に押し付けたりする。奴隷労働に依存する重商主義体制は、その運営にあたって労働力の供給源としての人間の確保・動員にかかる諸費用の不確定的な逓増傾向を甘受せざるをえない。したがってそこでは、持続的で恒常的な資本蓄積が必ずしも保証されるとは限らない。[*11]

さらにまた、資本の空間的拡張・確保を可能にするフロンティアの枯渇リスクや、それを進める過程で生じうる集団内外の物理的な衝突リスクも排除できない。[*12] 奴隷は、資本にとって労働力の供給源として機能する、いわば人間化された生産手段として扱われるが、それにしてもやはり土地や機械、道具などとはまた異なる生産手段である。それはいうまでもなく、資本の生産手段たる奴隷が生身の人間であることに起因する。人間に対する管理・統制は、土地・機械・道具のそれとは相容れない。というのは、奴隷の怠業や反発、抵抗、逃亡などの可能性を完全になくすことは容易ではないからである。[*13] その可能性を最大限抑えるために、資本のさらなる武装や警戒の強化が行われたりするが、そうした備えが必ずしも奴隷の完全な道具化・手段化につながるとも限らない。結局のところ、そこで資本は、奴隷の入手にかかる諸費用だけでなく、管理・統制にかかる諸費用をも負担しなければならない。

もちろんそれだけではない。資本は、適切な生活空間と生活資料を奴隷に提供しなければならない。たとえそれが十分ではないとしても、そこには一定の費用がかかる。それゆえ、奴隷に対する資本の管理・統制は、労働・生産時間だけでなく、それ以外の非労働・生産時間においてもなされることになる。奴隷労働に依存する労働・生産体制を運営するということは、奴隷の物色・入手からその管理・統制までかかる直接的かつ間接的な諸費用を負担する必要があることを意味する。それは、奴隷が資本主義的生産様式の一部をなす資本の生産手段、つまり私有財産であるという事実に起因するものといってよい。

ところで、他人のための生産手段であり、同時に私有財産でもある奴隷は、最初から奴隷であっ

いわば世界＝内部空間における資本主義的変革――を受け継いでいて、そこでは「資本による生産過程の把握」自体が世界＝外部空間において最初に行われたものであること、また「いわゆる本源的蓄積」はむしろその第二波にあたることが必ずしも明確ではない――だからといってここでその前後関係を強調するつもりはないが。そうして、宇野原理論体系では、資本の出現および資本主義的変革において空間概念としての外部が採用されながらも、同時にそれ自身の積極的機能とその意義は不十分な形でしか提示されていないように思われる。本章の問題意識はそこにこそある。

＊11　これについてWallerstein[1995]は、次のように述べている。「生産者は、その資本蓄積能力を極大化するために、どのような行動をとってきたのか。生産過程にとっては、労働力こそがつねに中心的な意味をもっており、量的にもきわめて重要な要素となっていたこと、あらためて多言を要すまい。そもそも、資本蓄積を至上命題とする生産者は、労働力については、相互に異なった二つの側面に関心をもっているものだ。すなわち、それがどれくらい入手しやすいかということと、そのコストがどれくらいかということとである」（17–18頁）。こうした意味で「資本蓄積」の核心は、「労働力」の供給源としての人間を確保・動員するにあたって発生するコストとリスクをどこまで抑えられるかにかかっているといってよい。

たわけではない。奴隷は、共同体のメンバーであったに違いない。共同体のメンバーたる人間が自ら進んで共同体から離れて奴隷になろうとすることはまずありえない。共同体のメンバーを奴隷化する過程において、多かれ少なかれ共同体内外からの暴行や詐欺、欺瞞、誘拐、拉致、黙認、脅迫、威嚇、恐喝、強制、強要などが行われたりするが、いずれにしても共同体のメンバーが奴隷になる一連の過程は、当事者の非自発的選択によって行われることには変わりない。資本は、非自発的に奴隷になった共同体の元メンバーを労働力の供給源として道具化・手段化するために、ひとまず奴隷にいわば擬似共同体を提供しなければならない。それはあくまでも、奴隷の労働力の持続的で恒常的な供給のためであるが、その過程で必然的に、資本は奴隷のライフのための諸費用の負担を余儀なくされるのである。

このように、奴隷は、既存の共同体から非自発的に引き離されることによって擬似共同体に組み込まれてしまった存在として出現する。既存の共同体が自然発生的なものであったとすれば、擬似共同体は、人為的で合目的的なものにほかならない。共同体を人間のライフを保障する基礎単位と定義すると、両方の共同体は、いずれも多かれ少なかれ当事者のライフを保障する機能をもっているといえる。しかしながら同時に、擬似共同体におけるその保障は、あくまでも条件付きのものであって、既存の共同体におけるそれとは相容れないように思われる。[*14] もちろん、だからといって、後者では共同体のメンバーのライフに対する無条件的な保障がつねに与えられるというわけでもない。自然発生的な共同体においても、見返りを期待しない純粋贈与（pure gift）ないし無償の贈与

（free gift）を除外すれば、一定の見返りを暗黙的に要求する相互的行為がしばしば行われるからで

＊12　水岡［1992］：111-112頁によれば、「フロンティアは明確な線というより、この過程の力が弱まってゆく漸移帯である。その先にはもはや経済・社会空間は存在せず、原初的な空間がひろがる。それゆえフロンティアの先に向かっては、それを拡張する現実的可能性が存在しており、拡張にあたって他の主体ないし集団との抗争は生じない。必要であるのは、野性の『均等平面』を『社会空間』に馴らしてゆくための、実質的包摂にかかわる労働投下だけである。フロンティアのありかたは、それを生産する社会・経済主体ないし社会集団の相互行為のありかたに直接に規制され、それに応じてフロンティアは任意に拡大・縮小し、つねにその位置や姿を変えうる可能性を持っている」。ところで、まさにそうした「現実的可能性」のゆえに、そこには集団内外の物理的な衝突可能性がつねに潜んでいるといってよい。したがってそこでは、「**バウンダリー boundary**、境界」（太字は原著者）、すなわち「進出によって領域をつくる複数の経済・社会諸過程が空間的に衝突したあと、両領域がそれぞれ、内に対し社会的同質性・他に対し空間的排他性を確保する境界として設定され、それにより、その経済・社会諸過程に外生的な空間的枠」が形成されることになる。

＊13　Williams［1970］：228-258頁。

＊14　他方で、山崎［2022］：第2章は、「原蓄概念の中には、共同体がその『生存原理』とともに解体されることが重要な要素として含まれている」ことを指摘しているが、そこでいう「共同体」の「生存原理」とは、その「経済活動」が「構成員の生存と世代を超えたその再生産を保障することを目的としながら、農産物を中心とする自給的生産物の生産と再分配にあること」を意味するものである。この概念によれば、奴隷に提供される擬似共同体は、自然発生的な共同体と違って、「共同体」の「生存原理」を欠いているだけでなく、かえってそれ自身の「生存原理」が外部（資本家）から一方的に与えられるというかたちをとって営まれるということになる。

ある。だが、それにしても、その条件が暗黙のものであれ、明示的なものであれ、そこでは一定の計算合理性は前提されないといわなければならない。

それに対して、擬似共同体では、奴隷のライフに対しては計算合理性に基づく条件付きの保障だけが与えられる。[*15] 奴隷は、資本の管理・統制を受ける生産手段・私有財産として一定の労働力を提供・供給することによってはじめてそのライフを保障される。そこで労働力提供・供給の程度とライフの保障の程度は正比例する。すなわち、奴隷自体の有用性が、奴隷所有の必要性を決定づけるのである。労働力の供給源としての有用性が高い／低いほど、奴隷を手元に置いておくべき必要性は高くなる／低くなる。こうした人間の道具化・手段化は、奴隷と奴隷労働に対する資本の計算合理的アプローチに起因するが、これは計算合理性が極力排除されている自然発生的な共同体のそれとは相容れない。人間を道具化・手段化するためには、既存の共同体から当事者をひとまず引き離さなければならない。そこからいわば不可避的に個体化（individuation）された人間は、いつでもそれ自身のライフを喪失する可能性の高い状態、いわば無防備状態に置かれることになる。そこでの人間を資本は奴隷化するのである。

ところで、資本は、労働・生産の組織化を進めるにあたって、世界＝外部空間を包摂するにとどまらず、ひいては世界＝内部空間をも包摂する。マルクスのいう「いわゆる本源的蓄積」の過程がそれにあたるが、厳密にいえば、その過程は世界＝外部空間にも当てはまるといわなければならない。人間を共同体から引き離すことでライフの物質的基盤を根こそぎにすること、これが人間の道具化・手段化の先行条件をなす。奴隷化の核心は、人間を共同体から引き離して無防備状態に置くことにある。奴隷は、奴隷状態に置かれている人間であり、したがってまた、奴隷を奴隷たらしめる根拠も、奴隷状態そのものにあるわけであって、その身分や名称、法的擬制などにあるわけではない。[*16]

ここで交換過程論におけるマルクスの言葉を引用しよう。

商品は物であり、したがって、人間にたいしては無抵抗である。もし商品が従順でなければ、人間は暴力を用いることができる。言いかえれば、それをつかまえることができる。(Marx[1890]:S.99)

＊15　これについてマルクスは、次のような例を挙げている。「綿花の輸出が南部諸州の死活問題になってきたのにつれて、黒人に過度労働をさせること、所によっては黒人の生命を七年間の労働で消費してしまうことが、計算の上に立って計算する方式の要因になったのである」(Marx[1890]:S.250)。

＊16　Graeber[2011]によれば、「人間経済において、なにかを売ることができるようにするには、まずそれを文脈から切り離す必要があるのだ。奴隷とはまさしくこれである。すなわち、奴隷とはじぶんたちを育てあげた共同体から剥奪された人びとのことである」(222頁)。なお、植村［2019］の議論においても、同趣旨の見解が提示されている。すなわち、それによれば、「文脈から切り離された人間。家族からも共同体からも切り離されて、故郷とは別の場所で、別の共同体の中に放り込まれながら、その中の誰とも関係のない『よそ者』として取り扱われる人間。それが『奴隷』である。そのような存在だからこそ、奴隷を獲得した側の共同体の成員からすれば、その人間をモノのように売り買いし、場合によっては傷つけたり殺したりすることさえもできたのである」(227－228頁)。

ただし「物」は「人間にたいしては無抵抗である」といえるためには、「物」は、特定の社会的文脈から引き離されて浮遊する状態に置かれなければならない。それゆえ、すべての「物」が「人間にたいしては無抵抗である」とは必ずしも限らない。なぜなら、その一部は、特定の社会的文脈と深く結びついている状態に置かれているからである。それらに対して「人間」が「暴力を用いる」ことは決して容易ではない。要するに、「物」には、道具化・手段化が可能な対象もあるが、同時にそれが困難な対象もある。まず前者の場合、私的所有権を特定できない対象がそれにあたるし、そこでその占有者は、さしあたりそれらを道具化・手段化することができる。また後者の場合、準・公共財または共有財や共有資源などといったコモンズがそれにあたるが、そこでそれらを意のままに道具化・手段化することは容易ではない。このことから、ここでは前者をモノ化が進んだ「物」とし、また後者をモノ化が進んでいない「物」とする。

右記の引用文では「物」はもとより道具化・手段化が可能な対象として描写されているが、それは一面的であるといわなければならない。モノ化が進んだ「物」は、「人間」の「暴力」に抵抗できないが、モノ化が進んでいない「物」は、多かれ少なかれそれに抵抗しうるからである。もし後者を前者と同様に、「人間にたいしては無抵抗」な状態に置こうとするならば、後者と後者が置かれている社会的文脈を引き離せる程度の実力（物理的強制力や法的・制度的強制力）をもたなければならない。すなわち、たとえば共同体のメンバーまたは個別主体の私的所有物をモノ化するためには、共同体的紐帯なり私的所有権なりの社会的文脈から一旦引き離して浮遊している状態に置く必要があり、そうした状態では、いつでもどこでもそれらを道具化・手段化できるようになる。モノが置かれている特定の社会的文脈を相対化すること、これがモノの包摂の先行条件をなすが、そのために動員される物理的強制力や法的・制度的強制力は、モノ化を実現させる決定的因子として働くのである。

だが、すでに検討したように、人間を労働力の供給源として確保・動員するにあたって、物理的強制力にはコストとリスクが伴い、また法的・制度的強制力もただちには適用できない。しかし、仮に世界＝内部空間をモノ化することができれば、資本は、物理的強制力に伴うコスト・リスクの逓減効果を期待できるだけでなく、法的・制度的強制力の一環としての公権力も動員できるようになる。実際のところ資本の「いわゆる本源的蓄積」は、人間をそのライフの物質的基盤から引き離す過程であったし、それは世界＝内部空間（特に西ヨーロッパ世界の農村部）に結びついていた人間と土地を、資本がいつでも労働力と自然力の供給源として動員することのできる状態に置くこと、つまりモノ化することであったといえる。産業資本主義では重商主義体制と異なり、社会的文脈から引き離されて浮遊する状態の人間は今や、奴隷ではなく、賃金労働者として資本主義的生産様式に組み込まれることになる。そこで資本は、人間を労働力の供給源として漁るための諸活動――奴隷貿易や奴隷狩りなど――を展開する必要がなくなる。社会の内部ではすでにライフの物質的基盤を喪失した状態（モノ化済み）の人間が多数存在しているからである。

人間が奴隷（身分）として資本主義的生産様式に組み込まれているか、あるいは賃金労働者（階級）として組み込まれているかとは無関係に、いずれもそこでは資本の価値増殖に奉仕する労働力の供給源として道具化・手段化されていることには変わりない。[*17] 奴隷労働の場合、資本は、奴隷に擬似共同体を提供する必要があったが、賃金労働においてはそうした必要・義務から解放されることになる。そのうち多くは自然発生的な共同体——特に家族——が基本単位となっているため、擬似共同体の提供はもとより意味をなさないが、それよりもむしろ、ライフの物質的基盤が根こそぎにされて逃げ場のない人間に、敢えて新たな物質的基盤を提供すべきインセンティブが資本にはないといったほうが適切であろう。すでに検討したように、ライフの物質的基盤を提供するには、非労働・生産時間に対する管理・統制費用がかかるし、「大工業」や「製造工業」が立地している都市空間の環境ではそれはなおさら困難であるに違いない。しかも、産業資本主義の場合は、労働力の供給源として用いられる人間（賃金労働者）と、それを用いる人間（資本家）とのあいだの異質性・他者性はさほど大きくない。

こうした状況下においては、資本は賃金労働者を奴隷扱いする必要がなくなる。[*18] それによって、人間を労働力の供給源として確保・動員するための種々のコスト・リスクは大いに低下することになる。賃金労働者は、ライフの物質的基盤を新たに構築するためには、低賃金・長時間・高強度の労働・生産過程に耐えなければならない。これは、労働・生産時間の長さや労働強度の程度とライフの物質的基盤の量的・質的な高低が互いに結びついていない奴隷労働と対照的である。それゆえ、非労働・生産時間における賃金労働者の自主性ないし自律性は、賃金労働者に消費者という新たなアイデンティティを与える。賃金労働者は、労働・生産時間においては従属状態に置かれるが、非

＊17　Bales[2000]：8−52頁は、「奴隷制とは、経済的搾取を目的として、一人の人間が別の人格を完全に支配することである」と定義し、それに基づいて「旧奴隷制」と「新奴隷制」を区別している。それによれば、「第二次世界大戦後の世界人口の劇的増加」と「近代化と世界経済のグローバル化」とを背景とする「新奴隷制」においては、「旧奴隷制」におけるような「合法的所有権」や「民族的差異」などもはや意味をなさない。ところで、単に「経済的搾取」自体が目的であれば、賃金労働者も一定時間（労働・生産時間）に限っては被支配状態に置かれる奴隷的存在といえなくもない。そこで支配・従属の程度――自由と拘束の程度や自律と他律の程度など――とその方式――人格的従属や法的・制度的装置など――は、時代や地域、領域、業種ごとに異なるとしても、被支配状態に置かれる人間が他者の利潤実現のための道具的・手段的存在として対象化されていることには変わりない――これについてマルクスは次のように述べている。「賃金労働者とともに資本家を生みだす発展の出発点は、労働者の隷属状態だった。そこからの前進は、この隷属の形態変化に、すなわち封建的搾取の資本主義的搾取への転化に、あった」（Marx[1890]:S.743）。さらに他方では、山本［2015］：184頁は、労資関係において「搾取されているのは労働力ではない。労働の中に仕事を発見して、実際に仕事をしようとする意志である」としつつ、次のように述べている。「（私たち）労働者は労働の中に仕事を発見しているのである。そうでなくては私たち労働者は奴隷である。ただ生きるためにのみ働く奴隷的存在でしかない」。ここでは「労働者」と「奴隷」はいずれも、それ自身の自主性・自律性を喪失した従属的存在として位置づけられている。たしかにそのとおりだが、同時に「労働者」が「労働の中に仕事を発見」することがきわめて困難なのは、これまでみてきたように、「労働者」それ自身がもとより資本によって記号化された擬制的単位として資本主義的生産様式に組み込まれているからにほかならない。

労働・生産時間においては消費者（貨幣所有者）として振る舞うことが可能となる。これによって資本は、賃金労働者の恒常的で持続的な労働意欲を期待できるようになる。もちろんそうはいっても、すべての賃金労働者が高い労働意欲をもつというわけではないが、自己決定・自己選択が可能な領域の存在は、労働・生産時間における従属状態を多かれ少なかれ相対化してくれる。

しかしながら、賃金労働者は、奴隷と同様に、既存の社会的文脈から一旦引き離されることによって非自発的に現われたという点、また資本によって道具化・手段化された労働力の供給源として位置づけられるという点を共有している。前者がライフの物質的基盤喪失の状態であるならば、後者は資本のもとでの従属状態にほかならない。最後にもう一つ付け加えたいのは、両者はいずれも、いつでも現在のライフの物質的基盤を失うかもしれない、もしくは将来のライフの物質的基盤を構築できないかもしれないというような、いわば恒常的な不安・緊張状態に置かれているということである。なぜなら、そこで奴隷に対する生殺与奪の権と賃金労働者に対する解雇権限・採用権限は、いずれも資本（他者）がもっているからである。前者は生命にあたり、また後者は生活にあたるが、いずれもライフの物質的基盤喪失であることには変わりない。特に後者の場合、それは現役労働者や労働市場のなかに滞留する産業予備軍（失業者）だけでなく、労働市場への参入を待機・準備するにあたってつねに教育・訓練・実習を受けている将来の労働人口にも当てはまるといえよう。

以上、本節では、奴隷労働を根幹とする重商主義体制の出現とその運営について考察し、モノ化の論理に基づいて産業資本主義との類似性を論じた。このことから、世界＝内部空間をモノ化することで人間を労働力の供給源として確保・動員する産業資本主義だけでなく、世界＝外部空間をモノ化することで人間を労働力の供給源として確保・動員する重商主義体制からも「いわゆる本源的蓄積」のメカニズムを読み取れる。前者において人間は労働者であり、後者では奴隷であるが、いずれも既存の共同体から非自発的に引き離されて労働力の供給源として資本によって包摂されることで、ライフの物質的基盤喪失の状態、他者への従属状態および恒常的な不安・緊張状態に置かれてしまっているという点で、両者は類似している。ただし、この二つの路線《ツートラック》のうち産業資本主義の賃金労働が資本主義的生産様式の基本モデルとして定着したことを、われわれは歴史的な経験則として承知している。というのも、奴隷労働に依存する重商主義体制は、賃金労働に依存する産業資本主義に比べて資本蓄積の持続性・恒常性を欠いているからである。その意味では賃金労働のほうが資本主義的生産様式の運営により適したものといってよいであろう。

＊18　Sassen[1988]：63–66頁は、その背景として「資本主義的諸関係の普及とそれに伴う土地の商品への転化」を取り上げながら、そこからもたらされる「自立的生存維持様式の解体は、自発的に労働市場へと入っていく労働予備軍を創出した。もはや労働者の直接的・物理的な従属や動員は必要ではない」と述べている。ただしそこでは、「自立的生存維持様式の解体」によって生み出された「労働者」・「労働予備軍」がなぜ賃金労働――彼女の言葉でいえば「自由な労働」――の形態をとることになったかについてはあまり論じられていないと思われる。

第2節　空間のヒエラルキー

本節では、農村・農業と都市・工業とのあいだの空間的対立と、それに伴う人間と土地とのあいだの物質代謝の攪乱について考察することで、空間のヒエラルキーを形成・維持させる、資本主義体制の内なる暴力のメカニズムをあきらかにしようとする。

マルクスは引用文（B）で、「農業と工業との対立的につくりあげられた姿を基礎として両者を結合する」産業資本主義がいかに「人間と土地とのあいだの物質代謝を攪乱する」かに注目している。直前の引用文（A）では、「農業の部面」における資本蓄積が「都市のそれと同等に」進められることが述べられているが、それに対して、ここでは両者ははじめから対立するものとして描き出されている。このことは、農村・農業における自然発生的な経済システムと、都市・工業における機能的にデザインされた経済システムとの対立として現われている。特に前者に対する後者の破壊的作用が主たる内容をなしている。[*19]

要するに、マルクスのいう「対立的につくりあげられた姿」とは、相互破壊的な関係によるものというよりも、一方的な収奪・被収奪関係によるものにほかならない。したがって、両者の結合は必然的に、相互に競争したり、時には衝突したりするトレードオフ体制とはまた違う、いわば機能的で垂直的なヒエラルキー体制のかたちをとってなされる。資本主義的生産様式は、農村・農業に対する都市・工業の収奪システムを「体系的に確立することを強制する」が、それは、すでに検討したように、それまで農村・農業に深く根付いていた「原始的な家族紐帯を引き裂くこと」を前提としている。だが、そうした収奪・破壊の経験は、資本蓄積運動の直・間接的な影響・射程圏内に置かれていた西ヨーロッパ世界の土地（自然）だけに限られるものではない。実際に資本による「土地の豊穣性の持続の永久的自然条件」の収奪・破壊を先に経験したのは、世界＝外部空間としての非ヨーロッパ世界の土地（自然）であったからだ。*20

＊19　他方でHarvey[1985]：298－306頁は、「都市空間の形成は、つねに、経済的余剰の動員・生産・領有・そして吸収とかかわってきた」としつつ、次のように述べている。「ブルジョアジーは、創造的破壊の師匠である。資本主義の階級的性格は、経済的余剰の動員・生産・領有・そして吸収のやり方とその意味を根本的に変える。都市空間の形成がもつ意味も、同様に、根本的に新たな規定性をうけとることになる」。これによれば、「資本主義」において「都市空間」は、「権威、権力、および機能を、その統制できない空間から、ブルジョアジーの覇権が支配的である空間へとシフト」せざるをえないことになる。ところで、そこでは「資本主義」における「都市空間」が農村（農業）と都市（工業）との空間的対立の産物として形成されるという構造論的分析はあまり提示されていないと思われる。それに対して、柄谷［2015］は、「世界＝経済では、直接的な収奪よりもむしろ、たんなる商品交換を通して、中心部が周辺部から余剰を収奪する構造がある」（258頁）ことを指摘しているが、こうした「構造」は、「中心部」それ自身の内部にもそのまま当てはまるといってよい。詳しくは本文に譲るが、本節では農村（農業）と都市（工業）の空間的対立と、それに内在するヒエラルキーに焦点を絞って議論を展開する。

マルクスはこれについて、次のように述べている。

いまや本源的蓄積のいろいろな契機は、多かれ少なかれ時間的な順序をなして、ことにスペイン、ポルトガル、オランダ、フランス、イギリスのあいだに分配される。イギリスではこれらの契機は一七世紀末には植民制度、国債制度、近代的租税制度、保護貿易制度として体系的に総括される。これらの方法は、一部は、残虐きわまる暴力によって行なわれる。たとえば、植民制度がそうである。しかし、どの方法も、国家権力、すなわち社会の集中され組織された暴力を利用して、封建的生産様式から資本主義的生産様式への転化過程を温室的に促進して過渡期を短縮しようとする。暴力は、古い社会が新たな社会をはらんだときにはいつでもその助産婦になる。暴力はそれ自体が一つの経済的な潜勢力なのである。(Marx[1890]:S.779)

マルクスはここで、「本源的蓄積」の一つの「契機」として「植民制度」を取り上げているが、その過程において「社会の集中され組織された暴力」としての「国家権力」が動員されることを示唆している。[*21] そこでは「暴力」は、労働生産性や技術力水準、資本規模などの経済的な要因と同様に、「一つの経済的な潜勢力」として機能することで、「封建的生産様式から資本主義的生産様式への転化」を促す役割を果たしている。それゆえに、「暴力」を独占する「国家権力」は、それ自体として収奪者や破壊者ではなく、むしろ「助産婦」として現われる。資本は、この「助産婦」を用いて「古い社会」を一掃すると同時に、「新たな社会」を構築する。その過程は、いってみれば革命なのである。

資本は、生まれながらにして革命性を孕んでいる。資本によってつねに革命の対象と目されるのは、「古い社会」とその「生産様式」にほかならない。しかしながら同時に、資本の革命活動とその過程は、つねに未完成のまま終わってしまわざるをえない。それは後述するように、この体制が外部化された領域とのあいだの垂直的な位階秩序をつうじてしか成り立つことができないからである。[*22] いいかえれば、もとより自己完結性を欠いているということである。その限りでは、むしろ「古い社会」の「生産様式」のほうがより自己完結的なものであったといえなくもない。「本源的蓄積」は、まさに「封建的生産様式から資本主義的生産様式への転化」であったが、その過程は、単に古い体制から新たな体制への移行というよりも、世界＝内・外部空間のヒエラルキー化による収奪システムの体系化であったといわなければならない。

＊20　Foster[1999]：46–60頁、106–119頁。

＊21　さらにまた、マルクスは、「国家権力」について次のように述べている。「興起しつつあるブルジョアジーは、労賃を『調節する』ために、すなわち利殖に好都合な枠のなかに労賃を押しこんでおくために、労働日を延長して労働者自身を正常な従属度に維持するために、国家権力を必要とし、利用する。これこそは、いわゆる本源的蓄積の一つの本質的な契機なのである」(Marx[1890]:S.765-766)。こうした意味で、「国家権力」は、資本の「いわゆる本源的蓄積」にあたって資本と表裏一体の関係にあるもう一つのプレーヤーといえよう。

特に「植民制度」においては、土地（自然）をはじめとして世界＝外部空間の資源全般が資本の「本源的蓄積」の対象となる。[*23] そこで資本（商人）は、国家（軍事）との結託をつうじて非ヨーロッパの土地（自然）を植民地として占領・支配し、資源や貴金属などの富の収奪を、つまり市場経済的な利潤動機を満たしてくれる適地として収奪するメカニズムを体系的に確立する。いわば収奪する側（資本＝国家）と収奪される側（非ヨーロッパ世界の諸国家・諸地域）とのあいだの「対立的につくりあげられた姿」がここに基礎づけられるのである。[*24] 前者の支配は、後者の従属を目的とするものであって、後者は、前者への従属をつうじて前者による一定の保護を受けることになる。このように、両者の関係は相互依存的であるが、共同体の元メンバーの非自発的な奴隷化過程と同様に、そこには形式的平等性がもとより欠如している。いってみれば、ある種のヒエラルキーを前提とした支配・従属の関係なのである。その意味では、一方における収奪・支配は、他方における被収奪・従属と表裏一体の関係にあるといってよい。

ただし、こうした支配・従属の関係は、いわば国家と国民の関係におけるそれとは似て非なるものといわなければならない。なぜなら、そこでの収奪者は、世界＝外部空間の被収奪者からすれば、紛れもない部外者にほかならないが、国家と国民の関係では収奪者と被収奪者のいずれも形式的には内部化されているからである。[*25] このことは、世界＝外部空間において形成される支配・従属の関係がさほど恒常的でも持続的でもないことを示唆する。それゆえ、資本はつねに、フロンティア（新たな外部）を収奪地として見つけ出さなければならないが、その過程で発生する諸費用——軍事費を含む――の負担を余儀なくされることになる。
もちろんそれだけではない。それは、奴隷経済のそれと同様に、相異なる収奪者グループ間の物理的な衝突リスクを孕んでいるだけでなく、ひいては被収奪地の人々に内在する民族性なるものを覚醒させるリスクも孕んでいる。その抵抗を抑えるためには、収奪・被収奪関係のさらなる体系化

＊22 他方でSassen[2014]は、グローバル資本主義の論理を可視化する装置として「放逐（expulsion）」概念を提示し、そこにおいて既存の政治・経済システムから「放逐」されているか、または「放逐」される危機にさらされているモノや人間の出現を描き出している。これに対して、本章でいうモノ化は、収奪の客体・対象としての人間・空間・土地・自然を体制の内部に包摂し、従属させるための先行条件を意味するものであって、Sassenの「放逐」概念とは相容れない。現代資本主義の行き詰まりは、収奪の客体・対象として用いられる安価な人間・空間・土地・自然自体が減少していること、またそれによって体制維持の動力・能力を喪失しつつあることにその原因がある。「放逐」はその結果にすぎない。
＊23 実際のところ、「一六世紀ヨーロッパの限られた人口をもってしては、新世界における砂糖・タバコ・綿花という主要商品作物の栽培に要する自由民労働者を、大規模生産を行なうに足るほど十分に供給することは不可能だった。奴隷制は、まさしくこのために必要となったのである。ヨーロッパ人は、奴隷入手源をまず先住民に、ついでアフリカに求めた」（Williams[1961]：18頁）。その結果、「一五〇〇年頃、ヨーロッパの諸強国は世界の土地の約七％を支配していたが、一七七五年頃には三五％にまで拡大した」（Kocka[2017]：66–67頁）。とりわけ、こうした「植民地主義の歴史」において「用益権（現実の使用に付随する権利）と呼ばれるものと排他的で永続的な所有権とのあいだ」のズレから生じる「多くの衝突」は、支配領域・領土の拡大を可能にした原動力であったということができる（Harvey[2014]：66頁）。

が必要となるが、当然それにかかる諸費用は、収奪する側の負担となる――これもまた収奪される側に転嫁されたりする。こうした過程で収奪者は、一部のリーダーやエリートたちを懐柔したり、全方位的な統合政策を繰り広げたりするが、世界＝内部空間における支配・従属関係に比べると、そうした取り組みが有効的かつ実効的であるとは必ずしも限らない。これは世界＝外部空間の内部化が抱え込んでいる限界なのである。

ところで、世界＝外部空間における土地（自然）の包摂によって生み出されるこうした収奪・被収奪の構造は、世界＝内部空間にそのまま移植される。[*26] すなわち、そこでは農村・農業に対する都市・工業の収奪システムが「いわゆる本源的蓄積」によって体系化されるのである。しかし同時に、ここでは世界＝外部空間のそれと比べて、一方の収奪・支配と他方の被収奪・従属からなる関係はあまり可視化されない。というのも、世界＝内部空間においては内部と外部という構図自体がそもそも成り立っていないようにみえるからである。だが、非ヨーロッパ世界の土地（自然）をめぐる収奪・支配は、世界＝外部空間をモノ化するかたちで、体制内に包摂する過程であったとすれば、世界＝内部空間でのそれは、いわばその一部としての農村部（土地）をモノ化して体制内に包摂する過程であったといえる。世界＝外部空間のモノ化→内部化においても、また世界＝内部空間のモノ化→外部化においても、一方の収奪・支配と他方の被収奪・従属との関係が形成されることには変わりないのである。

産業資本主義の成立と発展は、一体化していた世界＝内部空間を二分すると同時に、そこに機能的・垂直的なヒエラルキー体制を確立することを要請したが、それはまさに「いわゆる本源的蓄積」のもう一つの顔にほかならない。すなわち、一面は労働者と資本家との「対立的につくりあげられた姿」であり、他面は農村（農業）と都市（工業）との「対立的につくりあげられた姿」である。そこでは、後者における空間の新しいヒエラルキーの成立によって前者における人間関係の新しいヒエラルキーが形づくられるということになる。[*27] 特に後者において「大中心地」とそこに集積され

＊24　Foster[1999]：12頁は、「国民国家の世界的ヒエラルキー」の成立を「一四〇〇年代後半のヨーロッパに端を発する資本主義制度の出現」と結びつけながら、次のように述べている。「このヒエラルキーは、植民をした国とされた国、より発展した国と発展が遅れた国との関係によって規定されるものであった」。要するにそこでは、「世界的ヒエラルキー」を前提とした「国民国家」と「資本主義制度」が表裏一体の関係にあることが示唆される。さらに他方で、水岡［1992］は、「資本主義体制がもつ領域の有界性の堅固な確保こそが体制の存続の前提である」（125頁）と指摘しているが、その意味では、「国民国家」はまさに、「領域の有界性の堅固な確保」をつうじて「資本主義体制」の「存続」を可能ならしめる機能的統治機構といってよいだろう。

＊25　柄谷［2015］：99–127頁。

＊26　Wood[2003]：130–131頁は、その過程を「国内の『植民地化』」と呼んでいる。それによれば、「イングランドの国内ですでに『植民地化』が発生しており、それがイギリスの帝国主義のその後の方向を定めることになったのである。一六世紀に始まったこのイングランドの植民地化のプロセスはその後もしばらくつづき、それがやがて国内の資本主義的な農業の原則となっただけでなく、帝国の論理そのものを規定することになる」。

る「都市人口」は、農村・農業に対する収奪――いってみれば土地（自然）の資本への従属――と、破壊――それによる物質代謝の攪乱――とによって形成され維持される。資本主義的収奪システムとそれに内在する空間・関係のヒエラルキーこそ「資本主義的生産様式」の存立根拠をなすものといってよい。

このことは、「資本主義的生産様式」がそれほど純粋な経済システムではないことを如実に表す。マルクスは引用文（B）で、「資本主義的生産」は「人間と土地とのあいだの物質代謝」と「土地の豊穣性の持続の永久的自然条件を、攪乱する」と述べているが、厳密にいえば、「人間と土地とのあいだの物質代謝」と「土地の豊穣性の持続の永久的自然条件」を「攪乱する」体制でなければ、「資本主義的生産様式」はそもそも成り立たないといったほうが適切であろう。ここでいう体制は、人間・土地・自然のモノ化を前提とした資本主義的収奪システムとそれに内在する空間・関係のヒエラルキーにほかならない。この条件が備わっていなければ、資本はそれを人為的に作り出さなければならない。「資本主義的生産様式」は、人間同士の相互敵対だけでなく、空間同士の相互敵対を土台とする。前者が奴隷と資本家（奴隷商人や奴隷主）、労働者と資本家（産業資本家）にあたるならば、後者は「植民制度」における収奪する側（宗主国）と収奪される側（植民地）、産業資本主義における都市（工業）と農村（農業）にあたる。

このように空間のヒエラルキーと関係のヒエラルキーとが形づくられるには、マルクスがいうように、「暴力」という名の「助産婦」が必要である。とはいえ、「暴力」は、それらのヒエラルキーを維持するためにも不可欠な機制として働く。たしかに「資本主義的生産様式」の内なる運動メカニズムは、貨幣・資本の原理によって働く。しかしながら、その運動自体を可能にする原理は、貨幣・資本から出てこない。いいかえれば、「資本主義的生産様式」が形成・維持・拡大されるために必要な土台をつくるのは「暴力」ということである。空間・関係のヒエラルキーをビルトインした資本主義的収奪システムというある種の媒質があって、はじめて「資本主義的生産」という運動が展開されるのである。

「暴力」は、相互間の等価的・水平的関係を、非等価的・垂直的関係に切り替える一連の企てとして現われる。そこでその過程が物理的かどうかは二義的な問題である。というのは、「暴力」の発動目的は、物理的強制性そのものにあるというよりも、その対象をヒエラルキーの下位に位置づけることにこそあるからである。それゆえ、法的擬制や制度的装置、宣伝《プロパガンダ》・扇動《アジテーション》なども相互間の非等価的・垂直的関係を成り立たせる「暴力」の一種として働くことができる。ここでわれわれは、都市（工業）と農村（農業）との関係に通底する暴力のメカニズムを読み取れる。これらが「対

＊27　小倉［1990］：45頁は、マルクスの「本源的蓄積」や「労働日」の章を引き合いに出しながら、「資本主義」では「商品売買関係に限らず、家族関係の内部の非商品経済関係も、一般的富の代表としての貨幣との距離によって、人間関係のヒエラルキーが形成される」ことを述べているが、本章では資本主義的変革によって形成される多様な「人間関係のヒエラルキー」を略して関係のヒエラルキーと呼ぶことにする。

立的につくりあげられた姿」をとって現われるのは、一定の暴力的契機がその対立を維持・持続させるからである。そうした理由で、その対立を相対化し、同時に相互間の形式的な等価性・平等性を取り戻そうとするすべての企ては、逆に体制自体の存立基盤を掘り崩す脅威になりうる。いずれにせよ、農村（農業）は今や、都市（工業）に付随する被収奪的・従属的空間として、また都市（工業）は、農村（農業）に対しての収奪的・支配的空間として再編されることになる。[*28]

ところで、こうした成り行きは、「植民制度」のそれとは多少異なる様相を呈している。両者はいずれも、空間のヒエラルキーを土台として成り立つという点では同じだが、収奪する側への収奪される側の従属の様相は必ずしも同じではない。その決定的な違いは、収奪される側における商品の販売地・消費地としての側面にある。農村は、その側面を欠いている。そこでは、原料や食料の生産地・供給地としての側面だけに集中させられるため、消費領域に比べて生産領域だけが肥大化せざるをえない。この傾向は、農村における原料・食料の生産基地化とそれに伴う農業の工業化を促すと同時に、農村内の過剰人口を生み出す。過剰人口は、生産（供給）にも消費（需要）にも直接的にコミットしていない存在として農村（農業）内に滞留するが、そこで特に都市（工業）は、そうした人口の捌け口として機能することになる。[*29]

こうした過程において農村（農業）は、多かれ少なかれ空洞化を免れることができない。生産に直接携わらず、そのため消費力を欠いている過剰人口の発生は、「植民制度」における収奪される側のそれとは似て非なるものといえる。そこで植民地は、原料や食料の生産地・供給地としての機能だけでなく、商品の販売地・消費地としての機能もある程度果たさせられるため、空洞化現象は、農村〔農業〕に比べれば消極的にしか生じない。だが、農村〔農業〕において生産領域と消費領域

＊28　ただしこうした傾向は、単に空間の再編にとどまらず、再編済みの空間内の再分化・細分化傾向として進化していく。特に都市空間ではそのような現象が著しい。これについてSassen[1998]は、次のように述べている。「主要都市では、社会経済的不平等と空間的不平等とが急速に拡大している。〔中略〕しかし、これを高度先進諸国の大都市における社会的・経済的再編成および新しい社会形態や階級的力関係の出現と解釈することもできる。インフォーマル経済が増大し、高所得層の商業地区や住宅街が富裕化し、ホームレスが急激に増加するといった現象はこれを端的に表している」(235－236頁)。／「だが今日、多くの主要都市経済で、中産階級に分断が生じている。〔中略〕これはたんなる量的な変化ではない。われわれが目にしているのは、新たな経済レジームの諸要素なのである」(237頁)。しかしながら同時に、Sassenは、それらが資本の「いわゆる本源的蓄積」以来における資本蓄積の内的傾向による一貫した「現象」であることを見ない。他方、そうした資本蓄積の内的傾向は、空間のヒエラルキーだけでなく、関係のヒエラルキーにもそのまま当てはまる。すなわち、そこでは労働者階級内部の再分化・細分化が著しく進んでいて、特に男性労働者と女性労働者とのあいだの伝統的なヒエラルキーは今や、高賃金労働者と低賃金労働者、正規労働者と非正規労働者、内国人労働者〔国民〕と外国人労働者〔移民〕のあいだのヒエラルキーにとって代わりつつある(同右、第5章・第6章参照)。

＊29　そのもう一つの捌け口として機能していたのは植民地であった(Wood[2003]：146－147頁)。たとえば、Williams[1970]は、これについて次のように述べている。「こうして農民は土地を喪失し、都市に流れて浮浪者や追い剝ぎとなった。別の見方をすれば、いまや彼らは、公正な手段によってであれ欺瞞的な方法によってであれ、どこか新しい植民地に送り込むのにちょうど都合のよい人間と化したのである」(5頁)。

との構造的不均衡からもたらされる過剰人口の発生とその流出は、農村（農業）の都市（工業）への従属をさらに加速化させることになる。要するに、植民地（内部化された外部）では、持続的で恒常的な従属状態を強制する有形・無形の暴力装置があり、その維持・管理にはコストがかかる。それに対して、農村（外部化された内部）では、暴力装置の維持・管理にかかるコストは相対的に少ないとはいえ、その体制は構造的諸問題を抱えるということになる。

したがって、収奪する側にとっては、前者において植民地経営にかかる諸費用が、そこから吸い上げられる経済的余剰より上回ると、植民地としての魅力を喪失することになり、時と場合によってはその空間と空間内の人間・土地・自然を半分手放すこともありうるが、後者における過剰人口の発生とその流出は、農村の空洞化と都市の肥大化といった体制内の構造的不均衡をもたらしうる。「農業と工業との対立」を体系化することで、農村空間を持続的・恒常的従属状態に置くことができたが、そこからもたらされる諸問題は、資本主義体制の自己不完結性を露呈するものとして慢性化することになる。しかもそうした自己不完結性は、資本主義体制それ自身の持続的・恒常的発展を妨げる要因（足枷）となる。こうして、外部の空間――新たなフロンティアなど――と外部の人間――移民など――とによる是正・補完をつうじてかろうじて体制の延命を図らざるをえない内的傾向が現われることになるのである。

世界＝外部空間をモノ化して体制内に包摂する方式は、すでに検討したように、「植民制度」といった重商主義体制においてみられる資本蓄積メカニズムにほかならない。だが、異質的な存在とその集団を内部化しようとする企ては、しばしば両者間の葛藤や対立を招いてしまう。そのためそれは、はじめから一定の限界をもたざるをえない。新たな外部――安価な人間や空間、土地、自然など――が絶えず与えられない限り、結果的に資本主義体制の自己不完結性は是正されない。資本主義体制は、一方では恐慌・不況のかたちで自己不完結性を露呈するが、同時に他方では人間の内なる自然（身体・精神・感情）と外なる自然（自然環境・生態系）を攪乱するかたちで自己不完結性を露呈する。[*30] 引用文（B）においても指摘されているように、「資本主義的生産」は、人間の外なる

＊30　周知のように、宇野［2010］は、他の商品と相容れない労働力商品の固有性に基づいて「資本主義社会の根本的矛盾の発現」（93頁）としての恐慌現象を理論的に解明した。だが、本章の観点からいえば、資本蓄積のメカニズム――外部の安価な人間・空間・土地・自然をモノ化→包摂→収奪する一連のメカニズム――にこそ「資本主義社会の根本的矛盾」――これは同時にそれ自身の存立根拠でもある――があり、したがってまた、資本主義体制は、そうした自己不完結性によってもたらされる諸問題を抱え込みながらも、価値増殖運動を絶えず展開していくように運命づけられているのである。これに関連して、柄谷［2015］：324−325頁の言葉を引用する。「それ〔＝「グローバリゼーション」：引用者〕は、新たな労働者＝消費者を見出すことである。それを可能にしたのがソ連邦の崩壊（一九九一年）であった。こうして、これまで世界市場から隔離されていた旧社会主義圏およびその影響下にあった地域に、世界資本主義の活路が見出された。しかし、これはインドや中国などの巨大な人口を巻き込むものであるがゆえに、それまでに露呈していた諸矛盾を爆発的に激化させるものである。環境破壊も危機的なレベルに達する」。したがって要するに、彼自身も指摘しているように、「資本制経済の外部はもはや無尽蔵に存在するとはいえない。それは各地の脱農村化によって消滅しつつあるからだ」。

自然を攪乱すると同時に、その内なる自然、つまり「都市労働者の肉体的健康をも農村労働者の精神生活をも破壊する」傾向をもっている。

そこで破壊される側は、空間・関係のヒエラルキーの下位に位置づけられるものにほかならない。特に「都市労働者」が享受する物質的な豊かさは、販売地・消費地としての側面を欠いているところの「農村労働者」に比べると、相対的にマシではあるが、それはあくまでも体制内の構造的不均衡を前提としたものであって、多かれ少なかれ過剰性を内包している。都市における物質の過剰な自己現出は、農村における物質の過少な自己現出とちょうど表裏一体の関係にあるのである。都市は、過剰な豊かさを吐き出す空間として外部からの絶えざる供給を必要とする。こうした環境下では、それらをつくり出す「都市労働者の肉体的健康」も「精神生活」も破壊される。すなわち、都市の過剰な豊かさによって包摂され窒息されるのである。合理性と効率性――これはまさに資本主義における物質の存立根拠にほかならない――は、「都市労働者」の「精神生活」のアルファでありまたオメガである。

これに対して、「農村労働者」はどうだろうか。たしかに農村は、体制内の構造的不均衡によって物質的な豊かさを相対的に欠いている。そのうえに「農村労働者」は、空間のヒエラルキーにおいても、また関係のヒエラルキーにおいても被収奪者的立場に置かれている。そうした二重の従属状態は、「農村労働者」自身の内なる主体性――自主性・自律性――を根底から蝕む。これは、世界＝内部空間をモノ化し、体制内に包摂する方式の資本蓄積メカニズムの一断面にほかならない。

こうした現象は、程度の差はあるものの、「植民制度」におけるように世界＝外部空間をモノ化し、体制内に包摂する方式の資本蓄積メカニズムにおいてもみられるものである。農村空間は、自己完結性の喪失の代価として、都市空間に従属した原料供給地・食料生産地の地位を付与されるが、それは同時に原料供給者・食料生産者たる資本に従属した存在を必要とし、そこで「農村労働者」が二重の従属状態に置かれることになるのである。

このように、「都市労働者」における物質の過剰と精神の窮乏、また「農村労働者」における物質の過少と精神の従属は、資本主義的収奪システムの体系化によって攪乱される人間の内なる自然の一側面にほかならない。このことは、人間の外なる自然（自然環境・生態系）を収奪する方式、つまり「人間と土地とのあいだの物質代謝を攪乱する」方式としての資本の価値増殖運動が人間の内なる自然（身体・精神・感情）をも攪乱することを如実に表している。以上の考察からわれわれは、世界＝外部空間をモノ化し、体制内に包摂する方式と同様に、世界＝内部空間をモノ化し、体制内に包摂する方式をもって、そこにおける空間・関係のヒエラルキーを体系的に確立するとともに、資本主義的収奪システムを高度化していく、いわば資本蓄積メカニズムとその動態が、資本の価値増殖運動の土台（媒質）として機能していることがわかった。こうした意味において、世界＝外部空間だけでなく、世界＝内部空間をも体制内に包摂し従属させることこそ、資本蓄積の前提条件をなすものだといえよう。

第3節　暴力の進歩

本節ではこれまでの考察を踏まえて、土地（自然）と人間（労働主体）とに内在する本性（nature）に対する資本の略奪・破壊と、それをつうじて行われる資本主義的生産のさらなる高度化に通底する暴力のメカニズムについて論じてみたい。

マルクスは引用文（C）で、「生産過程の資本主義的変革」による「農業」の工業化とその「技術の進歩」が、「土地」と「農村労働者」を略奪・破壊することによって行われること、またそのメカニズムが、「大工業」や「製造工業」、「都市工業」のそれと変わらないことを述べている。これまでみてきたように、「資本主義的変革」の目的は、人間・空間・土地・自然のモノ化を前提として成り立つ資本主義的収奪システムと、それに内在する空間・関係のヒエラルキーとを体系的に確立することにほかならない。[*31] そこで「技術の進歩」はまさに、「資本主義的変革」を可能にする実践的契機として働いているといってよい。

だが、たとえば奴隷経済や植民制度は、資本蓄積運動の直・間接的な影響・射程圏外に置かれていた世界＝外部空間（非ヨーロッパ世界の諸国家・諸地域）をモノ化し、体制内に包摂する方式の資本蓄積メカニズム――以下ではこれを資本蓄積の第一形式と呼ぶ――を体系化したものといえるが、そこでは「技術の進歩」という契機が、「大工業」や「製造工業」、「都市工業」、「資本主義的農業」に比べて、さほど直接的でも決定的でもないように思われる。これに対して、資本蓄積運動の直・間接的な影響・射程圏内に置かれていた世界＝内部空間（特に西ヨーロッパ世界の農村部）をモノ化し、体制内に包摂する方式の資本蓄積メカニズム――以下ではこれを資本蓄積の第二形式と呼ぶ――の高度化にあたっては、「技術の進歩」は直接的かつ決定的な契機をなしている。

この違いはどこからくるのか。奴隷経済においても、また植民制度においても、生産領域は資本によって包摂され、その利潤動機のなかに飲み込まれていく。そこでは、既存の生産体制や生産方式、生産関係が「資本主義的変革」を余儀なくされることもあるが、その一方では資本主義的生産体制・生産方式・生産関係が純粋に外部から移植されることもある。[*32] その過程においては、多かれ少なかれ「技術の進歩」がなされたりするが、それが必ずしも持続的で恒常的なかたちで進められ

＊31　他方でHarvey[2014]：84–87頁は、ポランニーのいう「労働、土地、貨幣の商品化」に基づいて資本ないし資本主義の「『略奪による蓄積』（accumulation by dispossession）」を説明し、それを「略奪の政治経済学」とすることで、資本蓄積の暴力性を浮き彫りにしているが、そこでは「略奪」を可能にする暴力のメカニズムについてはあまり論じられていないように思われる。

＊32　特に後者の場合において、管理・統制機能が中心部に集中される一方で、労働・生産機能が周辺部に移植・移転されるような一連の傾向――Sassen[1988]：第5章の言葉でいえば「製造業部門の〔世界的な〕分散化」および「資本の国際化（transnationalization）の一般的傾向」――によって「アメリカ合衆国が今日経験している産業空洞化」は、むしろ奴隷経済や植民制度においてそのプロトタイプ――原理的次元での――を見出すことができる。

るとは限らない。というのは、第一に、もとより「技術の進歩」を追求しにくい生産部門である場合は、ひとえに人間労働に依存せざるをえないからであり、第二に、人間労働に依存したほうが少ない投資額で済むため、さほど「技術の進歩」自体の必要性に迫られていないからである。

いずれの場合においても、人間労働に投下される資本額が少ないか、もしくは少ない水準に抑えられることが前提されている。それゆえ、奴隷労働や極低賃金労働によって営まれる労働・生産体制では、不変資本より相対的に可変資本のほうが中心となる。もちろん、収奪システムとしての奴隷経済・植民制度を維持するために必要な諸費用は、その運営主体たる資本にとっては生産と流通に無関係な純粋なる空費にすぎないともいえるが、そもそも「技術の進歩」を追求する必要がないか、あるいは「技術の進歩」を追求するより、現体制を維持したほうがよいと判断できれば、そうした諸費用を体制維持費として負担することになるだろう。そこでの体制維持費は、被収奪者の怠業や反発、抵抗、逃亡などの可能性を最小限に抑えうるシステムの構築・維持・拡張に投じられたり、軍と警察を指揮・統率する政府やそのエージェントに支払われたりする。時と場合によってはそれらもまた、立派な産業・ビジネスになる。[*33]

このことから、「技術の進歩」という実践的契機が資本蓄積の第一形式の内的動機からは生まれないか、あるいは生まれにくいことがわかる。マルクスによれば、「生産過程の資本主義的変革」の進展につれて「労働者」の内なる自然（身体・精神・感情）が略奪され破壊されてしまう。ここで特に注目に値するのは、その過程において「労働手段」が「技術の進歩」のいわば測度器・表示器として介在するということである。すなわち、「生産過程の資本主義的変革」は、「労働手段」一般を高度化するが、同時にそれは「労働者の抑圧手段、搾取手段、貧困化手段」としても機能することになるため、必然的に「労働力そのものの荒廃と病弱化」を余儀なくされるのである。

ところで、資本蓄積の第一形式においては、すでに検討したように、「技術の進歩」に伴う「労働手段」の高度化の動因がもとより欠如しているか、あるいは消極的なかたちでしか生まれない。それよりもむしろ重要なのは、そうした収奪システム自体の維持・管理・拡張を図ることである。したがって、そこにおける収奪される側に対する略奪・破壊過程は、資本蓄積の第二形式と違って、「労働手段」そのものの高度化をさほど必要としない労働・生産体制によってなされることになる。

そこで事実上「労働手段」と同じ役割を果たすのは暴力にほかならない。「労働手段」が労働主体と労働対象とのあいだの結合を媒介することで、資本に一定の利潤を実現させてくれるのと同様に、暴力もまた、両者の結合を媒介し、資本の利潤実現を可能にするものとして働く。資本蓄積の

＊33　これについてBales[2000]は、次のような例を挙げている。「奴隷制を調査したところでは、奴隷制が存在する決定的要因はどこでも、奴隷所有者による無制限な暴力行使であった。奴隷所有者が奴隷を捕らえておくには、暴力によって奴隷を押さえつけねばならない。奴隷所有者が自由に暴力を行使しようと法を歪め、法による保護も奴隷から奪う。警察と政府が腐敗すると、暴力の使用権まで売りに出される（もしくは、暴力そのものを『サービス』として売る）。要するに、官憲が奴隷狩りの免許証を売るのである」（345頁）。

第一形式においては特にそうである。筆者は前節で、暴力を、相互間の等価的・水平的関係を非等価的・垂直的関係に切り替える一連の企てとしたが、この定義はここでもそのまま当てはまる。すなわち、労働主体たる奴隷や極低賃金労働者に加えられる物理的・構造的暴力――前者は物理的強制力を、また後者は法的擬制や制度的装置、宣伝・扇動などを指す――はすべて、両者間における収奪・被収奪関係を維持し、強化し、体系化することを可能ならしめる。そこで暴力は、労働主体を労働対象に直接結びつける実践的契機として機能するのであり、そのため直接的な「労働手段」とはいえないとしても、間接的な意味での「労働手段」ということができる。[*34]

こうした収奪システム下における労働・生産過程は、「技術の進歩」をさほど必要としないか、または消極的にしか求められないため、奴隷や極低賃金労働者自身の内なる自然（身体・精神・感情）の働きに大いに依存せざるをえないことになる。労働主体と労働対象とのあいだに介在する「労働手段」の比重が相対的に小さいため、それを除外したインプット（労働主体と労働対象）と、そのアウトプット（労働生産物）とのあいだの関係は、高い因果性をもっているといえる。前者が多い／少ないほど、後者も多くなる／少なくなるのである。もちろん、理論上はそうなのだが、人間を意のままに働かせることは決して容易なことではない。なぜなら、労働主体と労働対象とのあいだに労働主体自身の意志が介在しているからである。資本は、労働主体の意志を意のままに操ることができない。こうした理由で、暴力への資本の依存傾向が顕著に現われたりする。

暴力は、労働主体に恐怖心や不安感、圧迫感、緊張感、焦燥感などの負の感情を誘発させることで、労働主体の意志に間接的に影響を与えるものとして、たとえそれが偽りの労働意欲であるとしても、そこからより多くの労働生産物を獲得しようとする資本の利潤動機を実現させてくれる。それゆえ、資本は、労働主体の暴力装置への包摂・従属を企てるのであり、その結果として、労働主体は、有形・無形の暴力装置に包摂され従属される。そこで個々の労働主体に労働・生産過程を強制するのは、資本そのものというよりも、むしろ資本によって仕掛けられたか、または資本と結託している直・間接的な暴力装置――たとえば労働監督官や見張り、監視塔、奴隷ハンター、軍・警察、政府（のエージェント）、法的擬制、制度的装置など――であるといえる。剥き出しの暴力こそ、労働主体を包摂・従属状態に縛りつける実践的契機なのである。

　しかし同時に、一見このような暴力装置は、労働対象が労働主体によって働きかけられる一連の労働・生産過程と直接結びついていないようにみえる。なぜなら、実際のところ労働・生産過程に

＊34　これについてたとえば、Bales[2000]は次のように述べている。「暴力はつねにそこにある。少女たちは強かんされ、殴打され、脅されて奴隷となることを強制された。暴力こそ、少女たちを売春奴隷に転落させる決定的手段である」（85頁）。／「ガト（＝「職業斡旋人」：引用者）はまた、脅したりすかしたりしながら新入り奴隷を仕事に縛りつける。強制的に売春させられている若い女性と同じく、炭焼き労働者も生涯奴隷にされてるわけではない。それどころか、労働者が炭焼き場に縛りつけられている時間は、タイ女性が売春宿にいる期間よりも短い。ガトとその親玉はこうした労働者を所有したいわけではなく、ただ、労働力を搾り取れるだけ搾り取ればいいと考えている」（183頁、傍点は原著者）。ここで「少女たち」と「炭焼き労働者」を労働・生産の場に縛りつけるのは、いうまでもなく「暴力」にほかならない。

おいて労働対象に働きかけるのは、労働主体自身の身体か、もしくは労働主体によって扱われる「労働手段」だからである。前者が労働力の導体であるとすれば、後者はもう一つの労働力の導体、いってみれば労働主体の延長された身体にほかならない。

これに対して、暴力装置は、はじめから収奪する側の論理を体現しているがゆえに、基本的に労働主体の力が届かないところにある。そこから加えられる物理的・構造的暴力は、労働主体にとって自分に起因する労働力とはまた違う外力・外圧としてつねにそこに存在する。こうした意味では、暴力装置をもう一つの「労働手段」とみなすのは適切ではないかもしれない。だが、すでに述べたように、暴力装置は、労働主体による労働対象への働きかけにあたって、現実的で実効的な契機・機制として仕掛けられる。それなくしては労働主体と労働生産物とのあいだの因果関係が成り立たないといっても決して過言ではないだろう。

資本・暴力装置・労働主体、この三者の関係は、労働主体・「労働手段」・労働対象、この三要素の関係と酷似している。すなわち、労働主体が「労働手段」——または自分の身体——を用いて労働対象に働きかけるのと同様に、資本は、暴力装置を用いて労働主体に働きかけ、その意志を動かせるとともに、その身体を労働対象に結びつける。そこで労働主体は、文字どおり資本の道具的・手段的存在と化すことになる。もちろんそれにしても、そうした支配・従属状態は、すでに検討したように、労働主体の非自発的選択によるものであって、資本としては持続的・恒常的な収奪を期待しづらい。そうした状態を永久化しようとする企ては、しばしば身分秩序や階級構造の形成・固着につながったりするが、他の道具・手段と違って、労働主体は生身の人間として支配・従属状態にあっても、その内発的契機としての意志を決して失わない。*35

資本の立場からすれば、労働主体の意志は、自分の直接的な指示・命令・統制を受けないという意味で、不確定性・不可知性を帯びている。それゆえ、労働主体の労働意欲が持続的・恒常的なものかどうかを資本は知らない。そこから生まれる不信・不安とそれに伴う憎悪は、資本の暴力装置への依存・信頼を一層強化する。このことは、暴力装置そのものの高度化、いいかえれば暴力の進歩をもたらすことになるが、それによって労働・生産過程に限られる狭義の収奪システム（資本主義的生産様式）だけでなく、それを囲繞するネットワークとしての広義の収奪システム（資本主義体制）も同時に高度化することになる。「労働手段」への資本投下よりも、暴力装置への資本投下のほうが一般的な傾向として現われるのは、そのためである。

こうした理由から、ここでは前者を直接的な生産手段と呼び、後者を間接的な生産手段と呼ぶこ

---

*35　他方でSassen[1988]：66–67頁は、「奴隷労働」や「自由な労働」を「労働供給制度のさまざまな形態」の一つとして捉えながら、同時に「最終的には資本主義中枢部において支配的な労働供給の諸形態が、第三世界においても支配的となっていった」理由として、「中心部における拡大再生産のリズムが世界システム全体の方向を規定するとしたアミン（Amin, 1974）の命題」といった、いわば外的要因を取り上げている。詳しくは本文に譲るが、そこでは資本蓄積における「奴隷労働」の内的要因とその限界についてはあまり論じられていないように思われる。

とにする。直接的か間接的かを分ける基準は、外力・外圧によって働きかけられるモノが労働対象なのか、あるいは労働主体なのかということにある。暴力装置は、直接的な生産手段がそうであるように、労働・生産過程とその体制に労働主体を縛りつける立派な生産手段である。[*36] 資本は、暴力装置という名の生産手段を高度化するとともに、その収奪システムに内在する機能的で垂直的なヒエラルキーを体系化する。これは、農村・農業と都市・工業のそれと同様に、収奪の主体とその客体との「対立的につくりあげられた姿」の必然的な帰結なのである。狭義・広義の収奪システムとそれに内在するヒエラルキーとに通底する非等価性・非対称性こそ、暴力の進歩をもたらす根因にほかならない。

ところで、とりわけ資本蓄積の第一形式においては、暴力装置が高度化するほど、その分労働生産物が増えるとは必ずしも限らない。その初期・中期段階では、ある程度正の相関がみられるといえなくもないが、中期以降はそうはならないと推察できる。その理由もまた、労働・生産過程そのものに対する労働主体の非自発性にある。これは、労働主体の内なる自然の働きとその源泉としての労働意欲を限界づけてしまう。暴力装置とその高度化に依存する労働・生産体制は、それ自身の進歩の内在的限界を孕んでいる。何よりもまず、生身の人間を人格的に包摂し、従属させることは相当困難なことだからである。

世界＝外部空間をモノ化し、体制内に包摂する過程をつうじて、また収奪システムを確立し、維持し、高度化する過程をつうじて進歩する暴力は、莫大な体制維持費を発生させたりする。資本は、さしあたり暴力装置とその高度化に依存せざるをえないが、それが期待どおりの利潤実現につながらないならば、このシステムを維持する動機も喪失することになる。終局においては資本投資が中断されたり、ひいては資本が撤退したりするのであるが、支配・従属の烙印と収奪・被収奪の構造は、歴史的・文化的な残滓として根強く生き残る。[*37]

他方で、資本蓄積メカニズムは、世界＝外部空間をモノ化し包摂する傾向（資本蓄積の第一形式）だけでなく、同時に世界＝内部空間をモノ化し包摂する傾向（資本蓄積の第二形式）をもっている。いずれの傾向においても、暴力は、資本蓄積を可能にする直接的・決定的な契機・機制として働く。しかしながら同時に、暴力の質的側面においては、両者は必ずしも同じではない。すなわち、暴力という実践的契機が資本主義的収奪システムのなかにビルトインされているという意味では同じだが、暴力の働き方や扱い方といった質的側面において、両者の運営方式には違いがある。特に資本蓄積の第二形式では、資本蓄積の第一形式におけるような、暴力装置とその高度化に依存する傾向

＊36　本章では暴力は、資本（ないし資本＝国家）による労働・生産の組織化にあたって欠かせない実践的契機ないし機制として働くことを繰り返し強調しているが、たとえば、経済学では一般に「経済が政治（国家）から独立して存在すると考える見方」（柄谷［2015］：100頁）のほうがむしろ支配的である。だが、あくまでも「それは資本主義社会において成立するイデオロギーにすぎない」（同右）というべきであろう。

＊37　これについてWilliams[1961]は、次のように指摘している。「奴隷制は、人種差別から生まれたのではない。正確にいえば、人種差別が奴隷制に由来するものだった」（20頁）。

は相対的に減ることになるが、これは、資本蓄積における実践的契機としての暴力の必要性が低下したことを意味しない。むしろ暴力は、別の顔をしてやってくる。これまでみてきた暴力の進歩、いいかえれば暴力装置の量的高度化と違って、ここでは暴力の真の進歩、すなわち暴力装置の質的高度化が図られるのである。

資本蓄積の第二形式では、資本は、「いわゆる本源的蓄積」におけるように、世界＝内部空間を、資本主義的収奪システムのなかに包摂し、自らの目的としての価値増殖に寄与するように支配し従属させる。たしかにその過程において、暴力は、マルクスがいうように「助産婦」として機能する。だがその後、暴力装置とその高度化に依存する傾向は、資本蓄積の第一形式に比べるとそれほど著しくない。それはなぜか。前節でも少し言及したが、ここでまず注目したいのは、資本蓄積の第一形式における内部化された外部（特に人間と自然）が包摂後においても依然として異質性・他者性をもっているという点である。そのため、そこで収奪の主体とその客体とのあいだの同化は滅多に生じない。これは、暴力装置を高度化する方向に向かわせる要因ではあるが、それは同時に、資本の利潤実現に寄与するという側面だけをもっているわけではない。というのは、内部化された外部が自分たちとは違う異質的な存在であるというその理由はまさに、多かれ少なかれ他の競争者からその異質的な存在を保護し、管理すべき必要性を生じさせるからである。[*38]

内部化された外部は、資本の利潤動機によって生み出されたもので、その実現に寄与する限りにおいてのみ内部としての存在意義をもつ。たとえ収奪の主体がAからB、またBからCに変わるとしても、その相互間の異質性・他者性は変わらない。いずれの場合においても、収奪の主体とその客体とのあいだの機能的・垂直的なヒエラルキーはそのまま温存される。そのため、暴力装置の量的高度化をつうじて内部化された外部を保護・管理することは、単に労働生産物の増産だけでなく、同時に潜在的競争者を排除する効果を生み出すことになる。これに対して、資本蓄積の第二形式においては、収奪の主体とその客体とのあいだに異質性・他者性はもとより存在しないか、あるいは確然たる質的相違がみられる内部化された外部と違って量的な違いしか存在しない。そこでは、収奪の主体とその客体とのあいだの同質性がある程度所与のものとみなされていて、異質的な存在を体制内に組み込む過程で生じる諸矛盾に直面せずにすむ。

とりわけ、もう一つの部外者たる潜在的競争者をはじめから排除できるという利点は、暴力装置の量的高度化に対する依存とその負担を大いに軽減してくれると考えられる。外部化された内部との同質性は、潜在的競争者の内なる異質性・他者性とは相容れないものだからである。潜在的競争者としては、その収奪の主体を退けて収奪の客体のみを自分の体制内に組み込むことは至難の業である。というのも、逆にそこでは、資本蓄積の第一形式と違って、収奪の客体の抵抗・不服従に直

＊38　それは時と場合によって収奪者自身のためのいわば保護政策の一環としても行われる。すなわち、「たとえばアイルランドにイギリス本国と本格的に競争する力を秘めた商業が登場する兆しが現れると、すぐにその商業的な発展を阻止する措置がとられたのだった」（Wood[2003]：147頁）。

面する可能性がつねにつきまとっているからである。そうした傾向を最大限抑えつつも、持続的・恒常的な収奪のための管理・統制を強化するには、相当な費用を、暴力装置の量的高度化の一環として投下しなければならないだろう。こうした理由から、資本蓄積の第二形式では、潜在的競争者が収奪の新たな主体になる可能性は低いし、またなろうとする一連の企ては、失敗に終わる可能性がきわめて高いといってよい。

たしかに資本蓄積の第二形式は、収奪の主体とその客体とのあいだの同質性を基盤とするという点では、暴力装置の量的高度化に対する強迫の程度は相対的に著しくないが、他方でその同質性は、人種的・民族的差別を動力源とする収奪・被収奪関係の体系化を困難にする。しかも、世界＝内部空間をモノ化し、体制内に包摂する過程において大量に生み出される無産者を、資本は賃金労働者として取り入れるが、この類の人間を、世界＝外部空間をモノ化し、体制内に包摂する過程においていて組み込まれる人間のように、放置できるわけでも放棄できるわけでもない。実際そうなると、深刻な内部混乱として社会全体に飛び火することになり、時と場合によっては体制自体の存続も保障されなくなる。体制崩壊に至らないためにも、一定額の貨幣が労働者の生存費（ライフの物質的基盤の維持費）として支払われなければならない。ここで資本とその体制は必然的に、放置・放棄できない不特定多数の人間（大衆）を抱えつつも、同時にまた賃金水準を最小限に抑えようとする内的傾向（搾取）をもつことになるのである。

さらに他方で、農村（農業）における生産領域と消費領域の構造的不均衡からもたらされる過剰人口の発生と、それに伴う都市（工業）への人口の集積は、マルクスのいうように、「都市労働者の抵抗力を強くする」と考えられる。そのため、労働者側の実力行使が可能になる。そこから展開される階級闘争では、さしあたり労働時間短縮や賃金引上げがおもな懸案となるが、同時にその実現は、資本にとってただちに剰余価値の一部または相当部分の放棄を意味する——前者は絶対的剰余価値の喪失にあたり、また後者は相対的剰余価値の喪失にあたる。「都市労働者」間の同質性が前提とされてはじめて可能となる階級闘争は、やはり資本蓄積の足枷となるといわざるをえない。そこで資本は、資本蓄積の第一形式の内的傾向と違って、可能な限り労働・生産体制に少数の労働主体（賃金労働者）だけを取り入れるべき明確な理由と目的をもつことになるのである。

こうして、生産手段の高度化をつうじて労働力を節約しようとする資本の論理は、資本蓄積の第二形式の内的傾向として一定の法則性をもつことになる。とはいえ、いわば暴力装置の質的高度化としてなされる「生産過程の資本主義的変革」は、一見相容れないようにみえる暴力装置の量的高度化とさほど変わらない展開をみせる。資本は、暴力装置の量的高度化を進めなくとも、生産手段の高度化を伴う「技術の進歩」をつうじてそれと同様の効果を享受できるようになるからである。すなわち、「技術の進歩」は、労働・生産過程から労働主体を排除するだけでなく、同時に労働・生産過程とその体制に労働主体を縛りつける資本の実力を強化する。そこで前者の脅威から服従が、また後者の強制から従属が常態化することになる。暴力は今や、剥き出しの姿を露呈するのではなく、合理的・効率的体系の外観をとって現われてくるのである。*39

「資本主義的生産」は、マルクスが述べているように、暴力という実践的契機を前提として「社会的生産過程の技術と結合とを発展させる」。たしかに資本蓄積の第二形式における生産手段の高度化は、資本蓄積の第一形式における暴力装置の量的高度化がそうであったように、資本に生産力の増進を実現させてくれる。だが、それだけではない。資本は、剥き出しの暴力装置なしでも、生産手段の高度化および労働・生産過程の形式化をつうじて労働主体を合理的で効率的に服従・従属させうるようになる。これは、労働主体の自発的な服従・従属を引き出すことを可能ならしめる。被収奪者の自発的な服従・従属こそ暴力の究極の目的なのである。かくして、暴力の真の進歩は、間接的な生産手段の略奪的・破壊的機能が直接的な生産手段の合理的・効率的体系のなかに組み込まれることによってはじめてなされるといえよう。

おわりに

以上、本章では資本主義的生産様式に内在・外在する暴力の構造と機能について考察し、資本蓄積における二つの形式、すなわち資本蓄積運動の直・間接的な影響・射程圏外に置かれていた世界＝外部空間を体制内の下位に位置づけるメカニズムと、その直・間接的な影響・射程圏内に置かれていた世界＝内部空間を二分して上下のヒエラルキーを体系的に確立するメカニズムを定式化することで、資本主義的生産様式が、体制の内外部の人間・空間・土地・自然をモノ化→包摂→従属化する収奪システムを土台にして営まれる、いわば特殊歴史的モデルであることをあきらかにしようとした。

そうして、資本主義体制においては、マルクスのいう「農業と工業との対立的につくりあげられた姿」は、単に労働・生産領域だけに限られるものではなく、人間や空間、地域、社会、国家、自然環境、生態系などにおいても必然的に現われることがわかった。そこでその下位に位置づけられるモノは、資本の価値増殖を実現するための道具的・手段的存在としての変革を余儀なくされる。そこから生じる攪乱・破壊現象は、資本主義的生産の結果というよりも、むしろ資本主義的変革の条件にほかならない。

暴力は、資本蓄積の実践的契機として、つまり一方では包摂の条件（モノ化）および収奪システム（ヒエラルキー体制）として、また他方では直・間接的な生産手段（暴力装置）として機能する。モノ化済みの対象は、資本の価値増殖運動に投入される財源としてその労働・生産領域に組み込まれるが、同時にそこで収奪の客体として位置づけられる。本章では収奪という言葉を単に、強制的に奪い取るという即物的な意味ではなく、他者と他者の内なる自然を、利潤実現という自分の経済的目的を達成するための道具的・手段的存在として対象化するという抽象的な意味——暴力概念と

＊39 これに関する今村［1990］の次のような言葉は示唆的である。「廃墟のなかで歴史が誕生するのだとすれば、貨幣と資本こそ、経済的存在の面でも権力の面でも、もっとも歴史的な存在者である。それは、暴力の制度的合理化であるとともに、暴力の拡大再生産装置でもあるからだ。ここでは、理性と暴力はひとつになる」（58頁）。

同様な――として使っているが、まさに資本によって収奪の客体として対象化されるモノが、奴隷、労働者、植民地、農村・農業および自然環境・生態系なのである。

だが、これらのライフの営まれ方としての、「家族紐帯」、「肉体的健康」、「精神生活」、「物質代謝」、「土地の豊度」および「土地の豊穣性の持続の永久的自然条件」は、資本主義的生産様式の営まれ方としての価値増殖運動とは根本的に相容れない。というのは、そこでは各々のモノは、合理性・効率性以外の固有の内的原理をもっているからである。したがって結局のところ、両者の真の結合・融合はありえない。そこにこそ資本主義的変革の限界があるように筆者には思える。

資本主義的生産様式は、生まれながらにして収奪の客体に位置づけられるモノの内なる自然を攪乱し破壊せざるをえないメカニズムをもっているが、それを止めさせる原理・機制を資本自身はもっていない。とりわけこの体制のさらなる高度化は、自然環境・生態系の攪乱・破壊を加速化させると同時に、終局的にはその逆戻りを困難にしてしまう。体制内の局所的改善がさほど効果的でない理由もまた、資本主義体制そのものが「土地の豊度」の「不断の源泉」、「人間と土地とのあいだの物質代謝」および「土地の豊穣性の持続の永久的自然条件を、攪乱する」ことをつうじてしか存続しえないものだからである。

収奪の客体として対象化される新たな外部としての人間・空間・土地・自然が与えられないとすれば、資本は、それらを自力・他力で見つけ出すか、それとも人為的に作り出さなければならないが、自然環境・生態系においてはそれがきわめて困難である。価値増殖という資本の運動は理論上エンドレスであるが、新たな外部は必ずしも無尽蔵ではないということが、この体制の根本的な矛盾といってよいかもしれない。

体制維持のために暴力を動員する方式は、他の社会構成体や階級社会においてもみられるものであるが、特に資本主義体制において暴力は、労働・生産領域の技術革新（技術の進歩）という外観をとって現われる。資本の純粋に市場経済的な利潤動機のために暴力が動員されるという点で、他の社会構成体・階級社会のそれと根本的に異なっている。暴力は、労働主体を時には包摂したり、時には排除したりする実践的道具、いわば形式的暴力として、また労働・生産過程とその体制に労働主体を縛りつける実践的契機、いわば実質的暴力として機能するが、資本による労働・生産の組織化過程においてそれは、生産手段の外部に一定の装置ないし制度として設けられているか、またはその内部に一定の機能ないしプログラムとしてビルトインされている。

両方の高度化は、結果的には資本の価値増殖に寄与するが、やがてその効用は逓減していくことになる。資本は、そこでまた生産手段のさらなる高度化を図り、再び同じパターンを繰り返す。それに伴って、社会全般の物質的諸条件は、量的にも質的にも高度化していくことになるが、それと同時に、人間の内なる自然・外なる自然は、合理性・効率性という名のイデオロギー（統治原理）に呪縛された道具的・手段的存在として自己を対象化していかなければならない。たとえそれがそれ自身の本性に反するものであるとしても、である。

あとがき

かつて宇野弘蔵は、「わたくし自身はマルクス経済学を経済学としてやってきている。とくにマル経としてやっているわけではない」と述べたことがある。われわれは往々にして何か読んでいるうちに自分の考えを代弁してくれるかのような文章とにわかに遭遇するときがある。宇野のその言葉がまさに筆者にとってそういう思いをさせるものであった。しかしながら同時に、どこかしっくりこないところがあるようにも思えた。

もちろん、自分にとってもやはりマルクス経済学が経済学であり、また経済学がマルクス経済学である。だが、マルクス経済学は、単にその枠に収まらない、いわば社会科学としての一面がある。そして、それは、経済学としての一面よりもその理論体系の根幹をなす属性ではないかと考えている。だから、自分はマルクス経済学を社会科学としてやってきている。とくに経済学としてやっているわけではないといってよいかもしれない。

私見によれば、社会科学は、社会を科学の対象とする知的活動の一カテゴリーであるが、自然科学と違って、対象とその対象をとりまく環境（外的要素や外的条件）とを操作し、そこから一定のアウトプットを導き出すにあたって制約となる要因が多い。なぜなら、社会を直接に実験することはそもそも困難だからである。ゆえに、社会科学において実験は、さほど有効な科学的アプローチではない。それに適したアプローチとしてどういうものがあるのか。

マルクスが「経済的諸形態の分析では、顕微鏡も化学試薬も役にはたたない」といったとき、彼自身は自然科学とは相容れない社会科学の独自性に注目していたといってよい。周知のように、そこでマルクスは、その代わりとして「抽象力」を挙げているが、そのことから彼が「抽象力」を社会科学の有効な分析道具として捉えていたことがわかる。

経済学もまた、社会科学の一分野として「抽象力」を必要とする。ここでいう「抽象力」は具体的に何を意味するのか。単に何かをイメージできる能力を意味するものではないだろう。それはいってみれば、対象を分析する能力のことである。自然科学が「顕微鏡」や「化学試薬」をもって対象（自然）を分析するように、社会科学もまた、「抽象力」をもって対象（社会）を分析するのである。そこから分析対象の根底をなす要因や要素、因子、関係、メカニズムなどが析出されるが、そこではじめて対象の把握がなされる。

ただし、そこで把握された対象は、それ以前の対象とはまったく異なるものといわなければならない。科学の世界では一般に、把握された対象のほうに信頼が置かれる。科学的結論が客観的なものとされるのは、それが真実だからではない。そうではなく、あくまでも信頼できるものだからである。科学的結論は、絶対的真実というより、相対的真実に近い。

一連の分析をつうじて導き出された科学的結論をもって、従来の科学的結論の内なる矛盾を露呈させること、それを相対化という。相対化過程によって対象に対する、ひいては世界に対する解釈が変わってくる。「哲学者たちは世界をさまざまに解釈してきたにすぎない。重要なことは世界を変えることである」というマルクスの有名な言葉がある。だが、世界を変えるためにまずもって世界を解釈しなければならないことを、彼はその生涯をつうじて自ら証明してくれた。

科学による世界観（認識）の転換こそ革命の始まりであり、その意味で科学的活動は、世界をどう理解すればよいかという認識をめぐるある種の闘争なのである。マルクスが古典派経済学の理論体系を脱構築し、また他の社会構成体と同様に、資本主義社会が内なる矛盾と限界を孕んでいる階級社会であることを解明できたのも、資本主義的生産様式の運動法則についての社会科学的な分析があってはじめて可能なことであったといえる。

本書もまた、そういう認識の闘争の結果としてできたものである。その過程は、労働者をどう理解すればよいかという問いに対する答えを探し求めるものであった。そして、労働者は一つの記号であり、また労働はその働きである、という社会科学的結論を打ち出した。どこまで納得のいく結論であったか、自分ではわからないが、同時にそれに対する批判もある程度予想できるように思える。

ここで批判として思い浮かぶすべてを取り上げるのはそれほど意味はない。ただ、一般的な批判一つを取り上げてみたい。おそらくこういうものであろう。「近代社会において本人と無関係な要因や動因によって事前に枠づけられた社会的役割を果たすのは労働者だけではないのではないか、なのにどうして労働者だけが問題なのか」。要するに、たいていの社会人は、私的領域を超えるところにおいて、社会的に期待される一定の役割を担うということである。

たしかにそうかもしれない。しかし残念ながら、それらの社会的役割とその形態としての職は、資本の価値増殖運動と密接に関係するものではない。単にその周辺部において資本の価値増殖運動が円滑になされた結果として、この体制と階級秩序が維持されるよう機能しているだけである。そこで社会はつねに、資本主義体制を繁栄させるのはもちろんのこと、少なくとも崩壊させない程度で維持される必要がある。その過程で一定の社会疎外が生じる。

だから、資本主義的生産様式の運動法則と、資本主義体制の構造・動態を分析せずにこの社会を理解することはそもそも不可能である。マルクス経済学は、それらを解明するという点で経済学の側面（狭義）をもっているが、同時にその過程が社会の仕組みを把握することを目的とするという点で社会科学の側面（広義）をもっている。ただ留意すべきなのは、前者は、あくまでも後者を前提としてなされるものであって、単にその分析・解明自体を目的とするものではない。これもまた、マルクス自身が経済学研究へと本格的に乗り出すことになったきっかけであったといえる。

要するにそれは、経済領域（下部構造）についての分析をつうじて、資本主義社会（ブルジョア社会）の生産様式とイデオロギーを解明することで、この社会・体制の特殊歴史性を浮き彫りにすることであった。いうまでもなく、彼自身は、はじめから経済学者でもなかったし、また経済学者として資本主義研究を進めたわけでもない。そういうアプローチないしはアイデンティティがマルクス経済学に継承され、単なる経済学の枠に収まらない理論体系が形づくられた。その意味でマルクス経済学は、単なる経済学でも批判的経済学でもない。

マルクス経済学は、経済学批判としての社会科学である。これが自分のマルクス経済学観であり、またマルクス経済学をやっている理由でもある。本書は、そういうアイデンティティをベースにして、資本主義的生産様式とその総和としての資本主義体制との特殊歴史性を浮き彫りにしようとした。もちろん、その理論的根拠は、マルクスのそれと必ずしも同じではないが、だからといってそれがマルクス的（社会科学的）でないわけでもない。

本書の分析からもわかるように、労働者をどう捉えればよいかについては、見解が分かれる。すなわち、労働力の売り手として捉えるか、労働記号の担い手として捉えるかによってその資本主義観にも変化が生じる。資本主義的生産様式は、前者では、労働力の商品化によって成り立つが、後者では、資本による労働・生産の組織化によって成り立つ。特に後者においては、労働力商品化という歴史的条件が相対化され、賃金労働（賃労働制）が資本主義化の絶対的条件でなくなる。

こうした理由で、筆者自身は、労働者階級に過剰な期待をかけてきた、マルクス以来のマルクス主義のアプローチには多少懐疑的である。たしかに労働者階級は、資本の価値増殖運動の第一線に立っている。だが、労働者階級は、自分たちの歴史的使命への覚醒云々以前に、多かれ少なかれ資本システムに包摂された存在である。形式的・実質的包摂のための資本の諸装置を無力化し、またそのシステムの働き自体を停止させることは至難の業である。

だからといって、労働者のなせることには何の意味もないのだなどというつもりはまったくない。そうではなく、ひとまず雇用形態としての賃労働制を相対化する必要があるということである。一般に労働力商品化から資本主義化を説明する従来の理論体系において、労働力商品化の終焉、いわば賃労働制の撤廃は、ポスト資本主義化を象徴するものとされるが、その論理は、賃労働制という雇用形態そのものを否定することから階級敵対の終結を導き出すものといってよい。

しかし、理論上、賃労働制が採用されることと、労働・生産が資本によって組織化されることは同じレベルの話ではない。たとえ賃労働制が支配的でなくなるとしても、依然として資本によって労働・生産が組織化されるならば、われわれはそれをポスト資本主義化とはいえない。極端ではあるが、個々人の収入のほとんどが賃金労働と無関係に得られていて、一部またはごく一部のみが賃金労働によって充当されるような生活様式が支配的な社会を、ポスト資本主義社会といえるのか。それは単に、もう一つの資本主義社会にすぎないのではないか。

さらにもう一つ付け加えておきたいことがある。すなわちそれは、ポスト資本主義社会への移行が階級敵対のない社会の成立につながる保証は、実はどこにもないということである。「この社会構成でもって人間社会の前史は終わる」とマルクスはいったが、「この社会構成」が「人間社会の前史」の最終形態になるかどうかは誰も知らない。資本主義社会は、これまで存在してきたさまざまな社会構成体と同様に、一つの階級社会に違いないが、それを乗り超えた新しい社会が、階級敵対のない社会となるかどうかはまた別問題である。新しい階級社会の到来もやはり一つの可能性として考えてみる余地があるように思われる。

その理由は、そこでいわれる階級敵対のない社会への希求というのは要するに、自由・平等への希求にほかならないが、比較的自由で平等な社会であれば、たとえそれが階級社会の一形態であるとしても、体制転覆を企てる社会的ムーブメントやそれによって促される自壊のシナリオなどの社会変革は起きづらいと考えられるからである。しかも、その敵対が構成員の納得できる微弱な形態か、あるいは普段うまく管理されるレベルであれば、さほど問題にならない可能性もなくもない。というのも、人間社会では、自由・平等を求める欲求だけでなく、安定と秩序を求める欲求、いわば安定・秩序への希求も同時に存在するからである。

ここで何か具体的な未来像を提示するつもりもないし、できるわけもない。ただ、一ついえるのは、よりマシな社会への道がよりマシな階級社会に帰結する可能性も排除できないということである。たとえポスト資本主義社会への移行がなされるとしても、労働・生産をいかに組織化するかという課題が依然として残されることになる。そこで階級敵対の形態と内容は変わってくるだろうが、それがその構造自体の解消につながるかどうかはまた別問題である。階級社会がいつどう終わるかを知る術はないが、自由・平等と安定・秩序への欲求が保障され、充足される社会においてはじめて「人間社会の前史は終わる」といえるかもしれない。

長々と話してきたが、そろそろ、本書を締めくくらなければならない。本書は、ここ2−3年間、学術研究誌および大学紀要に発表した複数の論文を修正・加筆したものである。一部内容を修正・加筆したが、全体の論理構成や問題意識はほぼ変わっていない。特定の意図や目的をもって書いたものではないが、いざ書き終えて眺めてみると、内容も主張も挑発的にみえる。

山に登るときは、登るだけでも大変で、なかなか他のことを考えるゆとりがないが、山頂にたどり着いて風景を眺めてみると、スタート地点からかなり遠ざかったことに気がつく。また同時に、名残惜しい気もする。会者定離《えしゃじょうり》、仏教の言葉だが、しばしばこの言葉が頭から離れないときがある。もうお別れの時間がやってきたことを実感しているからであろう。

本書は、そもそも学術論文がもとになっていることもあり、また幅の狭い議論が延々と続けられていて、あまり読みやすい本でないかもしれない。何よりも、本書で扱っているマルクス経済学そのものが、いろいろな意味で参入障壁の低いジャンルではないという理由もあろう。背景知識や先入観も無視できないが、虚心坦懐にお読みいただければありがたい。

最後に、本書を出版するにあたって、以文社の前瀬宗祐氏には大変お世話になった。なかなか商業性の乏しい草稿であったにもかかわらず、出版をご快諾いただいた。特に草稿を深く掘り下げて検討していただいたおかげで、自分にとっても非常に勉強になっただけでなく、本書のコンセプトもさらに明確になった。深く感謝申し上げる次第である。

2024年8月

海　大汎

参考文献

青木孝平［2021］『［新版］家族・私的所有・国家の社会哲学――マルクス理論の臨界点』社会評論社。

荒又重雄［1984］「労働力概念の擁護」北海道大学『經濟學研究』第34巻第2号。

伊藤誠［1989］『資本主義経済の理論』岩波書店。

稲葉振一郎［2005］『「資本」論――取引する身体／取引される身体』筑摩書房。

稲葉振一郎［2016］『不平等との闘い――ルソーからピケティまで』文藝春秋。

稲葉振一郎［2019］『ＡＩ時代の労働の哲学』講談社。

今村仁司［1990］『理性と権力――生産主義的理性批判の試み』勁草書房。

今村仁司［1998a］『近代の思想構造――世界像・時間意識・労働』人文書院。

今村仁司［1998b］『近代の労働観』岩波書店。

植村邦彦［2001］『「近代」を支える思想――市民社会・世界史・ナショナリズム』ナカニシヤ出版。

植村邦彦［2019］『隠された奴隷制』集英社。

内山節［2015］『内山節著作集（1）労働過程論ノート』農山漁村文化協会。

宇野弘蔵［1967］『経済学を語る』東京大学出版会。

宇野弘蔵［1969］『資本論の経済学』岩波書店。

宇野弘蔵［1972］『経済学の効用』東京大学出版会。

宇野弘蔵［1973］「経済原論Ｉ」『宇野弘蔵著作集（1）』岩波書店。

宇野弘蔵［1974a］「マルクス経済学原理論の研究」『宇野弘蔵著作集（4）』岩波書店。

宇野弘蔵［1974b］「経済学方法論」『宇野弘蔵著作集（9）』岩波書店。

宇野弘蔵［1996］『価値論』こぶし書房。

宇野弘蔵・梅本克己［2006］『社会科学と弁証法』こぶし書房。

宇野弘蔵［2008］『「資本論」と私』御茶の水書房。

宇野弘蔵［2010］『恐慌論』岩波書店。

宇野弘蔵［2014］『［増補］農業問題序論』こぶし書房。

宇野弘蔵［2015］『資本論に学ぶ』筑摩書房。

宇野弘蔵［2016］『経済原論』岩波書店。

大塚久雄［1966］『社会科学の方法――ヴェーバーとマルクス』岩波書店。

沖公祐［2012］『余剰の政治経済学』日本経済評論社。

小倉利丸［1981］「〈労働力〉商品の特殊性について――売買形式と階級関係」富山大学経済学部『富大経済論集』第27巻第1号。

小倉利丸［1985］『支配の「経済学」』れんが書房新社。

小倉利丸［1990］『搾取される身体性――労働神話からの離脱』青弓社。

小倉利丸［2010］「自己の喪失としての労働――剰余労働＝搾取論を超えて」経済理論学会編『季刊経済理論』第47巻第3号。

小幡道昭［1988］『価値論の展開――無規律性・階級性・歴史性』東京大学出版会。

小幡道昭［2009］『経済原論――基礎と演習』東京大学出版会。

小幡道昭［2012］『マルクス経済学方法論批判――変容論的アプローチ』御茶の水書房。

小幡道昭［2014］『労働市場と景気循環――恐慌論批判』東京大学出版会。

金子ハルオ［1998］『サービス論研究』創風社。

柄谷行人［2006］『世界共和国へ――資本＝ネーション＝国家を超えて』岩波書店。

柄谷行人［2015］『世界史の構造』岩波書店。

柄谷行人［2022］『力と交換様式』岩波書店。

櫻井毅［2010］「労働生産過程にかんする一考察」櫻井毅・山口重克・柴垣和夫・伊藤誠編『宇野理論の現在と論点――マルクス経済学の展開』社会評論社。

渋谷望［2003］『魂の労働――ネオリベラリズムの権力論』青土社。

清水真志［2016］「貨幣資本家と資本（1）――今日の『金融化』を背景にして」専修大学経済学会『専修経済学論集』第51巻第1号。

清水真志［2017］「労働力と商人（1）」専修大学経済学会『専修経済学論集』第52巻第2号。

清水真志［2018a］「労働力と商人（2）」専修大学経済学会『専修経済学論集』第52巻第3号。

清水真志［2018b］「労働概念の再検討（1）――監督労働・構想労働・流通労働」専修大学経済学会『専修経済学論集』第53巻第2号。

清水真志［2019］「労働概念の再検討（2）――監督労働・構想労働・流通労働」専修大学経済学会『専修経済学論集』第53巻第3号。

清水正徳［1982］『働くことの意味』岩波書店。

清水正徳［2005］『自己疎外論から「資本論」へ』こぶし書房。

菅原陽心［2012］『経済原論』御茶の水書房。

鈴木和雄［1982］「労働力の『使用価値』と売買形式」東北大学大学院経済学研究科『研究年報経済学』第43巻第3号。

鈴木和雄［1999］『労働力商品の解読』日本経済評論社。

鈴木和雄［2001］『労働過程論の展開』学文社。

竹内真澄［2021］「マルクスにおける〈私人〉の終焉――個体 Individuum と個別者 Einzelne の区分の視点から」

桃山学院大学総合研究所『桃山学院大学総合研究所紀要』第47巻第2号。

竹川慎吾［1977］「労働力商品化の矛盾と労働政策の根拠」富山大学経済学部『富大経済論集』第22巻第3号。

竹田茂夫［2001］『思想としての経済学――市場主義批判』青土社。

田中英明［2017］『信用機構の政治経済学――商人的機構の歴史と論理』日本経済評論社。

永谷清［2001a］「労働力商品概念の混迷」信州大学経済学部『信州大学経済学論集』第44号。

永谷清［2001b］「労働力商品の価値の労働賃金への転化」信州大学経済学部『信州大学経済学論集』第45号。

芳賀健一［1988a］「雇用形式と賃労働――『労働力商品』化論の再検討（上）」富山大学経済学部『富大経済論集』第33巻第3号。

芳賀健一［1988b］「雇用形式と賃労働――『労働力商品』化論の再検討（下）」富山大学経済学部『富大経済論集』第34巻第1号。

芳賀健一［1995］「雇用形式と賃労働・再考」東北大学大学院経済学研究科『研究年報経済学』第56巻第4号。

日高普［1983］『経済原論』有斐閣。

平田清明編［1983］『経済原論――市民社会の経済学批判』青林書院新社。

廣松渉［1994］『マルクスの根本意想は何であったか』情況出版。

海大汎［2021］『貨幣の原理・信用の原理――マルクス＝宇野経済学的アプローチ』社会評論社。

水岡不二雄［1992］『経済地理学――空間の社会への包摂』青木書店。

山口重克［1985］『経済原論講義』東京大学出版会。

山口重克［1987］『価値論の射程』東京大学出版会。

山口拓美［2013］『利用と搾取の経済倫理――エクスプロイテーション概念の研究』白桃書房。

山崎亮一［2022］『山崎亮一著作集（5）本源的蓄積と共同体』筑波書房。

山本理顕［2015］『権力の空間／空間の権力――個人と国家の〈あいだ〉を設計せよ』講談社。

Arendt, Hannah[1958], *The Human Condition*, The University of Chicago Press.（志水速雄訳『人間の条件』筑摩書房、１９９４年）

Bales, Kevin[2000], *Disposable People: New Slavery in the Global Economy*, University of California Press.（大和田英子訳『グローバル経済と現代奴隷制』凱風社、２００２年）

Baudrillard, Jean[1970], *La société de consommation: ses mythes, ses structures*, Paris: Denoë.（今村仁司・塚原史訳『消費社会の神話と構造』紀伊國屋書店、２０１５年）

Braudel, Fernand[1976], *La Dynamique du Capitalisme*, Paris: Miss A. Noble.（金塚貞文訳『歴史入門』中央公論新社、２００９年）

Braverman, Harry[1974], *Labor and Monopoly Capital: The Degradation of Work in the Twentieth Century*, New York: Monthly Review Press.（富沢賢治訳『労働と独占資本――20世紀における労働の衰退』岩波書店、１９７８年）

Burawoy, Michael[1978], "Toward a Marxist Theory of the Labor Process: Braverman and Beyond," *Politics & Society*, 8(3-4), pp.247-312.

Burris, Beverly H.[1999], "Braverman, Taylorism, and Technocracy," in *Rethinking the Labor Process*, Edited by Mark Wardell, Thomas L. Steiger, and Peter Meiksins, State University of New York Press.

Deleuze, Gilles and Guattari, Félix[1980], *Mille plateaux*, Paris: Minuit.（宇野邦一・小沢秋広・田中敏彦・豊崎光一・宮林寛・守中高明訳『千のプラトー〔下〕』河出書房新社、２０１０年）

Edwards, Richard[1979], *Contested terrain: The Transformation of the Workplace in the Twentieth Century*, New York: Basic Books.

Foster, John B.[1999], *The Vulnerable Planet: A Short Economic History of the Environment*, New York: Monthly Review Press.（渡辺景子訳『破壊されゆく地球――エコロジーの経済史』こぶし書房、２００１年）

Gorz, André[1988], *Métamorphoses du travail, Quête du sens: Critique de la raison économique*, Paris: Galilée.（真下俊樹訳『労働のメタモルフォーズ：働くことの意味を求めて――経済的理性批判』緑風出版、１９９７年）

Graeber, David[2006], "Turning Modes of Production Inside Out: Or, Why Capitalism is a Transformation of Slavery," *Critique of Anthropology*, 26(1), pp.61-85.

Graeber, David[2011], *Debt: The First 5,000 Years*, New York: Melville House.（酒井隆史監訳・高祖岩三郎・佐々木夏子訳『負債論——貨幣と暴力の５０００年』以文社、２０１６年）

Harvey, David[1985], *The Urbanization of Capital: Studies in the History and Theory of Capitalist Urbanization*, Baltimore: Johns Hopkins University Press.（水岡不二雄監訳『都市の資本論——都市空間形成の歴史と理論』青木書店、１９９１年）

Harvey, David[2014], *Seventeen Contradictions and the End of Capitalism*, London: Profile Books.（大屋定晴・中村好孝・新井田智幸・色摩泰匡訳『資本主義の終焉——資本の17の矛盾とグローバル経済の未来』作品社、２０１７年）

Hirschman, Albert O.[1977], *The Passions and the Interests: Political Arguments for Capitalism Before Its Triumph*, Princeton University Press.（佐々木毅・旦祐介訳『［新装版］情念の政治経済学』法政大学出版局、２０１４年）

Hochschild, Arlie R.[1983], *The Managed Heart: Commercialization of Human Feeling*, University of California Press.（石川准・室伏亜希訳『管理される心——感情が商品になるとき』世界思想社、２０００年）

Kocka, Jürgen[2017], *Geschichte des Kapitalismus*, München: C.H. Beck.（山井敏章訳『資本主義の歴史——起源・拡大・現在』人文書院、２０１８年）

Lukács, György[1923], *Geschichte und Klassenbewusstsein*, Berlin: Malik Verlag.（平井俊彦訳『歴史と階級意識〔新装版〕』未来社、１９９８年）

Marx, Karl[1859], *Zur Kritik der Politischen Ökonomie*, in *Marx-Engels Werke*, Bd. 13, Berlin: Dietz Verlag, 1961.（杉本俊朗訳『経済学批判』国民文庫、１９６６年）

Marx, Karl[1890], *Das Kapital*, Bd. I, in *Marx-Engels Werke*, Bd. 23, Berlin: Dietz Verlag, 1962.（岡崎次郎訳『資本論』国民文庫、第１〜３分冊、１９７２年）

Marx, Karl[1953], *Grundrisse der Kritik der politischen Ökonomie, Rohentwurf 1857-1858*, Berlin: Dietz Verlag.（高木幸二郎監訳『経済学批判要綱』大月書店〔2〕、１９５８―１９６５年）

Postone, Moishe[1993], *Time, Labor, and Social Domination: A Reinterpretation of Marx's Critical Theory*, Cambridge University Press.（白井聡・野尻英一監訳『時間・労働・支配――マルクス理論の新地平』筑摩書房、２０１２年）

Reich, Robert B.[2015], *Saving Capitalism: For the Many, Not the Few*, New York: Alfred A. Knopf.（雨宮寛・今井章子訳『最後の資本主義』東洋経済新報社、２０１６年）

Sassen, Saskia[1988], *The Mobility of Labor and Capital: A Study in International Investment and Labor Flow*, Cambridge University Press.（森田桐郎訳『労働と資本の国際移動――世界都市と移民労働者』岩波書店、１９９２年）

Sassen, Saskia[1998], *Globalization and Its Discontents*, New York: The New Press.（田淵太一・原田太津男・尹春志訳『グローバル空間の政治経済学――都市・移民・情報化』岩波書店、２００４年）

Sassen, Saskia[2014], *Expulsions: Brutality and Complexity in the Global Economy*, Cambridge, MA: Harvard University Press.（伊藤茂訳『グローバル資本主義と〈放逐〉の論理――不可視化されゆく人々と空間』明石書店、２０１７年）

Simmel, Georg[1922], *Philosophie des Geldes*, Berlin: Duncker & Humblot.（居安正訳『貨幣の哲学』白水社、１９９９年）

Simon, Herbert A.[1997], *Administrative Behavior: A Study of Decision-Making Processes in Administrative Organizations* (4th Edition), New York: The Free Press.（二村敏子・桑田耕太郎・高尾義明・西脇暢子・高柳美香訳『［新版］経営行動――経営組織における意思決定過程の研究』ダイヤモンド社、２００９年）

Wallerstein, Immanuel[1995], *Historical Capitalism with Capitalist Civilization*, London: Verso.（川北稔訳『［新版］史的システムとしての資本主義』岩波書店、１９９７年）

Williams, Eric[1961], *Capitalism and Slavery*, New York: Russell & Russell.（中山毅訳『資本主義と奴隷制』筑摩書房、

２０２０年）
Williams, Eric[1964], *British Historians and the West Indies*, Port of Spain: PNM Publishing Company.（田中浩訳『帝国主義と知識人――イギリスの歴史家たちと西インド諸島』岩波書店、１９９９年）
Williams, Eric[1970], *From Columbus to Castro: The History of the Caribbean, 1492-1969*, London: André Deutsch.（川北稔訳『コロンブスからカストロまでⅠ――カリブ海域史、1492-1969』岩波書店、２０００年）
Wood, Ellen M.[1999], *The Origin of Capitalism*, New York: Monthly Review Press.（平子友長・中村好孝訳『資本主義の起源』こぶし書房、２００１年）
Wood, Ellen M.[2003], *Empire of Capital*, London: Verso.（中山元訳『資本の帝国』紀伊國屋書店、２００４年）
Wright, Christopher[2011], "Historical Interpretations of the Labour Process: Retrospect and Future Research Directions," *Labour History*, no.100, pp.19-32.

初出一覧

第1章：「新しい労働者像を求めて」大分大学経済学会『大分大学経済論集』第75巻第1・2合併号、2023年7月。

第2章：「資本・賃労働関係の成立原理に関する一考察」政治経済研究所『政経研究』第117号、2021年12月。

第3章：「資本・賃労働関係の成立原理に関する一考察（その2）」政治経済研究所『政経研究』第119号、2022年12月。

第4章：書き下ろし

第5章：「労働と記号」政治経済研究所『政経研究』第121号、2023年12月。

第6章：「労働と時間」北海道大学大学院経済学研究院『經濟學研究』第73巻第2号、2023年12月。

第7章：「労働と暴力——資本蓄積に関する一考察」大分大学経済学会『大分大学経済論集』第75巻第5・6合併号、2024年3月。

著者紹介

海　大汎（ヘ・デボム）

1986 年ソウル生まれ．2020 年北海道大学大学院経済学院博士後期課程修了．博士（経済学）．現在，大分大学経済学部准教授．

著書に，『貨幣の原理・信用の原理――マルクス＝宇野経済学的アプローチ』（社会評論社，2021 年）．

労働者――主体と記号のあいだ

2025 年 2 月 20 日　初版第 1 刷発行

著　者　海　大汎
発行者　前瀬宗祐
装　幀　近藤みどり
発行所　以　文　社
印刷・製本　中央精版印刷

〒101-0051 東京都千代田区神田神保町 2-12
TEL 03-6272-6536　FAX 03-6272-6538
http://www.ibunsha.co.jp/

ISBN978-4-7531-0393-5